1回30分のSAトレーニング

FOCUS

―刑 法―

刑法研究会 著

東京法令出版

はしがき

本書を手に取られる方は、日々勤務で忙しいなか、昇任試験の勉強をしなくてはなりません。短い時間でいかに合格率をあげるかが大事です。

本書のゴールは、「わかる」ではなく、「解ける」です。刑法は、普段実務で見ない罪や概念も出てきますし、学説が多かったり、裁判の意味が難しかったり、各条文の行為が何を意味しているかが一見してわからないことが多い科目です。そんな刑法を短い時間で「わかる」だけでなく、実際の試験のレベルの問題が「解ける」ように本書は作られています。

最初に条文と問題を見て、「難しい！　ここの意味わからない！知らない！」となったのち、［STEP 1］で条文や罪の趣旨をざっくりと理解して、［STEP 2］で細かいところの説明を読んで知識を広げて、［Focus］でまとまったポイントを押さえます。ここまでで「？」から始まった無色の単元に、だんだんと鮮明な色がついて形作られていきます。そして、判例を読むと、実際のイメージが頭に浮かび、ポイントとの関係を通して、何が問題で裁判所がどう考えているのかが理解できるようになってきます。

冒頭で難しい問題と条文に触れたことで、知りたい気持ちが生まれ、何がわからないのかをはっきりとさせたうえで、判例より先にポイントと趣旨を押さえているからこそ、ここで判例の意味を理解することができるのです。

そして、本書はここで終わりません。

ここで終わってはただのわかりやすい教科書です。本書はさらに進んで、［○×問題］で復習をします。［STEP２］・［ポイント］・［判例］のところで学んだ大事な論点を踏まえて問題を解くことで、「わかる」が「解ける」になります。さらに、解説でもどこが重要か、何が決め手かが書かれていて、これを読むことで、復習になるだけでなく、昇任試験での実践的な力を養っていることになります。

詐欺罪（最近出題も多いです。）みたいな言葉ですが、本書は、「わかる」だけでなく「解ける」ように書かれているのです。

実は、本書は、作成に２年以上の期間を費やしました。「効率的に」「わかりやすく」「解ける力がつくように」を何度も構成しながら一つひとつの単元を作り上げました。ですから、自信作ですし、必ずあなたの昇任試験対策において有益です。

人間関係でも「せっかくのご縁ですので……」とか言いますよね。本書を手に取ってくださったのもご縁です。せっかくのご縁なので、昇任試験の刑法分野で満点を取れるよう、本書をボロボロになるまで活用してください。あなたのご健闘を祈念します！

令和４年９月

刑法研究会

本シリーズの特徴

本書は「合格点を確実に取る」ためのワークブックです。忙しくて勉強する時間がとれない、何から勉強をすべきか分からない、本を開いても難しくて勉強が進まない……そんな方に向け、「簡単」「必要最小限」「受かる」をコンセプトとし、基礎を確実に固めることで、合格を目指します！

❶「昇任試験突破に必要な要点に絞って勉強できる」

満点を取るためのテキストではなく、大事なポイントを確実に理解して合格を狙います。

試験で狙われやすい項目のみをピックアップ。

❷「長い解説文がない」

文章が長いとそれだけで理解の妨げに。余分な表現を除くことで、大事なポイントをつかみやすくしています。

❸「判例が読みやすい」

表現を簡単にすることで、判例の分かりにくさ、読みにくさを解消。

❹「問題ありきの学習」

「その判例の何が重要なのか」「どのように昇任試験で問われるのか」を意識しながら簡単に学習できるようにしています。

以上の本書の特徴により、"解説文の書きぶりが難しく、頭に入ってこない"、"昇任試験まで時間がないが、分厚い問題集は今更できない"、"そもそも、勉強方法が分からない"方をサポートします。

Chapter 4　違法性総論

違法性総論

PART 1 総論

関係条文

刑　法

（正当行為）

第35条　法令又は正当な業務による行為は、罰しない。

（正当防衛）

第36条　急迫不正の侵害に対して、自己又は他人の権利を防衛するため、やむを得ずにした行為は、罰しない。

2　防衛の程度を超えた行為は、情状により、その刑を減軽し、又は免除することができる。

（緊急避難）

第37条　自己又は他人の生命、身体、自由又は財産に対する現在の危難を避けるため、やむを得ずにした行為は、これによって生じた害が避けようとした害の程度を超えなかった場合に限り、罰しない。ただし、その程度を超えた行為は、情状により、その刑を減軽し、又は免除することができる。

2　前項の規定は、業務上特別の義務がある者には、適用しない。

29

目安となる学習時間を記しています。

関係条文

各Chapterの関連条文を冒頭に掲載。条文を基にした問題もあるので、丸暗記はしなくとも、触れておくとよいでしょう。

Chapter 6　正当防衛と緊急避難の異同

PART 1 総論

こんな問題が出る!

次は、正当防衛と緊急避難の異同に関する記述であるが、誤りはどれか。

〔1〕 正当防衛は「急迫不正の侵害」が存在する場合に、緊急避難は「現在の危難」が存在する場合に、それぞれ成立する。このうち「急迫」と「現在の」はいずれも侵害行為が差し迫っていることを指す。

〔2〕 法文上、正当防衛は、「自己又は他人の権利」を守るためにした行為につき、緊急避難は、「自己又は他人の生命、身体、自由又は財産」を守るためにした行為につきそれぞれ成立することとされているが、両者の意味内容は同一である。

〔3〕 緊急避難においては、補充の原則が要求され、その避難行為が当該危難を避けるための唯一の方法であって、他に方法がなかったことを要するのに対して、正当防衛は、このような補充の原則は要求されず、法益を防衛する手段として必要最小限度のものであればよい。

〔4〕 緊急避難は、避難行為から生じた害が避けようとした害の程度を超えないことが必要である。正当防衛においても、行為の相当性を判断する要素として、防衛しようとする法益と防衛行為によって害される侵害者側の法益との比較衡量がなされるが、必ずしも要件とはされていない。

〔5〕 自然現象や動物の動作は人の行為ではないため、「現在の危難」とは認められない。

〔解答〕〔5〕

STEP 1

自分や他人の生命、身体、自由、財産に対する現在の危険を避けるためにやむをえずした行為は、これによって生じた害が避けようとした害の程度を超えなかった場合に限り、罰せられない。これを、緊急避難という。

避難行為がその程度を超えた場合を過剰避難といい、情状により、その刑を減軽し、又は免除することができる。ただし、警察官や消防官等、業務上の特別な義務がある者には適

49

こんな問題が出る!

実際の出題形式に沿った五肢択一式の問題です。設問中、問題を解く際に注意すべきワード、いわゆる「ひっかけポイント」、「正誤の判断で注目すべきポイント」を強調しています。ここを見て、問題の「怪しい部分」をかぎ分けられるようになりましょう。

Part 1　総　論

確定裁判を経ていない２個以上の罪は併合罪となる。ある罪について禁錮以上の刑が確定したときには、その罪とその裁判が確定する前に犯した罪に限って併合罪となる。

一つの行為が二つ以上の罪名に触れたり、犯罪の手段や結果である行為が他の罪名に触れるときは、その中で最も重い刑で処断される。

二つ以上の没収については、併科する。

確定裁判
上訴定期期間の経過などによって不服申立てができなくなり、その判決の確定した裁判のこと。
併科
二つ以上の刑罰を同時に課すこと。

STEP 2

一　罪

単純一罪……犯意、行為、結果が一つで、構成要件も一つ。

法条競合……１個の行為が、いくつかの構成要件に該当するような外観を有しているが、実はそのうちの一つの構成要件に該当することによって、他の構成要件の適用が当然排除される。

特別関係……１個の行為が一般規定と特別規定の関係に立つ２個以上の構成要件に該当するように見える場合。特別規定が優先する。

※　業務上横領罪と横領罪（業務上身分がある者が「横領」行為をした場合、業務上横領罪にも横領罪にも該当するが、特別規定である業務上横領罪のみが成立する。）

吸収関係……１個の行為が、ある構成要件とこれを包括評価する構成要件の両方に該当するように見える場合。

※　殺人罪と器物損壊罪（人を殺す際にその衣服を損傷した場合に、器物損壊罪は殺人罪に吸収される。大小関係にあるような罪は、「大」のみが成立する。）

補充関係……１個の行為が、ある構成要件とこれを補充する意義を有するにすぎない構成要件の両方に該当するように見える場合。

156

欄外には、語句説明やその他のChapterで登場する事項の解説を記しています。

STEP 1

そのChapterで扱っている条文の概要などの基本事項を掲載しています。

STEP 2

条文解釈や STEP 1 からさらに踏み込んだ内容について解説しています。

Chapter 1　刑法の適用範囲・犯罪の成立要件

ここに Focus

PART 1 総論

❶ 刑法は、「日本国内において罪を犯したすべての者」に適用される。
❷ 日本国内において罪を犯した「すべての者」には、外国人も含まれる。
❸ 「日本国内」とは、領土内、領海内、領空内のことである（日本国外にある日本船舶又は日本航空機内も同様）。
❹ 領域内で行われた行為の結果が日本国外で発生しても、日本国内の犯罪になる。
❺ 日本人が、日本国外で、放火罪、殺人罪その他一定の重要な社会的法益又は個人的法益に対する犯罪を犯した場合は、刑法の適用を受ける。
❻ 日本国外において日本国民に対して、強制わいせつ、強制性交、殺人、傷害などの罪を犯した日本国民以外の者にも、刑法の適用が認められる。
❼ 外国で確定裁判を受けた者でも、同一の行為について、日本で処罰されうる。
❽ 刑法の総則規定は、他の特別刑法にも適用される。

9

「これさえ覚えてしまえば、SAに太刀打ちできる」という内容に絞り、まとめています。試験前の最終確認にも最適。

4分

判例 **A**

Q 軽微な犯罪は可罰的違法性を欠くか（犯罪が成立するか）？

Ⓐ 欠く（犯罪は成立しない。）。

当時価格約一厘にすぎない葉たばこ１枚を納入しなかったことが、専売法に違反し犯罪として成立するかどうかが争われた事案。

大判明43.10.11【一厘事件】

軽微な違法行為は犯人に危険性ありと認められるべき特殊の情況の下に行われたものでない限り、共同生活上の観念において刑罰の下に法律の保護を要求すべき法益の侵害と認められない以上は、刑罰の制裁を加える必要がない。

判例 **B**

Q 違法な目的で被害者の承諾を得た場合、違法性は阻却されるか？

Ⓐ 阻却されない。

保険金詐欺を目的として、被害者の承諾のもと、共謀して被害者の車に加害者の車を衝突させた場合、傷害罪が成立するかどうかが争われた事案。

最決昭55.11.13

被害者が身体傷害を承諾した場合に傷害罪が成立するか否かは、単に承諾が存在するという事実だけでなく、その承諾を得た動機、目的、身体傷害の手段、方法、損傷の部位、程度など諸般の事情を照らし合わせて決すべきである。過失による自動車衝突事故であるかのように装い保険金を騙取する目的で承諾を得た場合には、その承諾は、当該傷害行為の違法性を阻却するものではない。

判例

Chapterに関する判例を紹介。実際にどんな事件が起き、どんな判決が下されたかを知ることで、自分の中でより具体的にイメージできるようにしていきましょう。

本書では、判例の文章を単に抜粋するのではなく、事件の概要や裁判の争点・結果を、やさしい言葉で紹介しています。

解答解説

〇〔1〕 正当防衛も緊急避難も、ともに違法性阻却事由である。
正当防衛も緊急避難も、ともに違法性阻却事由であることが共通している

×〔2〕 正当防衛も緊急避難も、条件を満たせば、必ず減軽される。
任意的減軽

×〔3〕 財物を守るために人を死亡させても、要件を満たせば、正当防衛も緊急避難もそれぞれ成立しうる。
緊急避難には、法益権衡性（生じた害が避けようとした害の程度を超えなかったこと）が必要

×〔4〕 正当防衛には主観面において一定の意思が必要であるが、緊急避難には不要である。
避難の意思が必要

×〔5〕 財産を守ることを目的とした緊急避難は認められない。
人の生命・身体だけでなく、財産的権利を防衛するためでも緊急避難は認められる

〇〔6〕 旅館で火災が起き、多くの客が非常口に殺到し、しかも非常口が狭かったので、泊り客の青年が、自分が逃れるため、他の客を突き飛ばし負傷させた。この場合、緊急避難が成立する。
現在の危難
避難の意思
人が殺到・非常口が狭い＝補充性あり、生じた害が避けようとした害を超えていない＝法益権衡性あり

〇〔7〕 緊急避難における「現在の危難」とは、人の行為であると自然現象であるとを問わない。
現在の危難は自然現象も含む

×〔8〕 緊急避難においては、自己又は他人の法益を救うためであっても、無関係の第三者の法益を犠牲にすることはできない。
緊急避難は「正VS正」が基本なので、「正」である第三者に対する緊急避難も認められる

〇×問題で復習

各Chapterの総まとめです。知識が定着しているか、一問一答式の問題を解いて確認してみましょう。これがすべて解ければ、バッチリ。解けなかった問題は**解答解説**で確認しましょう。

目次

Part 1 総　論

Part 2 各論－国家的法益を侵害する罪

Part 3 各論―社会公共法益を侵害する罪

Part 4 各論―個人的法益を侵害する罪

Part 1

総　論

刑法の適用範囲・犯罪の成立要件

関係条文

刑 法

（国内犯）

第1条 この法律は、日本国内において罪を犯したすべての者に適用する。

2 日本国外にある日本船舶又は日本航空機内において罪を犯した者についても、前項と同様とする。

（すべての者の国外犯）

第2条 この法律は、日本国外において次に掲げる罪を犯したすべての者に適用する。

一 削除

二 第77条から第79条まで（内乱、予備及び陰謀、内乱等幇助）の罪

三 第81条（外患誘致）、第82条（外患援助）、第87条（未遂罪）及び第88条（予備及び陰謀）の罪

四 第148条（通貨偽造及び行使等）の罪及びその未遂罪

五 第154条（詔書偽造等）、第155条（公文書偽造等）、第157条（公正証書原本不実記載等）、第158条（偽造公文書行使等）及び公務所又は公務員によって作られるべき電磁的記録に係る第161条の2（電磁的記録不正作出及び供用）の罪

六 第162条（有価証券偽造等）及び第163条（偽造有価証券行使等）の罪

七 第163条の2から第163条の5まで（支払用カード電磁的記録不正作出等、不正電磁的記録カード所持、支払用カード電磁的記録不正作出準備、未遂罪）の罪

八 第164条から第166条まで（御璽偽造及び不正使用等、公印偽造及び不正使用等、公記号偽造及び不正使用等）の罪並びに第164条第2項、第165条第2項及び第166条第2項の罪の未遂罪

（国民の国外犯）

第3条 この法律は、日本国外において次に掲げる罪を犯した日本国民に適用する。

一 第108条（現住建造物等放火）及び第109条第1項（非現住建造物等放火）の罪、これらの規定の例により処断すべき罪並びにこれらの罪の未遂罪

二 第119条（現住建造物等浸害）の罪

三 第159条から第161条まで（私文書偽造等、虚偽診断書等作成、偽造私文書等行使）及び前条第5号に規定する電磁的記録以外の電磁的記録に係る第161条の2の罪

四 第167条（私印偽造及び不正使用等）の罪及び同条第2項の罪の未遂罪

五 第176条から第181条まで（強制わいせつ、強制性交等、準強制わいせつ及び準強

制性交等、監護者わいせつ及び監護者性交等、未遂罪、強制わいせつ等致死傷）及び第184条（重婚）の罪

六　第198条（贈賄）の罪

七　第199条（殺人）の罪及びその未遂罪

八　第204条（傷害）及び第205条（傷害致死）の罪

九　第214条から第216条まで（業務上堕胎及び同致死傷、不同意堕胎、不同意堕胎致死傷）の罪

十　第218条（保護責任者遺棄等）の罪及び同条の罪に係る第219条（遺棄等致死傷）の罪

十一　第220条（逮捕及び監禁）及び第221条（逮捕等致死傷）の罪

十二　第224条から第228条まで（未成年者略取及び誘拐、営利目的等略取及び誘拐、身の代金目的略取等、所在国外移送目的略取及び誘拐、人身売買、被略取者等所在国外移送、被略取者引渡し等、未遂罪）の罪

十三　第230条（名誉毀損）の罪

十四　第235条から第236条まで（窃盗、不動産侵奪、強盗）、第238条から第240条まで（事後強盗、昏酔強盗、強盗致死傷）、第241条第1項及び第3項（強盗・強制性交等及び同致死）並びに第243条（未遂罪）の罪

十五　第246条から第250条まで（詐欺、電子計算機使用詐欺、背任、準詐欺、恐喝、未遂罪）の罪

十六　第253条（業務上横領）の罪

十七　第256条第2項（盗品譲受け等）の罪

（国民以外の者の国外犯）

第3条の2　この法律は、日本国外において日本国民に対して次に掲げる罪を犯した日本国民以外の者に適用する。

一　第176条から第181条まで（強制わいせつ、強制性交等、準強制わいせつ及び準強制性交等、監護者わいせつ及び監護者性交等、未遂罪、強制わいせつ等致死傷）の罪

二　第199条（殺人）の罪及びその未遂罪

三　第204条（傷害）及び第205条（傷害致死）の罪

四　第220条（逮捕及び監禁）及び第221条（逮捕等致死傷）の罪

五　第224条から第228条まで（未成年者略取及び誘拐、営利目的等略取及び誘拐、身の代金目的略取等、所在国外移送目的略取及び誘拐、人身売買、被略取者等所在国外移送、被略取者引渡し等、未遂罪）の罪

六　第236条（強盗）、第238条から第240条まで（事後強盗、昏酔強盗、強盗致死傷）並びに第241条第1項及び第3項（強盗・強制性交等及び同致死）の罪並びにこれらの罪（同条第1項の罪を除く。）の未遂罪

（公務員の国外犯）

第4条　この法律は、日本国外において次に掲げる罪を犯した日本国の公務員に適用する。

一　第101条（看守者等による逃走援助）の罪及びその未遂罪
二　第156条（虚偽公文書作成等）の罪
三　第193条（公務員職権濫用）、第195条第２項（特別公務員暴行陵虐）及び第197条から第197条の４まで（収賄、受託収賄及び事前収賄、第三者供賄、加重収賄及び事後収賄、あっせん収賄）の罪並びに第195条第２項の罪に係る第196条（特別公務員職権濫用等致死傷）の罪

（条約による国外犯）

第４条の２　第２条から前条までに規定するもののほか、この法律は、日本国外において、第２編の罪であって条約により日本国外において犯したときであっても罰すべきものとされているものを犯したすべての者に適用する。

（外国判決の効力）

第５条　外国において確定裁判を受けた者であっても、同一の行為について更に処罰することを妨げない。ただし、犯人が既に外国において言い渡された刑の全部又は一部の執行を受けたときは、刑の執行を減軽し、又は免除する。

（刑の変更）

第６条　犯罪後の法律によって刑の変更があったときは、その軽いものによる。

（他の法令の罪に対する適用）

第８条　この編の規定は、他の法令の罪についても、適用する。ただし、その法令に特別の規定があるときは、この限りでない。

こんな問題が出る!

次は、刑法の適用範囲に関する記述であるが、誤りはどれか。

〔1〕 刑法は、**日本国内**（領土・領海・領空内）及び日本国外にある日本船舶・飛行機内で罪を犯した者に適用され、その犯人は日本国民であると外国人であるとを問わない。

〔2〕 刑法は、**国籍を問わず**全ての者につき日本国外において我が国の重要な法益を侵害する一定の罪を犯した場合や、日本国民が日本国外で放火、殺人等の比較的重要な一定の罪を犯した場合にも適用される。

〔3〕 外国で**確定裁判を受けた場合**には、**同一**の行為につき、さらに、日本で刑事裁判にかけて処罰することはできない。

〔4〕 **犯罪後**に法律が改正され、刑が変更されたときに、**軽いもの**を適用することは、遡及処罰禁止の原則に反しない。

〔5〕 刑法総則の規定は、**他の法令**（特別刑法）の罪にも適用される。

〔解答〕〔3〕

STEP 1

刑法は、「**日本国内において罪を犯したすべての者に適用**」される。これを**属地主義**という。「すべての者」とは、犯人が日本人であるか、外国人であるかにかかわらない。「日本国内」とは、日本国の領域内をいい、**領土内はもちろん、領海内、領空内も含まれる**。日本国外にある日本船舶又は日本航空機内において罪を犯した者についても、日本の刑法が適用される。

STEP 2

日本国内で罪を犯した者以外にも、日本の刑法が適用されることがある。

日本人が日本国外で罪を犯した場合

刑法は、日本国外で、放火罪、殺人罪その他一定の重要な社会的法益又は個人的法益に対する犯罪を犯した日本国民に適用される。これを**属人主義**という。

「罪を犯した」の範囲

犯罪的結果が日本国外で発生していても、**行為が日本国の領域内で行われていれば、日本国内の犯罪**となる。日本国外で幇助行為をした者も、正犯者が日本国内で実行行為をした場合には、日本国内において罪を犯した者にあたる。

日本国外で日本人以外の者が日本人に対して罪を犯した場合

日本国外において日本国民に対して、強制わいせつ、強制性交、殺人、傷害などの罪を犯した日本人以外の者にも、刑法の適用が認められる（３条の２）。

日本国外で日本国民が犯罪の被害に遭う機会が増加している。これまでは、日本国民が被害者でも、日本国外で行われた犯罪については、その犯人の処罰も含めてその対応を犯罪発生国にゆだねることが相当である……と考えられていたが、殺人等生命・身体等に対する一定の重大な犯罪の被害を受けた場合にも日本の刑法を適用できないとすると、国外にいる日本国民の保護が十分ではないとの見解から、平成15年に新設された。

日本国民に「対して」とは、**日本国民を「被害者」としてという意味である**。例えば、強盗罪については、暴行等の相手方だけでなく、財物の占有者も「被害者」であり、それらのいずれか一方が日本国民であれば、刑法が適用されることとなる。

日本国外で日本政府の転覆を企んだ場合

刑法は、**日本国外**で、内乱罪、外患罪その他日本国の**重要な国家的法益又は社会的法益に対する犯罪を犯したすべての者に適用**される。これに加えて、**日本国外**で、看守者等逃走援助罪その他一定の公務員犯罪を犯した日本国の公務員に適用される。

別途条約が結ばれている場合

刑法は、**条約により、日本国外で犯されたときでも、わが国で処罰すべきものとされている罪を犯したすべての者に適**

用される。

外国判決の効力

刑法の適用のある犯罪行為について、**すでに外国で裁判がなされている場合**には、基本的に、外国裁判の効力を認めず、外国で確定裁判を受けた者でも、**同一の行為**について、さらに**日本で処罰してもよい**。しかし、**犯人が既に外国で言い渡された刑の全部又は一部の執行を受けたときは**、わが国の裁判では、**刑の執行が減軽し、又は免除される**。

確定裁判
確定の効力を有した判決上訴ができなくなった判決

その他

法改正により、犯罪行為をした時点の刑罰と裁判時の刑罰に違いがある場合は、その**軽い方**が適用される。

刑法の**総則規定**は、**他の特別刑法**にも**適用**される。

遡及処罰禁止の原則
刑罰法規の施行以前に行われた行為を遡って処罰することができないとする原則

日本の刑法が適用となるのはどんなとき？

パターン	備　考
犯罪が日本の領域内で行われた。	犯人の国籍を問わない
特定の犯罪を日本国民が国外で犯した。	建造物放火、殺人等
日本国外で日本人以外の人が日本人に対して罪を犯した。	強盗や傷害、殺人等
日本国外で日本政府の転覆を企んだ。	内乱、外患等
別途条約が結ばれている場合	ハイジャック行為等

犯罪の成立要件

犯罪が成立するためには、①**構成要件該当性**、②**違法性**、③**有責性**がすべて満たされる必要がある。

構成要件とは

法令に処罰すべきものとして規定された、違法かつ有責行為を類似的にまとめた要件のことである。構成要件に該当しない行為は、いかに社会的倫理的に非難されるべきものであっても、刑法上の犯罪とはならない。

違法性とは

構成要件に該当する行為で、国家、社会を支配する全体としての法秩序に反するもの。

行為が構成要件に該当するが、違法性が阻却されるものとして、次のものが挙げられる。

・正当行為（35条）…… ボクシングの試合で相手を傷つける行為等

・正当防衛（36条）…… 襲ってきた者から身を守るために反撃する行為

・緊急避難（37条）…… 他人を犠牲にして自分を助ける行為

有責性とは

違法行為をしないことが期待されるにもかかわらず、あえてこれをしたという者に刑罰が科せられる。しかし、違法行為をしないことを期待することができない者に対しては刑罰責任を問うことはできない。これを有責性という。

有責性が検討されるもの

（構成要件に該当する違法行為があっても、有責性が否定される可能性があるもの）

○責任能力の存在（刑事未成年者（14歳未満の者）、心神喪失者等）

○適法行為の期待可能性の存在（他の人でも同じ行動を取ったであろう）

○故意・過失の存在

上記の責任要素のいずれかを欠くときは、行為者の有責性が阻却される。

ここに Focus

❶ 刑法は、「日本国内において罪を犯したすべての者」に適用される。

❷ 日本国内において罪を犯した「すべての者」には、外国人も含まれる。

❸ 「日本国内」とは、領土内、領海内、領空内のことである（日本国外にある日本船舶又は日本航空機内も同様）。

❹ 領域内で行われた行為の結果が日本国外で発生しても、日本国内の犯罪になる。

❺ 日本人が、日本国外で、放火罪、殺人罪その他一定の重要な社会的法益又は個人的法益に対する犯罪を犯した場合は、刑法の適用を受ける。

❻ 日本国外において日本国民に対して、強制わいせつ、強制性交、殺人、傷害などの罪を犯した日本国民以外の者にも、刑法の適用が認められる。

❼ 外国で確定裁判を受けた者でも、同一の行為について、日本で処罰されうる。

❽ 刑法の総則規定は、他の特別刑法にも適用される。

判例
A

Q 国外で犯罪の幇助行為をし、正犯の実行行為が国内で行われた場合、どのように罰せられるか？

A 幇助犯は日本の刑法で罰せられる。

実行犯Ｃらが営利の目的で台湾から覚醒剤を国内に密輸入した際、被告人Ａらが台湾（国外）において調達した覚醒剤をＣに手渡して、Ｃらの犯行を幇助した事例。

最決平6.12.9

日本国外で幇助行為をした者であっても、正犯が日本国内で実行行為をした場合には、刑法１条１項の「日本国内ニ於テ罪ヲ犯シタル者」にあたると解すべきであるから、同法８条、１条１項により、被告人の前記各幇助行為につき原判示の各刑罰法規を適用した原判決は、正当である。

○×問題で復習

6分

Q

〔1〕 日本国内の空港に着陸している外国航空機内で、外国人乗客が、他の乗客の金品を窃取した場合に、日本の刑法が適用される。

〔2〕 アメリカ人がアメリカで、日本人女性に対して強制わいせつ行為を行った場合、日本の刑法が適用される。

〔3〕 ドイツ人が、ドイツにおいて、日本銀行券を偽造した場合、日本の刑法が適用される。

〔4〕 日本人がアメリカでイタリア人を殺害した場合、日本の刑法が適用される。

〔5〕 外国で確定裁判を受けた者は、同一の行為につき、日本で裁かれることはない。

〔6〕 犯罪後に法律が改正され、刑が重く変更されたときは、重いものが適用される。

〔7〕 イタリア人が、アメリカで、日本人を殺害した場合、そのイタリア人には日本の殺人罪が適用される。

解答解説

○〔１〕 日本国内の空港に着陸している外国航空機内で、外国人乗客が、他の乗客の金品を窃取した場合に、日本の刑法が適用される。
日本国の領域内　日本人か外国人かにかかわらない

○〔２〕 アメリカ人がアメリカで、日本人女性に対して強制わいせつ行為を行った場合、日本の刑法が適用される。
日本国外において、日本国民に対して強制わいせつをした外国人にも、日本の刑法が適用される

○〔３〕 ドイツ人が、ドイツにおいて、日本銀行券を偽造した場合、日本の刑法が適用される。
日本国外において、日本国の社会的法益に対する罪を犯したすべての者に、日本の刑法が適用される

○〔４〕 日本人がアメリカでイタリア人を殺害した場合、日本の刑法が適用される。
属人主義

×〔５〕 外国で確定裁判を受けた者は、同一の行為につき、日本で裁かれることはない。
日本でも処罰されうる

×〔６〕 犯罪後に法律が改正され、刑が重く変更されたときは、重いものが適用される。
軽い

○〔７〕 イタリア人が、アメリカで、日本人を殺害した場合、そのイタリア人には日本の殺人罪が適用される。
日本国外において、日本国民に対して罪を犯した外国人にも、日本の刑法が適用される

不作為犯

20分

関係条文

刑　法

真正不作為犯は、条文あり（保護責任者遺棄罪など）。
不真正不作為犯は、条文なし（殺人罪、放火罪の不作為犯など）。

こんな問題が出る！

次は、不作為犯に関する記述であるが、誤りはどれか。

〔1〕 不退去罪や多衆不解散罪、保護責任者遺棄罪のように、構成要件となる行為を不作為の形で規定した犯罪を**真正**不作為犯という。

〔2〕 **不真正**不作為犯が成立するためには、①法律上の**作為義務**の存在、②**作為の可能性**、③**作為の容易性**が認められなければならない。

〔3〕 **赤の他人**がたまたま溺れかかっている幼児を見つけたような場合にも、道徳的に同人を救助する必要があることから、作為義務が発生する。

〔4〕 **火の不始末**により室内の机等が燃え出し、放置すれば建物を焼損するに至ることを**認めた者**がこれを消火せずに逃走した場合、不作為による放火罪が認められる。

〔5〕 **自分の子ども**が溺れかけているのを認めた場合、救助する作為義務が発生するが、親が**泳げない**場合には救助しなくても不作為犯は成立しない。

〔解答〕〔**3**〕

STEP 1

作為と不作為

行為客体に物理的に働きかけ、**その状態を変化させること**を**作為**という。

行為客体が変化しつつあるのに、その**変化を阻止するための物理的な働きかけをしない、何もしない（怠（おこた）る、やらない）ことを不作為**という。

STEP 2

「作為」で法定（構成要件に作為が規定されている。）

⇒**作為犯**（殺人罪、放火罪など）

例：自分の子供を川に突き落として殺害する（殺人）。

「不作為」で法定（構成要件に、期待された行為を行わないことが規定されている。）

⇒**真正不作為犯**（多衆不解散罪、不退去罪など）

例：溺れている自分の子供を助けない（保護責任者遺棄等）。

「不作為」で法定されていない

⇒**不真正不作為犯**（不作為の殺人、不作為の放火）

もともと法律では「作為」で実現することが予定されている犯罪を、不作為で実現することを「不真正不作為犯」という。不真正不作為犯は、**①法律上の作為義務の存在、②作為の可能性・容易性（やればできた）**があれば認められる。

例：暴行を加えた相手が衰弱しているにもかかわらず、そのまま放置して死なせる（不作為の殺人）。

例：防火責任者が、燃えている書類の火を消さないという不作為によって家を全焼させる（不作為の放火罪）。

作為義務について

作為義務は道徳的な義務でなく、**法律上の義務**でなければならない。例えば、法令、契約・事務管理、条理、先行行為（法益侵害の因果を創出する場合）、排他的支配（不作為をしたものが、排他的支配をしていた場合）、事実上の引き受け（事実上その行為を引き受けていた者に作為義務が生じていた場合）、取引上の信義誠実義務などにより認められる。

つまり、赤の他人が溺れているのを見つけても、「助ける」という作為義務が認められるわけではない。もっとも、自分の子供が溺れかけている場合でも、親が泳げず、ほかに助ける手段がなかった場合は、作為の容易性はないと判断される。

ここに Focus

❶ （法文上、不作為を処罰する規定がない）不真正不作為犯も、罪を犯した者として認められる。

❷ 不真正不作為犯は、①作為義務があり、②作為の可能性・容易性があれば認められる。

❸ 作為義務は道徳の義務ではなく、法律上の義務である。

判例
A

Q 不真正不作為犯の殺人罪は認められるか？

A 認められる。

手のひらで患者の患部をたたく（＝シャクティパット）と自己治癒力を高めるとして独特の方法を施して信者を集めていた被告人は、患者である信者家族の依頼を受けて入院中の患者を家族らに病院外のホテルに連れ出させ、上記治療を施したのち、痰の除去や水分の点滴等患者の生命維持に必要な医療措置を受けさせないまま患者を約1日間放置し、痰による気道閉塞に基づき窒息死させた事案。

最決平17.7.4【シャクティパット事件】

被告人は、自己の責めに帰すべき事由により患者の生命に具体的な危険を生じさせた上、患者が運び込まれたホテルにおいて、被告人を信奉する患者の親族から、重篤な患者に対する手当てを全面的にゆだねられた立場にあったものと認められる。その際、被告人は、患者の重篤な状態を認識し、これを自らが救命できるとする根拠はなかったのであるから、直ちに患者の生命を維持するために必要な医療措置を受けさせる義務を負っていたものというべきである。それにもかかわらず、未必的な殺意をもって、上記医療措置を受けさせないまま放置して患者を死亡させた被告人には、不作為による殺人罪が成立する。

○×問題で復習

Q

〔1〕 真正不作為犯は、不作為そのものが構成要件として規定されていなくとも成立する。

〔2〕 不真正不作為犯は、作為義務があったとしても、当該作為義務を履行することが容易でない場合には、成立しない。

〔3〕 もともと法律では「作為」で実現することが予定されている犯罪を、不作為で実現することを「不真正不作為犯」という。

〔4〕 川で溺れている子供の近くを通りかかった一般の通行人が、その子供を助けなかったためにその子供が死亡しても、殺人罪は成立しない。

〔5〕 不真正不作為犯の作為義務は、法令・契約・条理・事務管理からのみ導かれる。

〔6〕 母親が、乳児に対してことさら乳を与えず死亡させたような場合は、監護義務に違反しており、不作為の殺人行為と評価される。

〔7〕 作為をすべき法律上の義務を有する者が、その義務を怠った場合に、初めてその不作為を刑法的に非難することができる。

解答解説

×〔1〕 真正不作為犯は、不作為そのものが構成要件として規定されていなくとも成立する。
明確な法規定が必要

○〔2〕 不真正不作為犯は、作為義務があったとしても、当該作為義務を履行することが容易でない場合には、成立しない。

○〔3〕 もともと法律では「作為」で実現することが予定されている犯罪を、不作為で実現することを「不真正不作為犯」という。

○〔4〕 川で溺れている子供の近くを通りかかった一般の通行人が、その子供を助けなかったためにその子供が死亡しても、殺人罪は成立しない。
作為義務がない

×〔5〕 不真正不作為犯の作為義務は、法令・契約・条理・事務管理からのみ導かれる。
その他、先行行為・排他的支配、事実上の引き受け、取引上の信義誠実義務などからも導かれる

○〔6〕 母親が、乳児に対してことさら乳を与えず死亡させたような場合は、監護義務に違反しており、不作為の殺人行為と評価される。

○〔7〕 作為をすべき法律上の義務を有する者が、その義務を怠った場合に、初めてその不作為を刑法的に非難することができる。

因果関係

こんな問題が出る!

次は、因果関係に関する記述であるが、誤りはどれか。

〔1〕 けんか相手の頭を数回殴り、**重篤な傷害**を負わせ、その場に放置して立ち去った後、何者かが現れ、角材で倒れている被害者の頭を殴って死亡させた。この場合、最初に殴った者も、傷害致死の罪責を負う。

〔2〕 外見上健康に見える者を突き飛ばしたところ、相手が実は**重篤な心臓疾患**を患っていたために、死亡した。この場合でも、行為者は傷害致死の罪責を負う。

〔3〕 他人に**擦過傷を負わせた**ところ、相手が民間療法に頼り、病原菌の混じった水を塗布されたために、感染症を起こした。この場合、行為者は感染症の発症についても罪責を負う。

〔4〕 **殺意をもって首を絞めた**ところ、相手の呼吸が止まり、心音も停止したように思ったので、死体遺棄の意図で池に投棄したところ、仮死状態だった被害者は水を吸い込み死亡した。この場合、殺人罪が成立する。

〔5〕 強盗犯人から脅迫を加えられた者が、**逃げる際**に誤って道路脇の小川に転落して傷害を負った。この場合、強盗致傷罪は成立しない。

〔解答〕〔5〕

STEP 1

犯罪の多くは、**犯罪の結果を必要とする結果犯**である。結果犯は、実行行為から構成要件的結果が発生したことが必要とされる。つまり、実行行為と結果との間に、**原因・結果といえる関係**が存在しなければならない。その関係を**因果関係**という。**因果関係が欠ける場合は未遂**として扱われる。どのような場合に因果関係を認めるか、学論上様々な議論（説）が

あるが、いずれの説も、条件関係（あれなければこれなし）の存在が前提となる。

STEP 2

どのような場合に因果関係を認めるかにつき、下記のような説がある。

条件説

行為と結果の間に条件関係があれば、刑法上の因果関係と認めるとした説。

ＡがＢを殺そうとして、発砲し、Ｂが負傷。病院に運ばれたＢを医師のＣが殺してしまった……という場合、「Ａの発砲がなければ、病院に行くこともなく、医師のＣに殺されることもなかった」となり、「あれなければこれなし」の条件関係が認められることによって、結果との間の因果関係を認めるとした説。しかし、原因となる行為が広範囲にわたり、処罰が酷であると批判が多い。

相当因果関係説

行為時に、一般人が予見可能な事情及び行為者が特に予見していた事情を基礎に、**実行行為から結果が発生したといえることが社会通念上相当**といえれば、行為と結果との間の因果関係が認められると考える。

第三者の故意行為や、あるいは自然災害（殺されそうになった被害者が、病院に運び込まれたが、地震が起きたことで死亡してしまったなど）が介入する場合には因果関係が「中断」すると考える。その介入が「**相当**」かどうかを判断する。もっとも、相当因果関係説においても、実行行為と結果の間に条件関係が存在することが前提となる。

危険の現実化説

行為の危険が結果に現実化した場合に因果関係を認める。介在事情（介入）がある場合には、行為の危険と介在事情の異常性、介在事情の結果への寄与度などから、現実化といえるか判断する。介在事情の異常性が高くても、行為に起因する場合は、因果関係が認められる。

不作為犯の因果関係について

不作為犯の場合には作為義務どおりの行為をしていたら結果が発生しなかったであろうという仮定的な判断を要する。この場合、「十中八九結果が発生しなかったであろう」という程度の関係でよい。

ここに Focus

❶　因果関係の前提は、「あれなければこれなし」の条件関係である。

❷　最近の判例は、行為の危険が結果に現実化したか否かで因果関係を判断する。【判例A】

❸　行為自体の危険性が結果を発生させるほど高くなくても、結果発生につながった場合は、介在事情が異常な場合などは因果関係が認められる場合がある。【判例B】

❹　介在事情が行為者の行為から必然的に誘引されて生じたときは因果関係を認める。

❺　不作為犯の場合には作為義務どおりの行為をしていたら、十中八九結果が発生しなかったであろうという程度の関係でよい。【判例C】

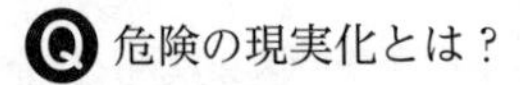
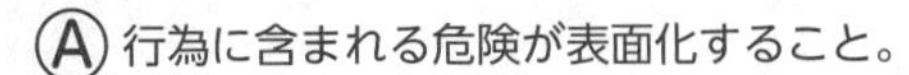

判例
A

Q 危険の現実化とは？

A 行為に含まれる危険が表面化すること。

飛行機同士が管制官の指示と機長の運転のそれぞれのミスにより、ぶつかりそうになった事案。

最決平22.10.26【日航機ニアミス事件】

907便のＡ機長が回避指示に従うことなく降下操作を継続したという事情が介在したことは認められるものの、管制指示と回避指示が相反した場合に関する規定内容や同降下操作継続の理由にかんがみると、同機長が上昇の回避指示に従わなかったことが異常な操作などとはいえず、むしろ同機長が降下操作を継続したのは、被告人Ｙ１から本件降下指示を受けたことに大きく影響されたものであったといえるから、同機長が上昇の回避指示に従うことなく907便の降下を継続したことが本件降下指示と本件ニアミスとの間の因果関係を否定する事情になるとは解されない。そうすると、本件ニアミスは、言い間違いによる本件降下指示の危険性が現実化したものであり、同指示と本件ニアミスとの間には因果関係があるというべきである。

トラック車輪のDハブという部品の不良が原因で脱輪し、人にぶつかり死なせた事案。

最決平24.２.８【三菱自動車脱輪事件】

Ｄハブには、設計又は製作の過程で強度不足の欠陥があったと認定でき、本件瀬谷事故も、本件事故車両の使用者側の問題のみによって発生したものではなく、Ｄハブの強度不足に起因して生じたものと認めることができる。そうすると、本件瀬谷事故は、Ｄハブを装備した車両についてリコール等の改善措置の実施のために必要な措置を採らなかった被告人両名の上記義務違反に基づく危険が現実化したものといえるから、両者の間に因果関係を認めることができる。

判例 **B**

Ⓠ 介在事情が異常な場合、因果関係は認められるか？

Ⓐ 諸般の考慮要素から総合的に判断する。

被害者の頭部を洗面器等で多数回殴打するなどの暴行（第１暴行）を加えた後、意識を失った同人を約100キロメートル離れた港まで運んで放置したまま立ち去ったところ、同所において何者かが被害者の頭頂部を角材で数回殴打する暴行（第２暴行）を更に加えたため、翌日未明に被害者は内因性高血圧性橋脳出血により死亡した事案。

最決平２.11.20【大阪南港事件】

犯人の暴行により被害者の死因となった傷害が形成された場合には、仮にその後第三者により加えられた暴行によって死期が早められたとしても、犯人の暴行と被害者の死亡との間の因果関係を肯定することができる。

指導補助者が、被告人の事前の注意に反して、受講生らと共に水中移動を行うといった勝手な行動を採った上に、被害者の空気残圧量が少なくなっていることを確認していたにもかかわらず、水中移動を指示するという致命的な判断ミスを犯したこと、さらに被害者本人が空気残圧量を確認せず補助者の指示に従って、水中で残圧ゼロの事態を迎えるという極めて不注意なミスが介入し、結果、被害者が恐慌状態に陥り海中で溺死した事案。

最決平４.12.17【スキューバダイビング事件】

被告人が、夜間潜水の講習指導中、受講生らの動向に注意することなく不用意に移動して受講生らのそばから離れ、同人らを見失うに至った行為は、それ自体が、指導者からの適切な指示、誘導がなければ事態に適応した措置を講ずることができないおそれがあった被害者をして、海中で空気を使い果たし、ひいては適切な措置を講ずることもできないままに、溺死させる結果を引き起こしかねない危険性を持つものであり、被告人を見失った後の指導補助者及び被害者に適切を欠く行動があったことは否定できないが、それは被告人の右行為から誘発されたものであって、被告人の行為と被害者の死亡との間の因果関係を肯定する。

長時間にわたって暴行を受けた被害者が、逃げるために高速道路に進入し、走ってきた自動車に轢かれて死亡した事案。

最決平15.7.16【高速道路進入事件】

被害者が逃走しようとして高速道路に進入したことは、それ自体極めて危険な行為であるというほかないが、被害者は、被告人らから長時間激しくかつ執ような暴行を受け、被告人らに対し極度の恐怖感を抱き、必死に逃走を図る過程で、とっさにそのような行動を選択したものと認められ、その行動が、被告人らの暴行から逃れる方法として、著しく不自然、不相当であったとはいえない。そうすると、被害者が高速道路に進入して死亡したのは、被告人らの暴行に起因するものと評価することができるから、被告人らの暴行と被害者の死亡との間の因果関係が肯定される。

判例 **C**

Ⓠ 不作為犯の因果関係は、どのような場合認められるか？

Ⓐ 作為義務どおりの行為をしていたら、十中八九結果が発生しなかっただろうと認められる場合。

女性に覚醒剤を注射し、錯乱状態に陥らせたまま助けず放置し死なせた事案。

最決平元.12.15【十中八九事件】

被害者の女性が被告人らによって注射された覚醒剤により錯乱状態に陥った午前零時半ころの時点において、直ちに被告人が救急医療を要請していれば、同女が年若く、生命力が旺盛で、特段の疾病がなかったことなどから、十中八九同女の救命が可能であったというのである。そうすると、同女の救命は合理的な疑いを超える程度に確実であったと認められるから、被告人がこのような措置をとることなく漫然同女をホテル客室に放置した行為と午前2時15分ころから午前4時ころまでの間に同女が同室で覚醒剤による急性心不全のため死亡した結果との間には、刑法上の因果関係がある。

○×問題で復習

Q

〔1〕 十中八九救命が可能で、救命が合理的な疑いを超える程度に確実であった場合、不作為犯の因果関係が認められる。

〔2〕 甲は乙に殴りかかったところ、乙はその暴行を避けようとして子供の作った落とし穴に転落し、負傷した。この場合、条件説によっても、甲に傷害罪は成立しない。

〔3〕 被害者の異常な行動が介在事情として結果との間に存在する場合には、行為者には因果関係が認められることはない。

〔4〕 行為の危険性が高くなくとも、結果発生につながった介在事情が行為者の行為から誘引されて生じたときは因果関係が認められうる。

〔5〕 刑法上の因果関係を認めるには、前提として、「あれなければこれなし」という条件関係が必ず存在しなければならない。

解答解説

○〔1〕 十中八九救命が可能で、救命が合理的な疑いを超える程度に確実であった場合、不作為犯の因果関係が認められる。

×〔2〕 甲は乙に殴りかかったところ、乙はその暴行を避けようとして子供の作った落とし穴に転落し、負傷した。この場合、条件説によっても、甲に傷害罪は成立しない。
あれなければこれなし→甲が殴りかからなければ乙は落とし穴に落ちて負傷しなかった
傷害罪が成立する

×〔3〕 被害者の異常な行動が介在事情として結果との間に存在する場合には、行為者には因果関係が認められることはない。
介在事情が行為者の行為に誘引された又は起因する場合には因果関係が認められることもある

○〔4〕 行為の危険性が高くなくとも、結果発生につながった介在事情が行為者の行為から誘引されて生じたときは因果関係が認められうる。
介在事情と行為者の行為が密接

○〔5〕 刑法上の因果関係を認めるには、前提として、「あれなければこれなし」という条件関係が必ず存在しなければならない。
因果関係の前提は、「あれなければこれなし」の条件関係である

違法性総論

18分

関係条文

刑　法

（正当行為）

第35条　法令又は正当な業務による行為は、罰しない。

（正当防衛）

第36条　急迫不正の侵害に対して、自己又は他人の権利を防衛するため、やむを得ずにした行為は、罰しない。

2　防衛の程度を超えた行為は、情状により、その刑を減軽し、又は免除することができる。

（緊急避難）

第37条　自己又は他人の生命、身体、自由又は財産に対する現在の危難を避けるため、やむを得ずにした行為は、これによって生じた害が避けようとした害の程度を超えなかった場合に限り、罰しない。ただし、その程度を超えた行為は、情状により、その刑を減軽し、又は免除することができる。

2　前項の規定は、業務上特別の義務がある者には、適用しない。

こんな問題が出る！

次は、違法性に関する記述であるが、誤りはどれか。

〔1〕 社会通念上正当な行為として許容されるものであれば、構成要件に該当する行為を行っても違法性が阻却される。

〔2〕 医師が手術で人の身体にメスを入れる行為は、行為として人を傷つけているが、社会通念上正当な業務と認められているので、罪に問われることはない。

〔3〕 **法令により**行うべきものとされ、又は行うことができると規定された行為は、違法とはされない。

〔4〕 法益侵害の程度が**ごく僅か**であるときには、犯罪構成要件を満たす場合であっても、可罰的違法性がないとして、犯罪が成立しないことがある。

〔5〕 終末期の**患者の肉体的苦痛を緩和・除去した結果として**死期を早める行為（いわゆる間接的安楽死）は、患者の死期を早めた点で、原則として殺人罪ないし同意殺人罪を構成するが、**例外的に**、違法性が阻却され犯罪とならない場合もあるとするのが判例である。

〔解答〕〔5〕

STEP 1

法令行為（警察官が裁判官の発する逮捕状によって犯罪の被疑者を逮捕する行為など）や、**正当業務行為**（医師の手術、プロボクサーのボクシングなど）は行為が構成要件に該当していても、犯罪にならない。

STEP 2

可罰的違法性

刑法上の違法性は、処罰に値する程度の違法性を意味し、刑事制裁をするに適した質的・量的な内容を要求している。これを**可罰的違法性**という。違法ではあっても、可罰的違法性がない場合（適法な労働争議行為など）は、違法性が阻却され、犯罪の成立が否定されることがある。

このように、違法性を覆す例外的事情のことを**違法性阻却事由**といい、35条（正当行為）・36条（正当防衛）・37条（緊急避難）などが、その一例であるが、これら条文に規定されているものに限らない。

被害者の承諾

一般に、**被害者の承諾があった場合、侵害行為の違法性を阻却又は軽減する**。例えば、人の家に入ったとしても、家主の承諾があれば、住居侵入罪は成立しない（「正当な理由なく侵入した」という構成要件の該当性が阻却される。）。

実務上は一般的に、その承諾を得た動機・目的など様々な事情を総合的に考慮した上、被害者の承諾の上したその行為につき、処罰に値する違法性が否定されうるものか、違法性の程度が軽減されるにとどまるものなのかが判断されている。

もっとも、承諾は、判断能力のある被害者の真意に出たものである必要がある（追死すると騙して自殺させるような偽装心中は、瑕疵（かし）ある意思なので承諾にはならない。）。**被害者の承諾が違法な目的で得られた場合、違法性は阻却されない**。

瑕疵ある意思
意思を形成する段階で、他人から干渉により、完全で自由な判断ができない意思表示のこと。

安楽死とは

「**積極的安楽死**」とは、傷病者が激烈な肉体的苦痛におそわれ、自然の死期が迫っている場合に、患者の嘱託に基づき、死を迎えさせる措置をいう。

1　患者が耐えがたい激しい肉体的苦痛に苦しんでいること
2　患者は死が避けられず、その死期が迫っていること
3　患者の肉体的苦痛を除去・緩和するために方法を尽くしほかに代替手段がないこと
4　生命の短縮を承諾する患者の明示の意思表示があること

以上の要件を満たしていれば、判例上、違法性が阻却されるとした。ただし、いまだに実際に違法性が阻却された事例はない。

また、肉体的苦痛を緩和・除去しようとした結果、付随的効果として死期が早まる**間接的安楽死**は、刑法犯とならないと考えられている。

ここに Focus

❶　違法であっても、可罰的違法性がないことで犯罪の成立が否定されることがある。【判例A】

❷　一定の条件下で、被害者の承諾によって違法性が阻却されるが、承諾があっても、その状況によっては違法性が阻却されないこともある。【判例B】

❸　積極的安楽死も、一定の条件下で違法性が阻却されうる。【判例C】

判例

Q 軽微な犯罪は可罰的違法性を欠くか（犯罪が成立するか）？

A 欠く（犯罪は成立しない。）。

当時価格約一厘にすぎない葉たばこ１枚を納入しなかったことが、専売法に違反し犯罪として成立するかどうかが争われた事案。

大判明43.10.11【一厘事件】

軽微な違法行為は犯人に危険性ありと認められるべき特殊の情況の下に行われたものでない限り、共同生活上の観念において刑罰の下に法律の保護を要求すべき法益の侵害と認められない以上は、刑罰の制裁を加える必要がない。

判例

Q 違法な目的で被害者の承諾を得た場合、違法性は阻却されるか？

A 阻却されない。

保険金詐欺を目的として、被害者の承諾のもと、共謀して被害者の車に加害者の車を衝突させた場合、傷害罪が成立するかどうかが争われた事案。

最決昭55.11.13

被害者が身体傷害を承諾した場合に傷害罪が成立するか否かは、単に承諾が存在するという事実だけでなく、その承諾を得た動機、目的、身体傷害の手段、方法、損傷の部位、程度など諸般の事情を照らし合わせて決すべきである。過失による自動車衝突事故であるかのように装い保険金を騙取する目的で承諾を得た場合には、その承諾は、当該傷害行為の違法性を阻却するものではない。

判例

Q 安楽死の違法性は阻却されるか？

A 一定の条件下では違法性が阻却されうる。

家族の懇請に応じた医師が多発性骨髄腫の末期患者に塩化カリウムを注射して死亡させた事案。

横浜地判平 7 . 3 .28【東海大病院事件】

安楽死の違法性が阻却されるには、患者が耐えがたい激しい肉体的苦痛に苦しんでいること、患者は死が避けられず、その死期が迫っていること、患者の肉体的苦痛を除去・緩和するために方法を尽くしほかに代替手段がないこと、生命の短縮を承諾する患者の明示の意思表示があることが必要である。

判例

Q 被害者が死について承諾していた場合、違法性は阻却されるか？

A 被害者の承諾において真意に添わない重大な瑕疵ある意思がある場合、違法性は阻却されない。

自分に追死する意思がないにもかかわらず、追死すると被害者に思い込ませ、青化ソーダ中毒により死亡させた事案。

最判昭33.11.21

本件被害者は自己の死そのものにつき誤認はないが、本件被害者は被告人の欺罔の結果被告人の追死を予期して死を決意したものであり、その決意は真意に添わない重大な瑕疵ある意思であることが明らかである。そしてこのように被告人に追死の意思がないにもかかわらず、被害者を欺罔し被告人の追死を誤信させて自殺させた被告人の行為は、同意殺人ではなく、通常の殺人罪に該当する。

○×問題で復習

4分

Q

〔1〕 被害者の承諾があれば、必ず犯罪の成立が否定される。

〔2〕 安楽死も殺人であるから、承諾があっても違法性が阻却されることはない。

〔3〕 死について同意を得ていれば、追死すると嘘を申し向けて相手を自殺させても、同意殺人罪が成立するにとどまる。

〔4〕 違法性阻却事由は、35条・36条・37条など、条文に規定されているものに限られない。

解答解説

×〔1〕 被害者の承諾があれば、必ず犯罪の成立が否定される。
被害者の承諾が違法な目的で得られているときや、意思に瑕疵があるときは、違法性は阻却されない

×〔2〕 安楽死も殺人であるから、承諾があっても違法性が阻却されることはない。
一定の条件下で違法性が阻却されうる

×〔3〕 死について同意を得ていれば、追死すると嘘を申し向けて相手を自殺させても、
瑕疵のある意思なので、真意に出た承諾にならない
同意殺人罪が成立するにとどまる。
殺人罪が成立する

○〔4〕 違法性阻却事由は、35条・36条・37条など、条文に規定されているものに限られない。
被害者の真の承諾があれば、犯罪の成立は否定されうる

正当防衛

26分

関係条文

刑　法

（正当防衛）

第36条　急迫不正の侵害に対して、自己又は他人の権利を防衛するため、やむを得ずにした行為は、罰しない。

2　防衛の程度を超えた行為は、情状により、その刑を減軽し、又は免除することができる。

こんな問題が出る！

次は、正当防衛に関する記述であるが、誤りはどれか。

〔1〕　正当防衛が認められるためには、急迫不正の侵害がなければならない。反撃の時点で**不正な侵害行為が終了**していれば、正当防衛は成立しない。

〔2〕　正当防衛における「侵害」とは、**作為・不作為を問わない**と解されている。例えば、他人の住居に入り込んで居座り、退去するよう要求したのにもかかわらず退去しないという不作為も、不正な侵害に当たる。

〔3〕　正当防衛における防衛行為は、必ず侵害者に向けられたものでなければならず、侵害者以外の**第三者に対する防衛行為**は、正当防衛とはならない。

〔4〕　正当防衛における防衛行為は、必ずしもその行為以外に**とるべき方法がなかったことまでも必要**とするものではない。

〔5〕　急迫不正の侵害行為に対し、自己又は他人の権利を防衛しようと思い、それと**同時に**、相手に対する憤激と憎悪をもって、**攻撃する意思**で反撃した場合、正当防衛は成立しない。

〔解答〕〔5〕

STEP 1

差し迫った違法行為に対して、自分や他の人の権利を守るためにやむをえずした行為は罰せられない。これを**正当防衛**と呼び、成立すれば、違法性が阻却される。その行為が、正当防衛の程度を超えてしまったときも、場合によって刑が減軽されたり、免除される。

STEP 2

正当防衛とは

不正VS正の関係である。

正当防衛の成立要件は、①**急迫不正の侵害があり**、②**自己又は他人の権利を**、③**防衛する意思があり**、④**やむをえずにした行為であること（防衛行為の相当性）**である。

正当防衛は、過失犯に対しても認められうる。また、侵害は作為・不作為とを問わない。

急迫性

急迫性とは、**法益の侵害が現に存在しているか、間近に迫っていること**をいう。将来予期される侵害には急迫性がないため、それに対する正当防衛は認められない。もっとも、将来の侵害を予期して不法侵入者に対して攻撃をしかける忍び返しのような装置を設置した場合のように、防衛の効果が、侵害が急迫したときに初めて生じたのであれば、侵害の「急迫性」は肯定されうる。侵害を予期していたとしても、そのことによってただちに急迫性が失われるものではない。

防衛の意思

正当防衛には、**防衛の意思**が必要である。防衛の意思とは、**急迫不正の侵害を認識しつつ、これを避けようとする単純な心理状態のこと**である。積極的加害意思がある場合には防衛の意思は認められない。ただし、防衛の意思と攻撃の意思とが併存する場合は、防衛の意思を直ちに欠くものとはいえない。

やむをえずにした行為

防衛行為は、必要最小限度である必要があり、これを相当性という。反撃行為が手段として必要最小限度のものであることを意味し、緊急避難とは異なり、生じた結果が侵害されようとした法益より大きかったとしても防衛行為の相当性は否定されない。

自招防衛とは

防衛者において、侵害者の不正行為を自ら招いた状況を作り出し、それに対して防衛行為をすることである。自招防衛も一定の要件下（相手方の攻撃が、自分が行った攻撃の程度を大きく超えるとき）で**正当防衛として**認められる場合もある。

ここに Focus

❶　侵害を予期していても、急迫性が認められることがある。【判例A】【判例B】

❷　防衛の意思と攻撃の意思とが併存していても、防衛するためにした行為である限り、正当防衛が認められる。【判例C】

❸　防衛行為は、必要最小限度である必要がある。

❹　防衛行為が必要最小限度であれば、生じた結果が侵害されようとした法益より大きくてもよい。【判例D】

❺　自招防衛も、相手方の攻撃が自分が行った攻撃の程度を大きく超えるならば、認められうる。【判例E】

❻　正当防衛は、過失犯に対しても認められうる。

❼　錯誤により第三者に反撃行為をした場合は、誤想防衛となる。【判例F】

8分

判例 **A**

Ⓠ 侵害を予期していても急迫性は認められるか？

Ⓐ 認められる場合がある。積極的加害意思を有する場合は認められない。

宿に泊まっていた被告人がかねてから暴行を受けていた（トラブルになっていた）同宿人と言い争いになり、一度宿を出た後に謝るために戻ったところ殴られ、鴨居に小刀が隠してあったことを思い出し、小刀を取り出して殴りかかってきた同人の左胸部を突き刺して死亡させた事案。

最判昭46.11.16

刑法36条にいう急迫とは、法益の侵害が現に存在しているか、又は間近に押し迫っていることを意味し、その侵害があらかじめ予期されていたものであるとしても、そのことからただちに急迫性を失うものと解すべきではない。

いわゆる中核派の学生らが、集会を開こうとしていた際、いわゆる革マル派の学生らから攻撃を受け、いったん実力でこれを撃退したが、ほどなく再度の攻撃のあることを予期して鉄パイプなどを準備し、再度の攻撃をしてきた革マル派に対して鉄パイプで突くなどの共同暴行をしたという事案。

最決昭52. 7 .21

単に予期された侵害を避けなかったというにとどまらず、その機会を利用し積極的に相手に対して加害行為をする意思で侵害に臨んだときは、もはや侵害の急迫性の要件を充たさない。

判例 **B**

Q 急迫性はどのような場合に認められるか？

A 法益の侵害が現に存在しているか、間近に迫っている場合であるが、対抗行為に先行する事情を含めた行為全般の状況に照らして検討される。

被害者に呼び出された加害者が、行けば暴行を加えられる等を十分予期しながら出向き、ハンマーを持ってきた被害者に対し威嚇することなく隠し持っていた包丁を突き刺し被害者を殺害した事案。

最決平29.4.26

刑法36条は、急迫不正の侵害という緊急状況の下で公的機関による法的保護を求めることが期待できないときに、侵害を排除するための私人による対抗行為を例外的に許容したものである。したがって、行為者が侵害を予期した上で対抗行為に及んだ場合、侵害の急迫性の要件については、侵害を予期していたことから、直ちにこれが失われると解すべきではなく、対抗行為に先行する事情を含めた行為全般の状況に照らして検討すべきである。具体的には、事案に応じ、行為者と相手方との従前の関係、予期された侵害の内容、侵害の予期の程度、侵害回避の容易性、侵害場所に出向く必要性、侵害場所にとどまる相当性、対抗行為の準備の状況（特に、凶器の準備の有無や準備した凶器の性状等）、実際の侵害行為の内容と予期された侵害との異同、行為者が侵害に臨んだ状況及びその際の意思内容等を考慮し、行為者がその機会を利用し積極的に相手方に対して加害行為をする意思で侵害に臨んだときなど、前記のような刑法36条の趣旨に照らし許容されるものとはいえない場合には、侵害の急迫性の要件を充たさないものというべきである。

判例 **C**

Q 防衛の意思と攻撃の意思とが併存する場合、どのような判断がされるか？

A 防衛するためにした行為である限り、防衛行為にあたると解される。

三人に暴行されている友人を助けるため、散弾銃を持って現場に向かうと、うち一人が「殺してやる」と言って追いかけてきたため、死亡するかもしれないことを認識しながら散弾銃を発砲し、けがをさせた事案。

最判昭50.11.28

急迫不正の侵害に対し自己又は他人の権利を防衛するためにした行為である限り、同時に侵害者に対する攻撃的な意思に出たものであっても、刑法36条の防衛行為にあたる。

判例 **D**

Q 侵害されようとした被害（法益）よりも結果が重大な場合、正当防衛は認められるか？

A 防衛手段として相当性を有していれば、正当防衛行為でなくなるものではないと解される。

つかまれた腕をふりほどこうとして相手の胸をついたところ、相手が転倒して自動車に頭をぶつけ重傷を負った事案。

最判昭44.12. 4

反撃行為が急迫不正の侵害に対する防衛手段として相当性を有することを意味し、右行為によって生じた結果がたまたま侵害されようとした法益より大であっても、正当防衛行為でなくなるものではない。したがって、ねじあげられた左手をふりほどくため、相手の胸を突いたところ、相手が転倒し、自動車に後頭部をぶつけ、重傷を負っても、相当性は否定されない。

路上駐車をしていた加害者に対し、自分の車の走行が困難に感じたことから加害者とトラブルになり、暴行をちらつかせて迫って来る加害者に対し、包丁で脅迫をした事案。

最判平元.11.13

年齢も若く体力にも優れた相手方が、「お前、殴られたいのか。」と言って手拳を前に突き出し、足を蹴り上げる動作をしながら目前に迫ってきたなど判示のような状況の下において、危害を免れるため、菜切包丁を手に取ったうえ腰のあたりに構えて脅迫した本件行為は、いまだ防衛手段として相当性の範囲を超えたものとはいえない。

判例
E

Ⓠ 自招防衛は認められるか？

Ⓐ 相手方の攻撃が自分が行った攻撃の程度を大きく超えるときには、認められる場合がある。

道路上において自転車にまたがっていた被害者と、たまたま徒歩で通り掛かった被告人とが、言い争いとなり、被告人は、いきなり被害者の左ほおを手けんで１回殴打し、直後に走って立ち去った。被害者は、自転車で被告人を追いかけ、自転車に乗ったまま、水平に伸ばした右腕で、プロレスのラリアットのような形で被告人を強く殴打した。被告人は、前方に倒れたが、起き上がり、携帯していた特殊警棒で被害者の顔面を数回殴打し、傷害を負わせた事案。

最決平20.５.20

相手方から攻撃された被告人がその反撃として傷害行為に及んだが、被告人は、相手方の攻撃に先立ち、相手方に対して暴行を加えているのであって、相手方の攻撃は、被告人の暴行に触発された、その直後における近接した場所での一連、一体の事態ということができ、被告人は不正の行為により自ら侵害を招いたものといえるから、相手方の攻撃が被告人の上記暴行の程度を大きく超えるものでないなどの本件の事実関係の下においては、被告人の上記傷害行為は、被告人において何らかの反撃行為に出ることが正当とされる状況における行為とはいえない。

判例 **F**

Ⓠ 正当防衛行為の結果が第三者（不正の敵ではない者）に生じた場合は？

Ⓐ いわゆる誤想防衛の一種として、故意を阻却する。ただし、過失犯が成立する場合がある。

敵グループから兄（P）を助けようと車をバックさせたら、意図せず兄を轢いてしまった事案。

大阪高判平14.9.4

被告人が本件車両を急後退させる行為は正当防衛であると認められることを前提とすると、その防衛行為の結果、全く意図していなかったPに本件車両を衝突・轢過させてしまった行為について、どのように考えるべきか問題になる。不正の侵害を全く行っていないPに対する侵害を客観的に正当防衛だとするのは妥当でなく、また、たまたま意外なPに衝突し轢過した行為は客観的に緊急行為性を欠く行為であり、しかも避難に向けられたとはいえないから緊急避難だとするのも相当でないが、被告人が主観的には正当防衛だと認識して行為している以上、Pに本件車両を衝突させ轢過してしまった行為については、故意非難を向けうる主観的事情は存在しないというべきであるから、いわゆる誤想防衛の一種として、過失責任は問えるが、故意責任を肯定することはできない。

○×問題で復習

Q

〔1〕 甲は乙から、刃物を突きつけられ脅迫されたため、自身を守るため、乙の脚を蹴ったところ、乙がよろめいて倒れ、たまたまコンクリートに頭部を強打し、死亡した。この場合、甲の行為は正当防衛となる。

〔2〕 過失行為に対して正当防衛が認められることはない。

〔3〕 積極的加害意思を持っている場合には、正当防衛が認められない。

〔4〕 攻撃の意思と防衛の意思は、併存していても正当防衛が成立する。

解答解説

○〔1〕 甲は乙から、刃物を突きつけられ脅迫されたため、自身を守るため、乙の脚を蹴ったところ、乙がよろめいて倒れ、たまたまコンクリートに頭部を強打し、死亡した。この場合、甲の行為は正当防衛となる。

刃物を突きつけられ脅迫された：急迫不正の侵害
自身を守るため：防衛の意思
乙の脚を蹴った：やむをえずにした行為＝必要最小限度で相当性が認められる。結果は関係ない

×〔2〕 過失行為に対して正当防衛が認められることはない。

過失犯に対しても認められる

○〔3〕 積極的加害意思を持っている場合には，正当防衛が認められない。

積極的加害意思があるときには、正当防衛は認められない

○〔4〕 攻撃の意思と防衛の意思は、併存していても正当防衛が成立する。

併存していても防衛の意思を欠いているわけではないので、成立する

正当防衛と緊急避難の異同

23分

関係条文

刑 法

（正当防衛）

第36条　急迫不正の侵害に対して、自己又は他人の権利を防衛するため、やむを得ずにした行為は、罰しない。

2　防衛の程度を超えた行為は、情状により、その刑を減軽し、又は免除することができる。

（緊急避難）

第37条　自己又は他人の生命、身体、自由又は財産に対する現在の危難を避けるため、やむを得ずにした行為は、これによって生じた害が避けようとした害の程度を超えなかった場合に限り、罰しない。ただし、その程度を超えた行為は、情状により、その刑を減軽し、又は免除することができる。

2　前項の規定は、業務上特別の義務がある者には、適用しない。

こんな問題が出る!

次は、正当防衛と緊急避難の異同に関する記述であるが、誤りはどれか。

〔1〕 正当防衛は「急迫不正の侵害」が存在する場合に、緊急避難は「現在の危難」が存在する場合に、それぞれ成立する。このうち「急迫」と「現在の」はいずれも侵害行為が差し迫っていることを指す。

〔2〕 法文上、正当防衛は、「自己又は他人の権利」を守るためにした行為につき、緊急避難は、「自己又は他人の生命、身体、自由又は財産」を守るためにした行為につきそれぞれ成立することとされているが、両者の意味内容は**同一**である。

〔3〕 緊急避難においては、補充の原則が要求され、その避難行為が当該危難を避けるための唯一の方法であって、他に方法がなかったことを要するのに対して、正当防衛は、このような**補充の原則**は要求されず、法益を防衛する手段として**必要最小限度**のものであればよい。

〔4〕 緊急避難は、避難行為から生じた害が避けようとした害の程度を超えないことが必要である。正当防衛においても、行為の相当性を判断する要素として、防衛しようとする法益と防衛行為によって害される侵害者側の法益との比較衡量がなされるが、**必ずしも**要件とはされていない。

〔5〕 自然現象や動物の動作は人の行為ではないため、「現在の危難」とは認められない。

〔解答〕〔5〕

STEP 1

自分や他人の生命、身体、自由、財産に対する現在の危険を避けるためにやむをえずした行為は、これによって生じた害が避けようとした害の程度を超えなかった場合に限り、罰せられない。これを、**緊急避難**という。

避難行為がその程度を超えた場合を過剰避難といい、情状により、その刑を減軽し、又は免除することができる。ただし、警察官や消防官等、業務上の特別な義務がある者には適用されない。

STEP 2

正当防衛が、不正VS正であるのに対し、緊急避難は、正VS正という構造である。

緊急避難の成立要件

①現在の危難

②避けるため＝避難の意思

③やむをえずにした＝**補充性（それが唯一の方法であること）**

④これによって生じた害が避けようとした害の程度を超えなかった＝**法益権衡性**

現在の危難は、人の行為や自然現象を含む。

緊急避難は、現在の危難を避けるため他者を犠牲にするものである。したがって、**補充性**や**法益権衡性**といった厳格な要件が規定されている。

正当防衛と緊急避難の相違点

正当防衛、緊急避難ともに違法性阻却事由である点で共通する。

しかし、正当防衛は不正対正の関係であり、緊急避難は正対正の関係である。

正当防衛には補充性は必要ないが、緊急避難には必要である。

また、正当防衛には、法益権衡性は必要ないが、緊急避難には必要である。

なお、主観面として、**正当防衛には防衛の意思、緊急避難には避難の意思が必要である。**

過剰避難

過剰避難は任意的減軽の規定である。**補充性や法益権衡性に沿わず相当性を欠く場合**（他に回避する方法があった場合や生じた害が避けようとした害を超えてしまった場合など）は、**過剰避難**とみなされる。

ここに Focus

❶ 正当防衛は不正対正の関係であり、緊急避難は正対正の関係である。

❷ 正当防衛には補充性は必要ないが、緊急避難には必要である。

❸ 正当防衛には法益権衡性は必要ないが、緊急避難には必要である。

❹ 正当防衛には防衛の意思、緊急避難には避難の意思が必要である。

2分

判例

Q 過剰避難はどのような場合に認められるか。

Ⓐ 判例の場合、過剰避難は認められない。

本件吊橋が腐朽して車馬の通行が危険となったことから、災害補償金の交付を受ける目的で、吊橋の架替えを計画した被告人両名が、共犯者らと共謀の上、雪害によって落下したように装って、本件吊橋の架替えを企図し、ダイナマイトを用いて本件吊橋を爆破落下させた事案。

最判昭35.2.4

本件吊橋の動揺による危険は、少なくとも本件犯行当時たる昭和28年2月21日頃の冬期においては原審の認定する程に切迫したものではなかったのではないかと考えられる。更に、また原審は、被告人等の本件所為は右危険を防止するためやむことをえざるに出でた行為であって、ただその程度を超えたものであると判断するのであるが、仮に本件吊橋が原審認定のように切迫した危険な状態にあったとしても、その危険を防止するためには、通行制限の強化その他適当な手段、方法を講ずる余地のないことはなく、本件におけるようにダイナマイトを使用してこれを爆破しなければ右危険を防止しえないものであったとは到底認められない。しからば被告人等の本件所為については、緊急避難を認める余地なく、従ってまた過剰避難も成立しえないものといわなければならない。

○×問題で復習

Q

〔1〕 正当防衛も緊急避難も、ともに違法性阻却事由である。

〔2〕 正当防衛も緊急避難も、条件を満たせば、必ず減軽される。

〔3〕 財物を守るために人を死亡させても、要件を満たせば、正当防衛も緊急避難もそれぞれ成立しうる。

〔4〕 正当防衛には主観面において一定の意思が必要であるが、緊急避難には不要である。

〔5〕 財産を守ることを目的とした緊急避難は認められない。

〔6〕 旅館で火災が起き、多くの客が非常口に殺到し、しかも非常口が狭かったので、泊り客の青年が、自分が逃れるため、他の客を突き飛ばし負傷させた。この場合、緊急避難が成立する。

〔7〕 緊急避難における「現在の危難」とは、人の行為であると自然現象であるとを問わない。

〔8〕 緊急避難においては、自己又は他人の法益を救うためであっても、無関係の第三者の法益を犠牲にすることはできない。

解答解説

○〔1〕 正当防衛も緊急避難も、ともに違法性阻却事由である。
正当防衛も緊急避難も、ともに違法性阻却事由であることが共通している

×〔2〕 正当防衛も緊急避難も、条件を満たせば、必ず減軽される。
任意的減軽

×〔3〕 財物を守るために人を死亡させても、要件を満たせば、正当防衛も緊急避難もそれぞれ成立しうる。
緊急避難には、法益権衡性（生じた害が避けようとした害の程度を超えなかったこと）が必要

×〔4〕 正当防衛には主観面において一定の意思が必要であるが、緊急避難には不要である。
避難の意思が必要

×〔5〕 財産を守ることを目的とした緊急避難は認められない。
人の生命・身体だけでなく、財産的権利を防衛するためでも緊急避難は認められる

○〔6〕 旅館で火災が起き、多くの客が非常口に殺到し、しかも非常口が狭かったので、泊り客の青年が、自分が逃れるため、他の客を突き飛ばし負傷させた。この場合、緊急避難が成立する。
現在の危難
避難の意思
人が殺到･非常口が狭い＝補充性あり、生じた害が避けようとした害を超えていない＝法益権衡性あり

○〔7〕 緊急避難における「現在の危難」とは、人の行為であると自然現象であるとを問わない。
現在の危難は自然現象も含む

×〔8〕 緊急避難においては、自己又は他人の法益を救うためであっても、無関係の第三者の法益を犠牲にすることはできない。
緊急避難は「正VS正」が基本なので、「正」である第三者に対する緊急避難も認められる

責任能力・原因において自由な行為

関係条文

刑　法

（心神喪失及び心神耗弱）
第39条　心神喪失者の行為は、罰しない。
2　心神耗弱者の行為は、その刑を減軽する。
（責任年齢）
第41条　14歳に満たない者の行為は、罰しない。

こんな問題が出る！

次は、責任能力に関する記述であるが、誤りはどれか。

〔1〕 刑法における責任能力とは、事物の**是非・善悪を弁別**し、かつ、それに従って行動する能力のことであり、これを欠く者の行為については刑事責任を問うことはできない。

〔2〕 14歳に満たない者は、**心身の発達の程度に個人差はある**ものの、**現実に是非弁別能力が存在したか否かに関係なく**、一律に責任能力を欠くものとされている。

〔3〕 乳房で乳児を窒息させてしまう可能性があることを**認識**しながら、**母親が**乳房を乳児に含ませたまま寝入ってしまい、寝たまま乳児を乳房で窒息死させた。この母親には責任能力が認められる。

〔4〕 心神喪失・心神耗弱の概念はあくまで**法律上のもの**であるので、行為者の精神状態がこれに該当するか否かの判断は、**終局的には法律家である裁判官**が行うべきである。

〔5〕 心神喪失・心神耗弱と認められるのは、統合失調症等の精神的な障害がある場合に**限定**されるため、例えば、アルコール依存症であっても責任能力が否定されることはない。

〔解答〕〔5〕

STEP 1

心神喪失者は責任無能力者とされ、罰せられず、**心神耗弱者は限定責任能力者**となり、必ず減軽される。

14歳に満たない者は、**刑事未成年者**となり、罰せられない。

STEP 2

責任能力とは

責任能力とは、**行為の是非・善悪を弁識（弁別）し、それに従って自己の行為を制御できる能力**のことである。

責任無能力者の行為は、刑事責任は追及されない。責任能力が一般人よりも劣る者は、限定責任能力者と呼び、刑が減軽される。行為時に責任能力の有無が判断される。**責任能力の有無・程度の判断は、法律判断であって、専ら裁判所にゆだねられる**。

心神喪失者

心神喪失者とは、精神障害等により、**事物の弁識能力を欠く者、又は弁識に従って行動する能力（制御能力）のない者**のことである。その者には責任無能力者として、39条１項により、**その者の行為は罰せられない**。心神喪失又は心神耗弱にあたるかは、犯行前の生活状態、犯行の動機・態様、犯行後の行動、犯行以後の病状等を総合的に考察する。

心神耗弱

心神耗弱とは、精神障害等により、**弁識能力が著しく低い場合、又は制御能力が著しく低い場合**である。その場合には**限定責任能力者**として、責任減少が認められ、39条２項により、その者の行為について、**刑を減軽する**。

刑事未成年者

刑事未成年者とは、14歳に満たない者であり、責任無能力者として、41条により、その者の行為は罰せられない。

原因において自由な行為

故意又は過失（飲酒や薬物の使用等の行為）により自らを

責任無能力（ないし限定責任能力）の状態に陥れ、その状態で犯罪行為を行うことを「**原因において自由な行為**」という。責任能力は犯罪行為時に存在していなければならないという原則があるが、責任能力がある者が、自ら無能力状態を生み出し、それを利用した場合に、犯罪が不問になることは正義に反するため、この理論が生まれた。

この理論の中では、責任無能力の自己の行為を支配し利用する間接正犯ととらえる考え方と、意思決定が結果行為時まで続いていると解する結果行為説がある。

ここにFocus

❶ 責任能力を全く欠く場合を「責任無能力」といい、犯罪は成立しない。

❷ 心神喪失者の犯罪行為は、不処罰となる。

❸ 心神耗弱者の犯罪行為は、刑が減軽される。

❹ 犯行前の生活状態、犯行の動機・態様、犯行後の行動、犯行以後の病状等を総合的に考察し、心神喪失あるいは心神耗弱であるかが判断される。**【判例A】**

❺ 合理的な事情が認められれば、裁判所は、精神鑑定意見を採用しなくてもよい。**【判例C】**

❻ 飲酒や薬物の使用等の行為により自らを責任無能力(ないし限定責任能力)の状態に陥れ、その状態で犯罪行為を行うことを「原因において自由な行為」という。

❼ 結果行為説は、実行行為を結果行為（殴るなど）ととらえる。

❽ 原因において自由な行為の理論は、過失犯・故意犯にも使える。**【判例D】【判例E】**

❾ 実行行為の途中から心神耗弱状態に陥った場合でも、完全な責任を問える。

判例

5分

判例 **A**

Q 心神喪失又は心神耗弱にあたるかどうかにつき何が考慮されるか？

A 病歴、犯行当時の病状、犯行前の生活状態、犯行の動機・態様、犯行後の行動、犯行以後の病状等を総合的に考える。

海上自衛隊に勤務中に精神分裂病と診断されて通院・治療歴のある被告人が、結婚を断られたことや自衛隊に好意を持たない被害者らに対する反感から、被害者一家を殺害しようと企て、鉄棒で被害者らの頭部を殴打して５名を殺害し、２名に傷害を負わせた事案。

最判昭53.３.24

被告人の病歴、犯行態様にみられる奇異な行動及び犯行以後の病状などを総合考察すると、被告人は本件犯行時に精神分裂病の影響により、行為の是非善悪を弁識する能力又はその弁識に従って行動する能力が著しく減退していたとの疑いを抱かざるをえない。

判例 **B**

Q 実行行為の途中から心神耗弱となった場合は刑が減軽されるか？

A 刑は減軽されない。

飲酒中に生存余剰金の件で妻と口論した加害者が、妻への暴行後にさらに多量の飲酒をし、数度にわたる暴行の結果、妻を殺害した事案。

長崎地判平４.１.14

同一の機会に同一の意思の発動にでたもので、実行行為は継続的又は断続的に行われており、被告人は、心神耗弱下で犯行を開始したのではなく、犯行開始時には責任能力が存在し、犯行開始後に自ら飲酒を継続したために、実行行為の途中で複雑酩酊となり心神耗弱に陥ったにすぎず、39条２項を適用すべきではない。

判例 C

Q 責任能力判断は、精神鑑定に拘束されるか？

A 拘束されない。

精神疾患のある被告人が、隣人をサバイバルナイフを使用して殺害した事案。

最決平21.12.8

責任能力の有無・程度の判断は、法律判断であって、専ら裁判所にゆだねられるべき問題であり、その前提となる生物学的、心理学的要素についても、上記法律判断との関係で究極的には裁判所の評価にゆだねられるべき問題である。したがって、専門家たる精神医学者の精神鑑定等が証拠となっている場合においても、鑑定の前提条件に問題があるなど、合理的な事情が認められれば、裁判所は、その意見を採用せずに、責任能力の有無・程度について、被告人の犯行当時の病状、犯行前の生活状態、犯行の動機・態様等を総合して判定することができる。そうすると、裁判所は、特定の精神鑑定の意見の一部を採用した場合においても、責任能力の有無・程度について、当該意見の他の部分に事実上拘束されることなく、上記事情等を総合して判定することができるというべきである。

判例 D

Q 大量に飲酒をすると酩酊して心神喪失の状態となり暴力を振るう自分の性質を知って飲酒し、人を刺し殺した（過失）場合は責任を問われるのか？

A 問われる（過失致死の罪責を負う）。

大量の飲酒によって酩酊状態になると、他人に危害を加える可能性を自覚していた者が、酩酊状態時に被害者を包丁で突き刺した事案。

最判昭26.1.17

被告人のように、多量に飲酒するときは病的酩酊に陥り、よって心神喪失の状態において他人に犯罪の害悪を及ぼす危険ある素質を有する者は、常に心神喪失の原因となる飲酒を抑止又は制限するなど危険の発生を未然に防止するよう注意する義務があるものといわねばならない。したがって、たとえ本件殺人の行為は被告人の心神喪失時の行為であったとしても、被告人に既に上述のような自身の素質を自覚していたものであり、かつ、本件事前の飲酒につき注意義務を怠ったのならば、被告人は過失致死の罪責を負う。

判例 **E**

Ⓠ 故意犯に原因において自由な行為の理論は適用されるか？

Ⓐ 適用される。

大量の飲酒によって酩酊状態になると他人に危害を加える可能性があると自覚している者が、タクシーの運転手に対して凶器を使用し、脅迫・暴行（故意犯）をした事案。

大阪地判昭51．3．4

行為者が責任能力のある状態で、自ら招いた精神障害による責任無能力又は限定責任能力の状態を犯罪の実行に利用しようという積極的意思があるから、その意思は犯罪実行の時にも作用しているというべきであって、犯罪実行時の行為者は、責任無能力者としての道具又は限定責任能力者としての道具であると同時に、責任能力のある間接正犯たる地位も持つ。従って、故意犯については責任能力のある間接正犯としての行為が認められ、行為と責任の同時存在を共に認めることができる。

○×問題で復習

Q

〔1〕 責任能力の有無は、行為時の状態によって判断される。

〔2〕 心神喪失は、精神の障害がある場合に限られるから、アルコールによって一時的にそのような状態に陥った場合には心神喪失と認めることはできない。

〔3〕 心神喪失とは、精神の障害により事物の是非・善悪を弁識する能力及びその弁識に従って行動する能力のいずれもない状態のことである。

〔4〕 心神耗弱は、責任能力が著しく減退しているにすぎないから、その刑を減軽しないことも可能である。

〔5〕 12歳の少年が人を殺害した場合、少年法の規定に基づく手続を経れば、その少年に刑罰を科すことができる。

〔6〕 飲酒当初から飲酒後に自動車を運転する意思があり、実際に酩酊したまま運転した場合、運転時に飲酒の影響により心神耗弱の状態であっても、完全責任能力が認められることがある。

〔7〕 自ら酒を飲み、故意なく人を殺してしまった場合、過失となるので、原因において自由な行為の理論は適用されない。

解答解説

○〔1〕 責任能力の有無は、行為時の状態によって判断される。

×〔2〕 心神喪失は、精神の障害がある場合に限られるから、アルコールによって一時的にそのような状態に陥った場合には心神喪失と認めることはできない。
アルコールを原因とするような一時的な意識障害も、程度が高ければ精神の障害と認められることもある

×〔3〕 心神喪失とは、精神の障害により事物の是非・善悪を弁識する能力及びその弁識に従って行動する能力のいずれもない状態のことである。
どちらかがない

×〔4〕 心神耗弱は、責任能力が著しく減退しているにすぎないから、その刑を減軽しないことも可能である。
責任減少が認められる＝限定責任能力者
必要的に減軽される

×〔5〕 12歳の少年が人を殺害した場合、少年法の規定に基づく手続を経れば、その少年に刑罰を科すことができる。
14歳に満たない者は刑事未成年者である
罰することができない

○〔6〕 飲酒当初から飲酒後に自動車を運転する意思があり、実際に酩酊したまま運転した場合、運転時に飲酒の影響により心神耗弱の状態であっても、完全責任能力が認められることがある。
酒酔い運転の意思あり
心神耗弱の状態を自らの意思で招いている（原因において自由な行為の理論）

×〔7〕 自ら酒を飲み、故意なく人を殺してしまった場合、過失となるので、原因において自由な行為の理論は適用されない。
過失犯にも原因において自由な行為の理論が適用される

故意と過失

24分

関係条文

刑　法

（故意）

第38条　罪を犯す意思がない行為は、罰しない。ただし、法律に特別の規定がある場合は、この限りでない。

2　重い罪に当たるべき行為をしたのに、行為の時にその重い罪に当たることとなる事実を知らなかった者は、その重い罪によって処断することはできない。

3　法律を知らなかったとしても、そのことによって、罪を犯す意思がなかったとすることはできない。ただし、情状により、その刑を減軽することができる。

（過失傷害）

第209条　過失により人を傷害した者は、30万円以下の罰金又は科料に処する。

2　前項の罪は、告訴がなければ公訴を提起することができない。

（過失致死）

第210条　過失により人を死亡させた者は、50万円以下の罰金に処する。

（業務上過失致死傷等）

第211条　業務上必要な注意を怠り、よって人を死傷させた者は、5年以下の懲役若しくは禁錮又は100万円以下の罰金に処する。重大な過失により人を死傷させた者も、同様とする。

こんな問題が出る!

次は、故意及び過失に関する記述であるが、誤りはどれか。

〔1〕 過失犯とは、構成要件的結果を**認識・認容せず**、注意義務違反によって結果を惹起する犯罪をいい、**故意犯よりも**行為の違法性と責任が**軽少**であることから、比較的重大な法益侵害をもたらすものを例外的に処罰の対象としており、その法定刑も、故意犯より軽い。

〔2〕 過失犯が成立するためには、結果予見可能性があったことが要件となるが、この予見可能性は、一般人でなく、結果発生について**専門的**な知識を持つ者が基準となる。

〔3〕 **故意のない行為**は、法律に特別の規定がある場合を除き、原則として**処罰されない**。

〔4〕 未必の故意とは、結果の発生を確実なものとして認識はしなかったが、それが可能なものとして**認識**し、しかも**認容**した場合のことである。例えば、相手が死ぬかもしれないが、死んでも構わないという趣旨で、**あえて**殴打したような場合である。

〔5〕「中に人がいるかもしれないが、死んでもかまわない」と思って建物に火をつけた場合、殺人罪の未必の故意があったと判断される。

〔解答〕〔2〕

STEP 1

犯罪行為を行った際に、**犯罪の認識**がなければ罰せられない。ただし、法律で特別な規定がある場合は罰せられる。

また、不注意でけがをさせてしまったり、相手を死なせてしまった場合、**過失**があったとして罰せられる。

さらに、業務上必要な注意をしなかったり、重大な不注意のために人を死傷させたりした場合も、**業務上の過失**があったとして罰せられる。

STEP 2

故 意

故意とは、罪になると分かっていながら、それを認容し、あえて行為をする意思のことをいう。38条1項では「罪を犯す意思がない行為は罰しない」として、刑法において**故意犯**処罰が原則であることを示している。

犯罪の成立⇒行為者が構成要件に該当する犯罪事実を認識・認容することが必要である。

確定的故意と不確定的故意

故意は、**確定的故意**と**不確定的故意**に分けられる。

確定的故意

確定的故意は、自らが犯す犯罪の客体も、自らの行為によって生じる結果も全て、確定的なものとして認識、認容している場合の故意である。

(例) Aを殺してやろうと思い拳銃を発砲したらAが死んだ。

不確定的故意

択一的故意……2個の客体のうちいずれかに結果が発生するが、どちらに発生するかが不確定なものとして認識し認容している場合の故意である。

(例) AとBのどちらかが死ねばいいと思い、拳銃を発砲した。

概括的故意……一定範囲内の客体のいずれかに結果が発生することは確実だが、個数が不確定な場合

(例) 誰かが死ねばいいと思い、群衆に向かって爆弾を投げた。

未必の故意……結果の発生自体は確実ではないが、その結果発生について認容している場合

(例) 相手が死ぬかもしれないがそれでもかまわないと思ってAの足を拳銃で狙っ

て撃った。

未必の故意と認識ある過失の境界線

角に子供が見えたので、ぶつかろうと思いぶつかった→**確定的故意**

角に子供が見えたが、当たっても仕方ないと思い、ぶつかった→**未必の故意**

角に子供が見えたが、当たらないと思い、通ったらぶつかった→**認識ある過失**

自動車を運転中、角から急に子供が飛び出してきてぶつかった→**認識なき過失**

過失とは

過失とは、行為者が**構成要件該当事実の認識・認容を欠き**、そして**注意義務に違反すること**である。**注意義務とは、一般人を基準とした結果予見義務と結果回避義務**である。

結果の予見可能性

予見可能性が結果回避義務を導くものである以上、**人を結果回避へと動機づける程度の予見可能性**が必要である。理屈上は予見可能でも相手の異常な違反についてまで、予見する必要がない。結果を予見していても、結果を回避できる可能性がない場合には、過失犯は成立しない。

予見可能性の対象は、**①構成要件的結果**、**②因果関係の基本的部分**である。

要するに、その行為によって危険や被害が発生すると予見できたか否かを判断し、予見できた場合は、予見義務違反があると判断される。

業務上過失

業務上過失とは、業務上で必要な注意を怠ることによって犯罪事実を発生させた場合をいう。業務とは、**社会生活上の地位に基づき、反復継続して行われる事務**を指す。

重大な過失とは

重大な過失とは、通常の過失に比べ、注意義務違反の程度が著しい場合のことである。つまり、わずかな注意を払えば、結果の発生を回避できた場合、重過失と判断される。

信頼の原則

信頼の原則とは、行為者がある行為をなすにあたって、被害者あるいは第三者が適切な行動をするのが相当な場合には、たとえその**被害者あるいは第三者の不適切な行動によって結果が発生したとしても、それに対しては責任を負わない**というものである。

監督過失
直接に結果を発生させる過失行為をした者を監督すべき地位にあった者が、その監督義務を怠ったことを理由に過失責任を問われる場合である。従業員を監督する立場の者などである。

管理過失
従業員の行為のような中間項を介さずに、物的・人的設備、機構、人的体制の管理不備自体が過失を構成することをいう。例えば、防火責任者が、スプリンクラーのような防火設備を正常に作動するように管理すべき安全体制確立義務を怠ったために火災が発生し死傷者が出た場合である。

ここに Focus

❶　未必の故意とは、結果の発生を確実なものとして認識はしなかったが、それが可能なものとして認識し、認容した場合である。**【判例A】**

❷　過失とは、注意義務（予見義務・結果回避義務）に違反する行為である。

❸　予見可能性の対象は、行為と構成要件的結果と因果関係の基本的部分である。**【判例B】**

判例
A

Ⓠ 未必の故意とは？

Ⓐ 犯罪の構成要件事実の可能性の認識や認容がありながらあえて行う意思のこと。

被告人がXから盗品である衣類を買い受け、盗品等有償譲受け罪の成否に際し、その衣類が盗品であることについての故意が争われた事案。

最判昭23.3.16

盗品有償譲受け罪は盗品であることを知りながらこれを買い受けることによって成立するものであるが、その故意が成立するためには必ずしも買い受けるべき物が盗品であることを確定的に知っていることを必要としないあるいは盗品であるかもしれないと思いながらしかもあえてこれを買い受ける意思（いわゆる未必の故意）があれば足りるものと解すべきであるから、たとえ買受人が売渡人から盗品であることを明に告げられた事実がなくても、買受物品の性質、数量、売渡人の属性態度等諸般の事情から「あるいは盗品ではないか」との疑いを持ちながらこれを買い受けた事実が認められれば盗品有償譲受け罪が成立する。

判例
B

Ⓠ 過失における予見可能性の対象は？

Ⓐ 構成要件的結果と因果関係の基本的部分である。

井戸水から細菌が検出され、保健所から滅菌措置を講じるよう指導を受けていたのにもかかわらず、園長はそのまま園児に飲料水として供給し、園児２名がO-157により死亡した事案。

浦和地判平8.7.30

井戸水の大腸菌の中にO-157の病原性大腸菌があり、これを摂取した被害者が感染して死亡するに至るまでの予見可能性がなくとも、生命に危険な状態となって死亡するおそれがあることについては十分予見可能であったものと認められる。

貨物自動車の荷台に知らぬ間に２名が勝手に乗り込んでいて、制限速度30kmのところを時速60kmの危険な運転のゆえに事故を起こし、その２名が死亡した事案。

最決平元.３.14

そのような無謀ともいうべき自動車運転をすれば人の致傷を伴ういかなる事故を惹起するかもしれないことは、当然認識しえたものというべきであるから、たとえ被告人が自車の後部荷台に両名が乗車している事実を認識していなかったとしても、両名に関する業務上過失致死罪が成立する。

被告人はトンネル内のケーブルに銅板を取り付けることを怠り、ケーブル通電の結果、炎上し、ガスが発生し、１名を死亡させ、42名に傷害を負わせた事案。

最決平12.12.20【近鉄生駒トンネル火災事件】

「炭化導電路の形成」という未知の現象が起きて火災が発生した特殊な事件であるが、被告人は、炭化導電路が形成されるという経過を具体的に予見することはできなかったとしても火災の発生に至る可能性があることを予見できたものというべきである。

判例

Ⓠ 信頼の原則は行為者に交通違反があっても、適用されるか？

Ⓐ 適用される場合と適用されない場合がある。

右折の合図をしながら時速20kmで安全を確認せず右折をしたところ、後方からバイクが時速60kmで追い越しをしようとしてきてぶつかり、バイクの運転手Aを死亡させた。

最判昭42.10.13

車両の運転者は、互いに他の運転者が交通法規に従って適切な行動に出るであろうことを信頼して運転すべきものであり、そのような信頼がなければ、一時といえども安心して運転をすることはできないものである。したがって、車両の運転者の注意義務を考えるにあたっては、この点を十分配慮しなければならない。本件Xのように、センターラインの若干左側から、右折の合図をしながら、右折を始めようとする原動機付自転車の運転者としては、後方からくる他の車両の運転者が、交通法規を守り、速度を落として自車の右折を待って進行する等、安全な速度と方法で進行するであろうことを信頼して運転すれば足り、本件Aのように、あえて交通法規に違反して、高速度で、センターラインの右側にはみ出してまで自車を追い越そうとする車両のありうることまでも予想して、右後方に対する安全を確認し、事故の発生を未然に防止すべき業務上の注意義務はない。よって業務上過失致死罪は成立しない。

対面する信号機が赤色表示になったため、対向車線の対面信号も赤色になり、対向する車が停止すると思い交差点を右折したところ、対向車線の対面信号は青色で、そのまま交差点に進入してきた対向車と衝突した事案。

最決平16. 7 .13

なお、原判決の認定によれば、被告人は、普通乗用自動車を運転し、本件交差点を右折するため、同交差点手前の片側２車線の幹線上のような事実関係の下において、被告人はＡ車が本件交差点に進入してくると予見することが可能であり、その動静を注視すべき注意義務を負うとした原判断は、相当である。自動車運転者が、本件のような交差点を右折進行するにあたり、自己の対面する信号機の表示を根拠として、対向車両の対面信号の表示を判断し、それに基づき対向車両の運転者がこれに従って運転すると信頼することは許されないものというべきである。

○×問題で復習

Q

〔1〕 行為者の認識していない人物に対する過失犯は成立しない。

〔2〕 覚醒剤を含む身体に違法で有害な薬物であることは認識しているが、覚醒剤だと確信していない場合には、覚醒剤所持罪は成立しない。

〔3〕 スプリンクラーの設置不備が過失内容となる場合は、管理過失である。

〔4〕 結果を予見していても、結果を回避できる可能性がない場合には、過失犯は成立しない。

〔5〕 過失犯とは、注意義務違反によって結果が惹起される犯罪のことをいう。

解答解説

×〔1〕 行為者の認識していない人物に対する過失犯は成立しない。
危険な速度での交通事故など、被害者を認識していなくても過失犯は成立する

×〔2〕 覚醒剤を含む身体に違法で有害な薬物であることは認識しているが、覚醒剤だと確信していない場合には、覚醒剤所持罪は成立しない。
確信がなくても、覚醒剤かもしれないと思えば未必の故意が成立する

○〔3〕 スプリンクラーの設置不備が過失内容となる場合は、管理過失である。
安全体制確立義務に違反するため

○〔4〕 結果を予見していても、結果を回避できる可能性がない場合には、過失犯は成立しない。
予見可能性及び結果回避可能性が認められて、初めて過失犯が成立する

○〔5〕 過失犯とは、注意義務違反によって結果が惹起される犯罪のことをいう。

錯　　誤

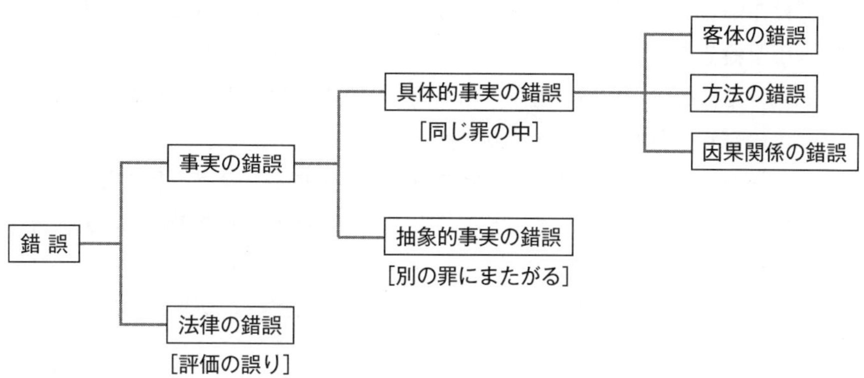

関係条文

刑　法

（故意）

第38条　罪を犯す意思がない行為は、罰しない。ただし、法律に特別の規定がある場合は、この限りでない。

2　重い罪に当たるべき行為をしたのに、行為の時にその重い罪に当たることとなる事実を知らなかった者は、その重い罪によって処断することはできない。

3　法律を知らなかったとしても、そのことによって、罪を犯す意思がなかったとすることはできない。ただし、情状により、その刑を減軽することができる。

こんな問題が出る!

次は、錯誤に関する記述であるが、誤りはどれか。

〔1〕 甲を殺そうと思って拳銃を発射したところ、弾丸が甲に**命中せず**、傍らの乙に命中して**乙が死亡**した場合には、乙に対する殺人既遂罪が成立する。

〔2〕 甲を殺そうと思って拳銃を発射したところ、弾丸が甲の体内を**貫通し**、予想外の乙に命中し、甲が**重傷**、乙が**死亡**した場合は、甲に対する殺人未遂罪と乙に対する過失致死罪が成立する。

〔3〕 甲を殺そうとして首を絞めたところ、甲が気絶したので、**既に死んだもの**と思って罪証隠滅の目的で甲を海に投げ込み、溺死させた場合は、殺人既遂罪が成立する。

〔4〕 AとBが甲の殺害を共謀した上、Bが乙を甲と**誤認**して殺害した場合は、A・Bともに**殺人罪の既遂**となる。

〔5〕 自己の行為が**違法であることを知らなかった**場合、又は、**法的に許される**と**誤信**した場合でも、故意は阻却されない。

〔解答〕〔2〕

STEP 1

錯誤とは、**認識していた事実（行為者の内心）**と、**発生した事実（客観的事実）の間に違い（ズレ）があったことをいう（事実の錯誤）**。

38条1項で、罪を犯す意思がなければ罰しないと定められている。故意犯が成立するためには、行為者が自分がした行動が犯罪になるという事実について認識している必要があるのに対し、事実の錯誤があった場合、故意犯が成立しない。

STEP 2

事実の錯誤と法律の錯誤

事実の錯誤（事実を間違えた）→**故意を阻却する**

法律の錯誤（評価＝「許される」を間違えた）→**故意を阻却しない**

事実の錯誤

事実の錯誤は、具体的事実の錯誤と抽象的事実の錯誤に分けられる。

具体的事実の錯誤……同じ構成要件間での錯誤のこと

① **客体の錯誤とは、客体について錯誤がある場合のことをいう。**例えば、Aだと思って殺したら、その人は実はBであったという場合である。故意は認められる。

② **方法の錯誤とは、行為の結果が異なった客体に生じる場合のことをいう。**例えば、Aを狙って発砲したら予想外に外れて、弾がBに当たってしまったという場合である。この場合、行為者には（複数の）故意が認められる（＝法定的符合説）。

つまり、Aを殺害しようとして誤ってBを殺害してしまった場合でも、Aという「人を殺そうとした」ことから「およそ人を殺す意思」があるととらえ、故意を認めるのである。

③ **因果関係の錯誤とは、行為者が、行為当時に予見した因果経過と、現実に発生した因果経過が一致しなかったが、予期した結果が発生した場合のことをいう。**故意は認められる。例えば、Aを川で溺死させようと崖から突き落としたら、Aは途中の岩石に頭を打ち、死亡したという場合である。

主観面（Aの予見・予想）

実行行為【突き飛ばす】→因果関係【落下して溺れる】→結果【Aは死亡する】

錯誤！

客観面（実際に発生したこと）

実行行為【突き飛ばす】→因果関係【岩石に頭を打つ】→結

果【Aは死亡する】

過程や経過は予想どおりではなかったが、行為に対する最終的な結果が予期したとおりのものになった場合を**因果関係の錯誤**という。

抽象的事実の錯誤……**異なった構成要件間での錯誤**のこと

軽い罪の故意で重い犯罪結果が生じた場合

（例）捨ててある自転車だと思って乗って帰ったら、店の商品だった。

〈主観〉

占有離脱物横領罪　**他人の財物**＋**占有を取得**

重なる

〈客観〉

窃盗罪　**他人の財物**＋**占有を取得**＋**被害者の意思に反して占有侵害**

→構成要件が実質的に重なり合う軽い罪が成立する（⇒占有離脱物横領罪）。

重い罪の故意で軽い犯罪結果が生じた場合

（例）自転車を盗んだが、それは使わないので処分してある物だった。

〈主観〉

窃盗罪　**他人の財物**＋**占有を取得**＋**被害者の意思に反して占有侵害**

〈客観〉

占有離脱物横領罪　**他人の財物**＋**占有を取得**

→構成要件が実質的に重なり合えば、実際に生じた事実の故意犯が成立する（⇒占有離脱物横領罪）。

実質的な重なり合いの要件は、①保護法益、②行為態様の共通性である。

上記の例では、他人の財物という保護法益、領得という行為態様、それぞれが共通している。

法律の錯誤（違法性の錯誤）

38条3項は、「法律を知らなかったとしても、そのことによって、罪を犯す意思がなかったとすることはできない。ただし、情状により、その刑を減軽することができる。」と規定している。つまり、**法律の錯誤は故意を阻却しない**とされる。

行為者が、法律の存在を知らなかったり、忘れていたり、その行為が許されるものだと錯誤することを「法律の不知」による違法性の錯誤という。

刑罰法規の解釈を誤り、自分のした行為が許されると誤信していた場合は、刑罰法規にあてはまるかどうかの判断の錯誤となり、これを「当てはめの錯誤」という。

違法性の意識

故意の成立には違法性の意識の可能性が必要である。違法性の意識の可能性がない場合には（責任）故意が阻却される。

ここに Focus

❶ 方法の錯誤の場合には、意図していなかった客体にも故意を認める。**【判例A】**

❷ 客体の錯誤の場合、故意が認められる。

❸ 因果関係の錯誤の場合、原則、故意が認められる。

❹ 抽象的事実の錯誤では、保護法益と行為態様の実質的な重なり合いがある部分の罪が成立する。

❺ 法律の錯誤は、故意を阻却しない。

❻ 違法性の意識の可能性がない場合には（責任）故意が阻却される。**【判例C】**

判例 A

Ⓠ 方法の錯誤の場合に、意図しない客体に故意が認められるか？

Ⓐ 認められる。

被告人が警察官Xから銃を奪う目的で、Xに対して鋲撃ち銃を撃ち、鋲をXに当て傷害を負わせ、さらにXを貫通させ、30m先の通行人Yにも当てて傷害を負わせてしまったという事案。

最判昭53. 7 .28

しかしながら、犯罪の故意があるとするには、罪となるべき事実の認識を必要とするものであるが、犯人が認識した罪となるべき事実と現実に発生した事実とが必ずしも具体的に一致することを要するものではなく、両者が法定の範囲内において一致することをもって足りるものと解すべきであるから、人を殺す意思のもとに殺害行為に出た以上、犯人の認識しなかった人に対してその結果が発生した場合にも、右の結果について殺人の故意があるものというべきである。

判例 **B**

Ⓠ 行為と結果の因果関係に錯誤があった場合、故意犯は成立するのはどのような場合か？

Ⓐ 下記事例の場合、成立する。

クロロホルムを吸引させてAを失神させた上、その失神状態を利用して、Aを港まで運び自動車ごと海中に転落させて溺死させる計画だったが、クロロホルムを吸引させた時点で被害者が死んでしまった事案。

最決平16. 3 .22【クロロホルム事件】

実行犯3名の殺害計画は、クロロホルムを吸引させてAを失神させた上、その失神状態を利用して、Aを港まで運び自動車ごと海中に転落させて溺死させるというものであって、第1行為は第2行為を確実かつ容易に行うために必要不可欠なものであったといえること、第1行為に成功した場合、それ以降の殺害計画を遂行する上で障害となるような特段の事情が存しなかったと認められることや、第1行為と第2行為との間の時間的場所的近接性などに照らすと、第1行為は第2行為に密接な行為であり、実行犯3名が第1行為を開始した時点で既に殺人に至る客観的な危険性が明らかに認められるから、その時点において殺人罪の実行の着手があった。よって、殺人既遂罪が成立する。

判例 **C**

Ⓠ 映倫を通過した映画をわいせつではない（違法ではない）と思って上映した場合、故意は認められるか？

Ⓐ 違法性の意識の可能性がなければ、(責任) 故意は認められない。

東京高判昭44. 9 .17【映倫事件】

映画が刑法上のわいせつ図画にあたるものであっても、その映画が映倫の審査を通過したものであり、かつ、映倫制度発足以来約16年にして、多数の同種映画の中からはじめて公訴の提起がなされたものである場合においては、映倫制度発足の趣旨、同制度に対する社会的評価並びに制作者その他の上映関係者の心情等(判文参照)諸般の事情にかんがみ、右上映関係者が上記映画の上映について、それが法律上許容されたものと信ずるにつき相当の理由があり、わいせつ図画公然陳列罪の犯意を欠くものと解するのが相当である。

○×問題で復習

9分

Q

〔1〕 Aを殺害しようとして発砲し、Aを負傷させ、貫通した弾によりBを死亡させた場合には、Aに対する殺人未遂罪とBに対する殺人既遂罪が成立する。

〔2〕 意図していなかった客体に対して故意が認められることがある。

〔3〕 出版主がわいせつ文学書を輸入したが、自らも部下の幹部社員もその内容を、「わいせつ文学書であるものの、優れた芸術作品」と信じ翻訳して出版したときは、事実の錯誤として故意が阻却される。

〔4〕 勝手に自分の行為が許されると信じた場合は、法律の錯誤として故意は阻却されない。

〔5〕 窃盗罪を犯すつもりで占有離脱物横領罪を犯した場合は、占有離脱物横領罪が成立する。

〔6〕 人違いで人を殺害した場合にも、故意は認められる。

〔7〕 占有離脱物横領罪を犯すつもりで窃盗罪を犯した場合には、占有離脱物横領罪が成立する。

〔8〕 因果関係の錯誤は、原則として故意を阻却しない。

〔9〕 違法性の意識の可能性がない場合には、(責任) 故意が阻却される。

解答解説

○〔1〕 Aを殺害しようとして発砲し、Aを負傷させ、貫通した弾によりBを死亡させた場合には、Aに対する殺人未遂罪とBに対する殺人既遂罪が成立する。
Aを殺害するつもりで発砲し、負傷させている　Bを死亡させている

○〔2〕 意図していなかった客体に対して故意が認められることがある。

×〔3〕 出版主がわいせつ文学書を輸入したが、自らも部下の幹部社員もその内容を、「わいせつ文学書であるものの、優れた芸術作品」と信じ翻訳して出版したときは、事実の錯誤として故意が阻却される。
わいせつな内容である自覚あり→事実の認識○
法律の錯誤（評価の誤り）　阻却されない

○〔4〕 勝手に自分の行為が許されると信じた場合は、法律の錯誤として故意は阻却されない。
自分の下した評価が間違っている＝法律の錯誤

○〔5〕 窃盗罪を犯すつもりで占有離脱物横領罪を犯した場合は、占有離脱物横領罪が成立する。
重い罪の故意で軽い犯罪結果＝実際に生じた事実（占有離脱物横領）の故意犯が成立

○〔6〕 人違いで人を殺害した場合にも、故意は認められる。
客体の錯誤

○〔7〕 占有離脱物横領罪を犯すつもりで窃盗罪を犯した場合には、占有離脱物横領罪が成立する。
重なり合う限度で
実際に生じた事実（占有離脱物横領）の故意が認められる

○〔8〕 因果関係の錯誤は、原則として故意を阻却しない。
阻却しない（故意が認められる）

○〔9〕 違法性の意識の可能性がない場合には、（責任）故意が阻却される。
阻却される

Chapter 10 未遂犯、不能犯

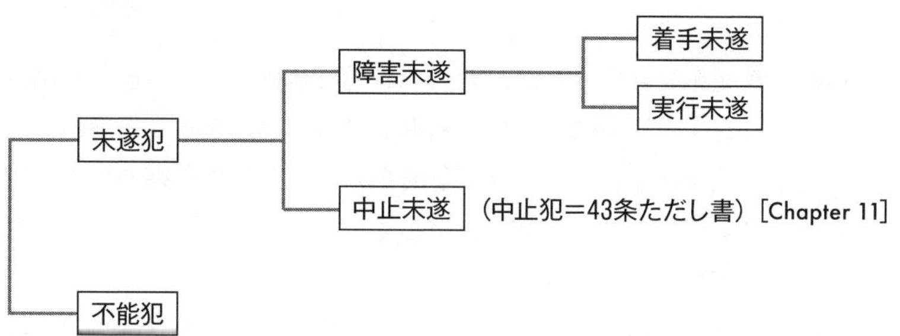

関係条文

刑　法

（未遂減免）

第43条　犯罪の実行に着手してこれを遂げなかった者は、その刑を減軽することができる。ただし、自己の意思により犯罪を中止したときは、その刑を減軽し、又は免除する。

（未遂罪）

第44条　未遂を罰する場合は、各本条で定める。

こんな問題が出る！

次は、未遂犯に関する記述であるが、誤りはどれか。

〔1〕 未遂罪の処罰は、各本条で特に定めた場合に**限られて**おり、**必ず**その刑が軽減又は免除される。

〔2〕 殺人の目的で拳銃を突きつけたが、**発射する前**に逮捕されてしまった場合のように、実行行為が中途半端で結果が起きなかった場合を着手未遂という。

〔3〕 殺人の目的で拳銃を**発射したが**、弾が急所を外れたために殺害の目的を遂げなかった場合のように、実行行為は終了しているのに、所期の結果が発生しなかった場合を実行未遂という。

〔4〕 放火の目的で木造建築内に**ガソリンをまいた**場合、着火行為自体がなされていなくとも、未遂犯が認められることがある。

〔5〕 未遂犯とは、「犯罪の実行に**着手したがこれを遂げなかったもの**」で、「犯罪構成要件に該当する行為であるが、**結果がいまだ発生しておらず**、その構成要件を**完全に満たしてはいないもの**」をいう。

〔解答〕〔1〕

STEP 1

未遂罪

犯罪の実行に着手したものの、完全にこれをやり遂げられなかった場合、その刑を減軽することができる。

自分の意思により犯罪を中止したときは、必ずその刑は減軽されたり、もしくは免除されたりする（43条）。

STEP 2

未遂とは

未遂とは、犯罪の実行に着手し、これを遂げなかった場合のことであり、未遂規定のない罪について未遂は不可罰である。処罰される場合、その効果は**任意的減軽**である。

実行の着手とは

実行の着手とは、犯罪の構成要件的結果の現実的危険性を有する行為を開始することである。実行の着手には、**故意と犯罪行為があったと客観的に認められること**が必要であるが、行為者の計画を考慮して実行の着手が判断されることもある。

障害未遂

障害未遂とは**外的要因によって未遂になったもの**をいう。障害未遂には着手未遂と実行未遂がある。

着手未遂……実行の着手はあったが、実行行為が終了していない場合

実行未遂……実行行為は終了したが、構成要件結果が発生しなかった場合

予備行為	実行の着手	結果発生
予備罪	未遂犯	既遂犯

・予備罪

殺人をするためにナイフを買った。

・未遂犯

ナイフで相手を刺そうとして切りかかったときに取り押さえられた（着手未遂）。

ナイフで相手を刺したが、死ななかった（実行未遂）。

・既遂犯

ナイフで刺して相手が死んだ。

間接正犯における実行の着手

間接正犯における実行の着手は、**被利用者の構成要件該当行為の開始時点（到着時）**である。

例1

Ａは普段から暴力や精神的圧迫によってBの意思を抑圧しており、Ｂにスリをさせた。

→Ｂが財布を取ろうとして相手のポケットの外側に手を触れた時点で実行の着手となる。

例2

Aが酒に毒を入れており、事情を知らない宅配業者がその酒を配達し、それを飲んだBが死亡した。

→毒の入った酒がB宅に届いた時点で実行の着手となる。

不能犯

不能犯とは、**犯罪を完成させる危険性のない行為で犯罪を実現しようとする行為**をいう。実行の着手があるようにみえても、当該行為の結果発生の危険性が認められないため、そもそも処罰に値しないから**不可罰**である。

・採られた方法が不適切（方法の不能）

丑（うし）の刻参りで殺人しようとする、砂糖を飲ませて殺そうとする、など。

・犯罪の対象となる客体が存在しない（客体の不能）

死体への攻撃、かかしを人だと思って撃つ、など。

・行為者が身分を欠いている（主体の不能）

公務員ではないのにそう思い込んで賄賂を授受する、など。

未遂犯と不能犯の区別

構成要件的結果の現実的危険性が認められれば未遂犯、認められなければ不能犯である。この危険性は、科学的に危険がなくとも**一般人の認識で危険性があると思われる行為**であれば危険性が認められる（具体的危険説）。

ここに Focus

❶　実行の着手は、構成要件的結果の現実的危険性を有する行為を開始した時である。【判例A】【判例B】【判例C】

❷　行為者の計画を考慮して実行の着手の危険性が判断されることもある。

❸　間接正犯における実行の着手は、被利用者の行為の開始時点（到着時）である。

❹　着手未遂とは、実行の着手はあったが、実行行為が終了していない場合をいう。

❺　実行未遂とは、実行行為は終了したが、結果が発生しなかった場合をいう。

❻　危険性が認められれば未遂犯、認められなければ不能犯である。

❼　科学的には危険性がなくとも、一般人の認識で危険性があると思われる行為であれば危険性は認められる。

3分

判例
A

Q 実行行為の前段階の行為に実行の着手が認められるか？

A 現実的危険性がある場合に認められる。

最決昭45.7.28

ダンプカーにより婦女を他所へ連行したうえ、強制性交をした場合につき、ダンプカーに引き込む時点に強制性交罪の実行の着手が認められる。

判例
B

Q 財物に近づくだけで窃盗罪の実行の着手が認められるか？

A 認められる。

最決昭40.3.9

被害者方店舗内において、所携の懐中電燈により真暗な店内を照らしたところ、電気器具類が積んであることが判ったが、なるべく金を盗りたいので自己の左側に認めた煙草売場の方に行きかけた際、本件被害者らが帰宅した事実が認められるというのであるから、被告人に窃盗の着手行為があったものと認める。

判例

Q スリが被害者の衣服に触れる行為に窃盗罪の実行の着手が認められるか。

A 認められる。

最決昭29.5.6

被害者のズボン右ポケットから現金をすり取ろうとして同ポケットに手を差しのべ、その外側に触れた以上窃盗の実行に着手したものと解すべき。

○×問題で復習

Q

〔1〕 甲は所持金がないのに、無銭飲食の目的でレストランに入り、食事の注文をしたが、代金の前払いを求められたため、犯行を断念し、店外へ立ち去った。この場合に、甲に詐欺罪の実行の着手が認められる。

〔2〕 甲は、乙を殺害する意思で乙宅に毒入りワインを郵送したところ、乙はこれを受領したが、健康上の理由から禁酒をしていた乙はこれを飲まずに捨てた。この場合に、甲に殺人罪の実行の着手が認められる。

〔3〕 甲は、スリの目的物である財布が入っているかどうかを確認する目的で、満員電車の中で、隣の客のジャケットのポケットを外側から触り、中身を確認した。この場合に、甲に窃盗罪の実行の着手が認められない。

〔4〕 甲は窃盗の目的で家屋に侵入し、タンスに近寄ってその引き出しを開けようとしたときに家人が帰宅したので逃走した。この場合に、甲に窃盗罪の実行の着手が認められる。

〔5〕 甲は、硫黄で人を殺せると信じて、硫黄粉末を混入したスープを作成したうえ、これを乙に飲ませたが、乙は死ななかった。この場合、不能犯として殺人未遂罪は成立しない。

〔6〕 甲は、乙に醤油を飲ませて殺そうと企み、乙に醤油50mlを飲ませたが、乙は死ななかった。それを見ていた一般人である丙は、殺人の危険性を感じた。なお、科学的な見地から検討すると、乙の体格では醤油の塩分摂取による致死量は1,000mlであった。この場合、不能犯として殺人未遂罪は成立しない。

〔7〕 殺意を持って自作の爆弾を相手に向かって投げたが、製造の過程で不備があり、爆発しなかった。この場合は未遂犯となる。

〔8〕 覚醒剤を製造しようとしたが、必要な材料が足りず、製造に失敗した。この場合は不能犯となる。

〔9〕 全く異なる主原料を使用して覚醒剤を製造しようとした。この場合は未遂犯となる。

〔10〕 ガスを部屋に充満させて無理心中を図ったが、ガスに毒性がなかったために誰も死ななかった。この場合は不能犯となる。

〔11〕 勤務中の警察官が所有する拳銃を奪って人に向けて発砲したが、弾は入っていなかった。この場合は不能犯となる。

〔12〕 かかしを人だと思って撃った。この場合は未遂犯となる。

〔13〕 公務員ではないのにそう思い込んで賄賂を授受した。この場合は不能犯となる。

解答解説

○〔1〕 甲は所持金がないのに、無銭飲食の目的でレストランに入り、食事の注文をし
構成要件的結果の現実的危険性を有する行動の開始→実行の着手
たが、代金の前払いを求められたため、犯行を断念し、店外へ立ち去った。この
場合に、甲に詐欺罪の実行の着手が認められる。
注文行為＝人を欺く行為

○〔2〕 甲は、乙を殺害する意思で乙宅に毒入りワインを郵送したところ、乙はこれを
構成要件的結果の現実的危険性が生じるのは受領時→実行の着手
受領したが、健康上の理由から禁酒をしていた乙はこれを飲まずに捨てた。この
到着時に着手
場合に、甲に殺人罪の実行の着手が認められる。

○〔3〕 甲は、スリの目的物である財布が入っているかどうかを確認する目的で、満員
窃盗の目的あり
電車の中で、隣の客のジャケットのポケットを外側から触り、中身を確認した。
構成要件的結果の現実的危険性がない（アタリ行為には危険がない）
この場合に、甲に窃盗罪の実行の着手が認められない。

○〔4〕 甲は窃盗の目的で家屋に侵入し、タンスに近寄ってその引き出しを開けようと
構成要件的結果の現実的危険性を有する行動の
したときに家人が帰宅したので逃走した。この場合に、甲に窃盗罪の実行の着手
開始→実行の着手
が認められる。

○〔5〕 甲は、硫黄で人を殺せると信じて、硫黄粉末を混入したスープを作成したうえ、
実行の着手があるようにみえても、当該行為の結果発生の危険性が認められな
これを乙に飲ませたが、乙は死ななかった。この場合、不能犯として殺人未遂罪
い→不能犯（方法の不能）
は成立しない。

×〔6〕 甲は、乙に醤油を飲ませて殺そうと企み、乙に醤油50mlを飲ませたが、乙は死ななかった。それを見ていた一般人である丙は、殺人の危険性を感じた。なお、科学的な見地から検討すると、乙の体格では醤油の塩分摂取による致死量は1,000mlであった。この場合、不能犯として殺人未遂罪は成立しない。

科学的には危険性がなくとも、一般人が危険性を感じるなら、未遂犯となる

成立する

○〔7〕 殺意を持って自作の爆弾を相手に向かって投げたが、製造の過程で不備があり、爆発しなかった。この場合は殺人未遂罪となる。

実行の着手あり

一般人は危険を感じるため

結果が発生しなかった

×〔8〕 覚醒剤を製造しようとしたが、必要な材料が足りず、製造に失敗した。この場合は不能犯となる。

実行の着手あり（一般人は危険を感じるため）

結果が発生しなかった

未遂犯

×〔9〕 全く異なる主原料を使用して覚醒剤を製造しようとした。この場合は未遂犯となる。

結果発生の危険性なし（方法の不能）

不能犯

×〔10〕 ガスを部屋に充満させて無理心中を図ったが、ガスに毒性がなかったために誰も死ななかった。この場合は不能犯となる。

実行の着手あり（一般人は危険を感じるため）

未遂犯

×〔11〕 勤務中の警察官が所有する拳銃を奪って人に向けて発砲したが、弾は入っていなかった。この場合は不能犯となる。

行為時にたまたま弾が入っていなかったが、一般的に通常は弾が入っているものであるといえる

未遂犯

×〔12〕 かかしを人だと思って撃った。この場合は未遂犯となる。

客体の不能

不能犯

○〔13〕 公務員ではないのにそう思い込んで賄賂を授受した。この場合は不能犯となる。

主体の不能

Chapter 11 中止犯（中止未遂）

こんな問題が出る！

次は、中止犯に関する記述であるが、誤りはどれか。

〔1〕 強盗の目的で被害者に暴行を加えたところ、被害者が涙ながらに少額の金銭を差し出したのを見て、**憐憫の情**を覚えて、強盗を中止した場合には、中止未遂の成立が認められる。

〔2〕 殺人の目的で被害者方に侵入し、被害者に刃物で切りかかったが、付近にいた被害者の子どもが大声で泣き出したことから**犯罪の発覚を恐れて**これを中止し、逃亡した場合には、中止未遂の成立は認められない。

〔3〕 殺人の目的で被害者方に侵入し、被害者に刃物で切りかかったが、被害者の出血を見て**恐怖のあまり**犯罪を中止した結果、被害者が一命を取り留めた場合には、中止未遂の成立は認められない。

〔4〕 3人で強盗を共謀して被害者方に侵入し、被害者を脅迫している最中に、うち1人は自己の行為を**悔悟して**立ち去ったが、**残りの2人は脅迫を続け**、被害者から金員を強取した場合には、犯罪の途中で立ち去った1人に中止犯の成立は認められない。

〔5〕 被害者宅に放火する目的で、集めた紙に火をつけたが、犯罪を中止しようと思い、**他人に消火を依頼して立ち去った**場合には、中止未遂の成立が認められる。

〔解答〕〔5〕

STEP 1

犯罪の実行に着手したが、その目的を遂げなかった場合、その刑は減軽されることがある。ただし、自分の意思により犯罪を中止したときは、**必ず**その刑は減軽、若しくは免除される。

憐憫の情
相手をあわれむ気持ち

悔悟
自分のしたことが悪かったことを認めて後悔すること。

STEP 2

中止犯（中止未遂）

43条ただし書「ただし、自己の意思により犯罪を中止したときは、その刑を減軽し、又は免除する。」のことを**中止犯**又は**中止未遂**という。その効果は**必要的減免**である。

中止犯の成立には、

①実行に着手した者が
②自己の意思により（任意性）
③犯罪を中止し（真摯性）
④結果の不発生

という4つの要件が必要である。

中止行為と結果不発生との間の因果関係は必要である。実行行為の終了時期は、行為者の計画を考慮して判断する。

例：①相手を殺害しようとナイフを振り上げたが、近くで子供が泣き叫んだことで、②憐れに感じ、③ナイフをしまって立ち去り、④被害者は助かった。
　＝殺人罪の中止犯

※予備罪は、判例では中止犯が成立しないとされている。

自己の意思

「自己の意思により」とは、外からの働きかけによってではなく、**犯人の任意の意思によってなされること**をいう。外からの働きかけが中止行為の契機となった場合でも、犯人がそれによって必ずしも中止行為に出るとは限らない場合にあえて中止行為に出たときには、「自己の意思により」とされる。

着手未遂と実行未遂

着手未遂（まだ実行行為が終わっていない）の場合、**自己の意思により実行行為をやめれば中止行為**となる。

実行未遂（実行行為は終わっているが結果が未発生）の場合、中止犯といえるためには、**自ら結果の防止にあたるか、それと同視しうる程度の努力**が必要である（＝真摯性）。

共同正犯における中止未遂

共同正犯における中止未遂は、自身が犯行をやめるだけでなく、**他の共犯者の実行を阻止しなくてはならない。**

ここに Focus

❶　「自己の意思により」とは、外的要因によってではなく、犯人の任意の意思によってなされることをいう。**【判例A】【判例B】**

❷　外的要因が中止行為の契機となった場合でも、犯人がその表象（認識）によって必ずしも中止行為に出るとは限らない場合にあえて中止行為に出たときには、任意の意思があったとされる。**【判例B】**

❸　着手未遂の場合、自己の意思により実行行為をやめれば中止行為となる。

❹　実行未遂の場合、中止犯といえるためには、自ら結果の防止にあたるか、それと同視しうる程度の努力が必要である（＝真摯性）。**【判例C】【判例D】**

❺　実行行為の終了時期は、行為者の計画を考慮して判断する。**【判例D】**

❻　中止行為と結果不発生との間の因果関係は必要である。**【判例E】**

❼　共同正犯における中止未遂は、自身が犯行をやめるだけでなく、他の共犯者の実行を阻止しなくてはならない。

❽　予備罪は、判例では中止犯が成立しないとされている。**【判例F】**

判例
A

Q 流血を見て恐怖のあまりそれ以上何もできず犯行（殺害）を中止した場合は、中止犯となるか。

Ⓐ ならない。

最決昭32. 9 .10

被告人は、母の流血痛苦の様子を見て今さら事の重大性に驚愕恐怖するとともに、自己当初の意図どおりに実母殺害の実行完遂ができないことを知り、これらのため殺害行為続行の意思を抑圧され、……刑法四三条但書にいう自己の意思により犯行をやめた場合にあたらない。

判例
B

Q 流血を見て反省し、犯行を中止した場合は？

Ⓐ 中止犯となる。

福岡高判昭61. 3 . 6

中止行為が流血等の外部的事実の表象を契機とする場合のすべてについて、いわゆる外部的障碍によるものとして中止未遂の成立を否定するのは相当ではなく、外部的事実の表象が中止行為の契機となっている場合であっても、犯人がその表象によって必ずしも中止行為に出るとは限らない場合にあえて中止行為に出たときには、任意の意思によるものとみるべきである。未必的殺意をもって被害者の頸部を果物ナイフで突き刺したところ、流血を見て驚愕するとともに悔悟の情から、右頸部にタオルを当てたり救急車を呼んで医師の手当てを受けさせたりして被害者の一命を取り止めた場合には、任意の意思に基づく中止行為として中止未遂にあたる。

判例
C

Q 出血を見て驚愕するとともに、過ちを後悔し、自己の意思で直ちに119番通報をして救助を依頼し、医師に救命措置をしてもらった場合は？
A 中止犯となる。

東京地判平８.３.28

本件は、実行行為の終了時にその犯行をやめた、いわゆる実行未遂の事案であるから、積極的に死の結果発生を防止する行為に出る必要がある。被告人の行った119番及び110番通報は、犯行後において、被告人が結果発生防止のためにとりうる最も適切な措置であったということができる。また、被告人自身は、Ａ子に対して止血措置をとるなどの行為には何ら出ていないものの、本件犯行後約数分の間に、まず、119番通報を試みたが通じず、次に直ちに110番通報し、その後、再度119番通報し、右通報中に警察官が到着し、警察官が被告人に質問している最中に救急隊員が到着したというものであって、被告人は、死の結果発生を防止すべく出来るだけ早く電話をかけようと努力していて、他の止血措置等をとる時間的余裕はほとんどなかったものというべきである。したがって、右被告人の行為は、自ら結果の発生を積極的に阻止する行為に出たと同視しうる真摯な努力を払ったものということができる。したがって、被告人には中止未遂が成立する。

判例
D

Q ２回以上切りつける計画で、１回切りつけたあとに追撃をせずに犯行を中止した場合は着手未遂か？
A 着手未遂（中止犯）となる（＝やめるだけでよい）。

東京高判昭62.７.16

被告人は、Ａを右牛刀でぶった切り、あるいはめった切りにして殺害する意図を有していた。そして、最初の一撃で殺害の目的が達せられなかった場合には、その目的を完遂するため、さらに、二撃、三撃というふうに追撃に及ぶ意図が被告人にあったことが明らかであるから、被告人が牛刀でＡに一撃を加えたものの、その殺害に成功しなかったという段階では、いまだ殺人の実行行為は終了しておらず、したがって、本件はいわゆる着手未遂に該当する。そして、いわゆる着手未遂は、犯人がそれ以上の実行行為をせずに犯行を中止し、かつ、その中止が犯人の任意に出たと認められる場合には、中止犯が成立することになる。

判例

E

Q 放火した火を消そうとしたが、なかなか消せず、第三者が消してくれた場合は？

A 中止犯とはならない（結果不発生との間の因果関係がない）。

大判昭 4．9．17

中止犯とするには、犯人自ら犯罪の完成を現実に防止したことを必要とし、犯人が防止を試みたがその効果がなく他人が現実にこれを防止しえた場合には中止犯とならない。

判例

F

Q 予備罪に中止犯の規定は適用されるか。

A 適用されない。

最大判昭29．1．20

予備罪には中止未遂の観念を容れる余地のないものであるから、被告人の中止未遂であるとの主張もまたとることができない。

○×問題で復習

Q

〔1〕 着手未遂における中止未遂は、犯罪の実行に着手したが、その終了前にその後の実行行為を自らの意思で放棄した場合に成立する。

〔2〕 実行未遂における中止未遂は、犯罪の実行行為が終了した後、自らの意思で結果の発生を阻止した場合に成立する。

〔3〕 中止未遂は、必ず刑が減軽又は免除される。

〔4〕 甲は、乙を殺害するつもりで、逃げる乙の腹部を包丁で刺した。まだ生きている乙を追撃して刺そうとすると、包丁が折れたため、殺害をやめようと思い、立ち去った。乙は、命に別状はなかった。甲には殺人未遂罪の中止犯が成立する。

解答解説

○〔1〕 着手未遂における中止未遂は、犯罪の実行に着手したが、その終了前にその後
実行行為が終了していない・結果の不発生
の実行行為を自らの意思で放棄した場合に成立する。
自己の意思で　実行行為の中止

○〔2〕 実行未遂における中止未遂は、犯罪の実行行為が終了した後、自らの意思で結
実行行為が終了している　自己の意思で
果の発生を阻止した場合に成立する。
結果の発生の防止にあたるか、それと同視しうる程度の努力が必要

○〔3〕 中止未遂は、必ず刑が減軽又は免除される。
必要的減免

×〔4〕 甲は、乙を殺害するつもりで、逃げる乙の腹部を包丁で刺した。まだ生きてい
る乙を追撃して刺そうとすると、包丁が折れたため、殺害をやめようと思い、立
「自己の意思により」にあたらない
ち去った。乙は、命に別状はなかった。甲には殺人未遂罪の中止犯が成立する。

Chapter

12 共同正犯の趣旨

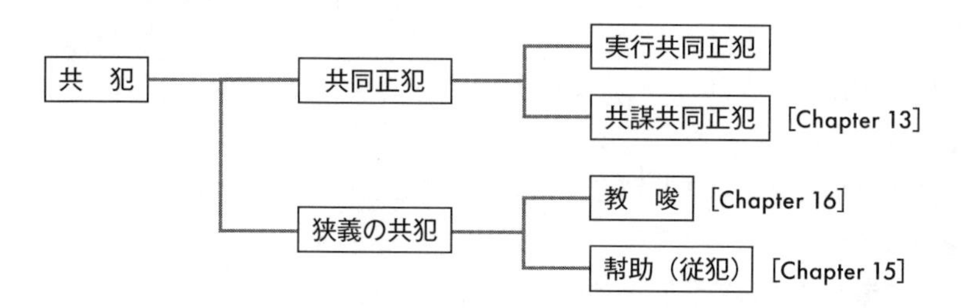

関係条文

刑　法

（共同正犯）
第60条　二人以上共同して犯罪を実行した者は、すべて正犯とする。

こんな問題が出る!

次は、共同正犯に関する記述であるが、誤りはどれか。

〔1〕 共同正犯が成立するためには、単に**共同実行の事実**があるだけでは**足りず**、さらに、行為者相互間で、犯罪遂行に関して**意思の連絡**がなされていることが必要である。

〔2〕 Xが**殺人の意思**で、Yが**傷害の意思**で、それぞれ被害者に暴行を加えて死亡させた場合、Yには**傷害致死罪**の共同正犯が成立する。

〔3〕 一方が他方の実行行為を認識し、それに荷担する意思をもってその実行行為に加われば、**相互の意思連絡がなくとも**共同正犯は成立する。

〔4〕 **予備罪**も行為である以上、共同正犯が成立しうる。

〔5〕 **過失犯**にも、注意義務違反の行為である以上、共同正犯が成立しうる。

〔解答〕〔3〕

STEP 1

二人以上共同して犯罪を実行する場合を共同正犯という。

STEP 2

共同正犯の成立要件

共同正犯の成立には、

①**正犯の意思**（行為者それぞれが自分の犯罪であるという意思を持っている）

②**二人以上の者が共同して犯罪を実行する意思**（＝共同実行の意思）

③**共同して実行行為を行うこと**

が必要とされる。

犯罪実行の行為の一部を行えば、発生した犯罪結果の全部について責任を負わなければならない（一部実行(の)全部責任の原則）。

正犯と共犯に成立する犯罪の罪名は一致しなければならない。罪名が一致しない場合は**構成要件が重なり合う範囲**で共犯が成立する。

例 1

ＡとＢが窃盗を共謀した→窃盗の共同正犯が成立

例 2

ＡとＢが窃盗を共謀したら、Ｂが強盗をした。→窃盗の共同正犯が成立

過失の共同正犯

過失の共同正犯もありうる。

例えば、ＡとＢがそれぞれ持っていたトーチランプの火を、確実に消火したことを相互に確認し合って火災の発生を防ぐべき業務上の注意義務があったのにもかかわらず、これを怠ったことで、どちらかのトーチランプの火が防護シート等に移ってしまい、電話ケーブルに延焼したなどといったケースがある。

予備罪の共同正犯

予備罪の共同正犯もありうる。

例えば、AがBを殺害するためにCに毒物の入手を依頼した。CはAの使途を知りながら毒物を入手して、Aに手渡した。AはBの殺害を実行しなかった（最決昭37年11月8日）などといったケースがある。

ここに Focus

❶　正犯と共犯に成立する犯罪の罪名は一致しなければならない。

❷　罪名が一致しない場合、構成要件が重なり合う範囲で共犯が成立する。**【判例A】【判例B】**

❸　共同正犯には、共同実行の意思及び共同実行の事実が必要である。

❹　過失の共同正犯もありうる。

❺　予備罪の共同正犯もありうる。

❻　共同正犯として犯罪実行の行為の一部を行えば、結果の全部の責任を負う。

判例 **A**

Q 共犯者のうち一人だけ違う犯罪行為をした場合は？

Ⓐ 構成要件が重なり合う限度で軽い罪の共同正犯が成立する。

暴行・傷害を共謀した被告人ら7名のうちの一人が未必の故意をもって殺人を犯した（ほか6名に殺意はなかった）事案。

最決昭54.4.13

殺人罪と傷害致死罪とは、殺意があるかないかという点に違いがあるだけで、その他の犯罪構成要素は同一であるから、本件において、殺意のなかった6名は、殺人罪の共同正犯と傷害致死罪の共同正犯の構成要件が重なり合う限度で軽い傷害致死罪の共同正犯が成立する。

判例 **B**

Q 殺人罪を犯した者と保護責任者遺棄致死罪を犯した者が共同正犯になるか？

Ⓐ 重なり合う限度で、共同正犯となる。

特殊な能力により患者（被害者）を治癒できると自称する甲は、シャクティパットと称する治療方法により自ら治療を施すために、病院に入院中の患者（被害者）を患者の家族乙に連れ出させてその後放置して死亡させた事案。

最決平17.7.4【シャクティパット事件】

未必的な殺意をもって患者に医療措置を受けさせないまま放置して、患者を死亡させた被告人には、（すべき義務を行わないという）不作為による殺人罪が成立し、殺意のない患者の親族との間では保護責任者遺棄致死罪の限度で共同正犯となる。

○×問題で復習

Q

〔1〕 甲と乙が共に窃盗する意思を持ち、ベンチで寝ているVの財布を気づかれないように取ろうとしたが、乙は内心では強盗をしてもよいと思っていたため、Vに激しい暴行を加え、Vに何もしていない甲と共に財布を持ち去った。この場合、甲と乙は強盗罪の共同正犯となる。

〔2〕 作業員である甲と乙は、作業後にランプの火を消してから洞窟を出る義務を負っていたが、二人ともその義務を忘れ、ランプの火を消さずに洞窟から出てしまった。その結果、ランプの火が洞窟内のシートに燃え移り、失火してしまった。甲と乙は過失である業務上失火罪の共同正犯となる。

〔3〕 銀行強盗を計画した甲と乙について、甲が「動くな！　手を挙げろ」と銀行員を脅迫し、その間に乙が銀行の札束をバッグに入れる役割を果たした場合に、札束を触っていない甲も強盗罪の共同正犯となる。

解答解説

×〔1〕 甲と乙が共に窃盗する意思を持ち、ベンチで寝ているVの財布を気づかれないように取ろうとしたが、乙は内心では強盗をしてもよいと思っていたため、Vに激しい暴行を加え、Vに何もしていない甲と共に財布を持ち去った。この場合、甲と乙は強盗罪の共同正犯となる。

構成要件が重なり合う限度で軽い罪の共同正犯が成立する

窃盗罪

○〔2〕 作業員である甲と乙は、作業後にランプの火を消してから洞窟を出る義務を負っていたが、二人ともその義務を忘れ、ランプの火を消さずに洞窟から出てしまった。その結果、ランプの火が洞窟内のシートに燃え移り、失火してしまった。甲と乙は過失である業務上失火罪の共同正犯となる。

共同義務

共同違反

過失の共同正犯もありうる（業務上失火罪の共同正犯となる）

○〔3〕 銀行強盗を計画した甲と乙について、甲が「動くな！　手を挙げろ」と銀行員を脅迫し、その間に乙が銀行の札束をバッグに入れる役割を果たした場合に、札束を触っていない甲も強盗罪の共同正犯となる。

共同して実行する意思の連絡あり

構成要件（強盗罪）の一部を実行

共謀共同正犯

こんな問題が出る！

次は、共謀共同正犯に関する記述であるが、正しいものはどれか。

〔1〕 共謀共同正犯が成立するためには、共謀者全員が犯罪行為の一部を**分担する必要がある**。

〔2〕 共謀共同正犯が成立するためには、**明示的な意思連絡が必要**とされているため、例えば、暴力団組長が自己のボディガードが拳銃を所持していることを認識していたものの、その所持が**明示的な指示に基づくものでない**ような場合には、拳銃所持に関する共同正犯は成立しない。

〔3〕 共謀をした者でも、例えば、見張りなどの**犯罪行為に該当しない行為を分担**した場合には、共同正犯が成立することはない。

〔4〕 **正犯意思**を持って犯罪の**共謀**をした者には、**共犯者の一部が犯罪を実行**すれば、たとえ犯行現場に行かなくとも、共同正犯が成立する。

〔5〕 数人の間に共謀共同正犯が成立するためには、その数人が同一場所に会し、その数人の間に１個の共謀が成立することを必要とするから、同一の犯罪について、数人の間で**順次共謀**が行われた場合は、これらの者のすべての間に当該犯行の共謀が行われたものとは認められない。

〔解答〕〔4〕

STEP 1

二人以上の者が犯罪を実行することを共謀し、そのうちの一部の者が共謀した犯罪の実行に出た場合に、共謀に参加したすべての者について共同正犯を認めるものを**共謀共同正犯**という。

共謀とは、あらかじめ二人以上の者が犯罪の計画や方法等について相談することである。**共謀（意思の連絡）は、黙示的（黙っていても）でも認められる。**

具体的には、ＡとＢとＣで強盗の計画を立て、Ａは現場に行かず、その計画に沿ってＢとＣが被害者に暴行を加え財物を奪い、分け前を３等分した。この場合、Ａも共同正犯となる。

※ 「実行」をしていなくても、共謀していれば、共謀共同正犯として処罰してよい。ただし、Ａには正犯の意思が必要である。正犯の意思がない（手伝うだけの意思）ときには、従犯となる。**正犯意思の有無は、重要な役割を果たしているか、分け前をどのくらいもらったか、などから判断される。**

共同正犯の成立要件及び正犯の意思については104ページ参照

ここに Focus

❶ 「実行」をしていなくても、共謀していれば、共謀共同正犯として処罰してよい。【判例A】【判例B】

❷ 共謀共同正犯は、①正犯意思、②共謀の存在、③共謀者による犯罪全部又は一部の実行があれば認められる。【判例A】

❸ 正犯意思の有無は、重要な役割を果たしているか、分け前をどのくらいもらったか、などから判断される。

❹ 他人の犯罪を手伝うだけの意思は「従犯（＝幇助）意思」になる。

❺ 意思の連絡（＝「共謀」）は、黙示的（黙っていても）でも認められる。【判例B】

判例

判例 **A**

Q 共謀にのみ参加し、実行行為を行っていない者は共同正犯になるか？

A なる。

製紙工場の労働組合員やその支援者であった被告人らが、組合員が検挙されたことに憤慨し、工場次長や警察官に暴行をした事案。

最大判昭33. 5 .28【練馬事件】

共謀に参加した事実が認められる以上、直接実行行為に関与しない者でも、他人の行為をいわば自己の手段として犯罪を行ったという意味において、実行行為に関与した者と関与していない者の間で刑罰に違いがあるとはいえない。そうすれば、この関係において実行行為に直接関与したかどうか、その分担又は役割がどうであったかは共同正犯の成立とは関係がないと解する。

判例 **B**

Q 組長は、自身を警護する部下に直接拳銃を持つよう指示を出してはいないが、部下が暗に察して拳銃を持っていた場合、拳銃の所持について組長と部下の間に共同正犯は成立するか。

A 成立する。

暴力団組長である被告人のボディガードが拳銃を所持していた事案。

最決平15. 5 . 1 【スワット事件】

被告人と警備部隊スワットらとの間で、拳銃等の所持につき黙示的に意思の連絡（＝共謀）があったといえる。そして、スワットらは被告人の警護のために拳銃等を所持しながらずっと被告人の近くにいて被告人と行動を共にしていたものであり、彼らに指揮命令する権限を持っている被告人の地位と彼らによって警護を受けるという被告人の立場から考えれば、実質的には、まさに被告人がスワットらに本件拳銃等を所持「させて」いたといえる。したがって、被告人には本件拳銃等の所持について、スワット5名等との間に共謀共同正犯が成立する。

○×問題で復習

Q

〔1〕 甲は、強盗の計画だけ立てて、銀行強盗の現場に行かなかった。乙たちは計画どおりに銀行強盗に成功し、甲も分け前をもらった。現場で強盗を「実行」していない甲も、共謀をしている以上、共謀共同正犯として処罰される。

〔2〕 甲は、世話になっている先輩乙に無理矢理頼まれたので、恩がある以上、仕方なく、銀行強盗の計画を単独で立案してあげた。その計画に従って乙は銀行強盗を成功させたが、甲に対しては「サンキュー」とのメールを送っただけであった。甲は、強盗罪の共謀共同正犯として処罰される。

解答解説

○〔1〕 甲は、強盗の計画だけ立てて、銀行強盗の現場に行かなかった。乙たちは計画どおりに銀行強盗に成功し、甲も分け前をもらった。現場で強盗を「実行」していない甲も、共謀をしている以上、共謀共同正犯として処罰される。

（分け前をもらった → 分け前がある／現場で強盗を「実行」していない甲も、共謀をしている以上、共謀共同正犯として処罰される → 「実行」していなくても、共謀していれば共謀共同正犯として処罰できる）

×〔2〕 甲は、世話になっている先輩乙に無理矢理頼まれたので、恩がある以上、仕方なく、銀行強盗の計画を単独で立案してあげた。その計画に従って乙は銀行強盗を成功させたが、甲に対しては「サンキュー」とのメールを送っただけであった。甲は、強盗罪の共謀共同正犯として処罰される。

（恩がある以上、仕方なく → 自己の犯罪としての意思（正犯意思）がない／単独で → 共謀性がないことが明確／「サンキュー」とのメールを送っただけ → 分け前はなかった／共謀共同正犯 → 従犯（幇助犯））

共犯からの離脱

こんな問題が出る!

次は、共謀共同正犯に関する記述であるが、正しいものはどれか。

〔1〕 犯罪の着手前に、**教唆犯**が実行犯に犯行を中止するように求めた場合は、教唆犯は共犯から離脱することになる。

〔2〕 犯行の**道具を提供した**者が犯行の着手前に共犯関係から離脱するために、実行犯から犯行の道具を取り戻すことは**必要ではない**。

〔3〕 ＡとＢが共同して窃盗に**着手した**場合において、窃盗の目的としていた物が存在していなかったため、ＡがＢに**「帰ろう」と言ってＡがその場を立ち去った場合**には、Ｂがその後に別の物を窃取したとしても、ＡとＢは共犯関係から離脱する。

〔4〕 共犯関係から離脱するためには、その意思を他の共犯者に**明示する**だけでよい。

〔5〕 共謀者団体のトップが犯行の**着手前**に共犯関係から離脱するためには、離脱の意思を示し、他の共犯者が了承するだけでなく、**共謀がなかった状態に復元**することが必要である。

〔解答〕**〔5〕**

STEP 1

犯罪の実行に着手したけれど、その目的を遂げなかった場合、その刑は減軽されることがある。ただし、自分の意思により犯罪を中止したときは、必ずその刑は減軽されたり、若しくは免除される。これは共犯であってもあてはまる。

教唆
犯罪の実行を決意していない他人を唆して犯罪の実行を決意させること。

STEP 2

共犯からの離脱

共犯関係にある二人以上の者の一部が、犯罪完成前に犯意を放棄し、**自己の行為を中止し、その後の犯行に関与しない**ことを共犯からの離脱という。共同正犯は、**相互利用補充関係**により処罰されるので、その関係を処断すれば、離脱が認められる。相互利用補充関係を処断するには、**心理的因果性**（＝互いに支え合っているという意識）や**物理的因果性**（＝武器を共犯者に配っていることなど）をなくせばよい。教唆であれば、正犯の実行の決意をなくさない限り離脱できない。

実行着手前

①「**離脱の表明**」、共謀者の②「**了承**」が必要である。

離脱が認められると、その後の実行についての責任は否定される。

※　着手前の離脱でも、離脱者が首謀者であり（心理的因果性がある）、又は武器の供与をしていた場合（物理的因果性がある）には、これらの影響力まで解消しない限り離脱は認められない。

※　実行の着手前の離脱でも、予備罪などが成立する可能性はある。

実行着手後

①「**離脱の表明**」、②共謀者の「**了承**」だけでなく、③**他の共犯者の実行行為を積極的に阻止して、当初の共謀に基づく実行行為が行われることがないようにする**必要がある。

※　離脱が認められると、仮にすでに実行行為に着手していて、残りの者が犯行を行ったとしても、43条ただし書により**中止犯**が成立し、刑が減軽又は免除される。

ここに Focus

❶　物理的因果性と心理的因果性がなくなれば、共同正犯から離脱できる。

❷　自らの及ぼした因果的影響力を解消できていれば、共同正犯から離脱したと認められうる。

❸　実行の着手前の離脱には、①「離脱の表明」、共謀者の②「了承」が必要である。**【判例A】【判例D】**

❹　着手前の離脱でも、離脱者が首謀者であり、又は武器の供与をしていた場合には、これらの影響力まで解消しない限り離脱は認められない。**【判例B】**

❺　原則的に実行の着手後の離脱には、①「離脱の表明」、②「了承」だけでなく、③他の共犯者の実行行為を積極的に阻止して、当初の共謀に基づく実行行為が行われることがないようにする必要がある。**【判例C】【判例D】**

判例

判例 **A**

Q 強盗の準備の後、離脱の意思を共謀者に明示せずに離脱した場合は？

A 残った者が離脱の意思を受け取っていた場合、共同正犯の責任は負わない。

福岡高判昭28. 1 .12

　数人で強盗を共謀し、強盗に使うためのナイフを磨くなど、強盗の準備をした後、そのうちの一人が、後ろめたくなって、犯行から離脱するため現場を立ち去った。その場合、たとえその者が他の共謀者に対し、犯行を阻止せず、また、その犯行から離れることを明らかに示していなくても、残った者がその者が抜けた事実を意識して、残りの者だけで犯行に出たときは、離脱者の「離脱する」という意思を受け取ったと認めるのが相当である。この場合、離脱者は強盗の予備の責任を負うにとどまり、その後に行われた強盗について、共同正犯の責任を負わない。

判例 **B**

Q 首謀者が犯罪の実行の着手前に離脱するための要件は？

A 共謀関係がなかった状態にまで復元させること。

　暴力団の若頭であった被告人とその組員が、対立する組の組員を殺害した事案。

松江地判昭51.11. 2

　一般的には犯罪の実行をいったん共謀した者でも、犯罪の着手前に他の共謀者に対して自分が共謀関係から離脱すると表明し、他の共謀者もまたこれを了承して残った者だけで犯罪を実行した場合、もはや離脱した者に対しては他の共謀者の実行した犯罪について責任を問うことができないが、ここで注意すべきことは、共謀関係の離脱といえるためには、自己と他の共謀者との共謀関係を完全に解消することが必要であって、離脱しようとする者が共謀者団体のトップであり、他の共謀者を統制支配する立場にあるのであれば、離脱者は、共謀関係がなかった状態にまで復元させなければ、共謀関係の離脱はできない。

判例 

Ⓠ 犯罪の実行の着手後、離脱を表明しそれが了承された場合、共犯からの離脱は認められるか。

Ⓐ 他の共犯者の行為を阻止しない限り、認められない。

被告人が共犯者と共に被害者に対して暴行を加えたのち、被告人が立ち去った後も共犯者が暴行を加え、被害者を死亡させた事案。

最決平元. 6 .26【おれ帰る事件】

Ｂが帰った時点では、共犯者Ａが、被害者に制裁を加えるおそれが消滅していなかったのに、Ｂは特にＡを防止することなく、成り行きに任せて現場を去ったにすぎないのであるから、Ａとの間の当初の共犯関係がこの時点で解消したということはできず、その後のＡが続けた暴行も、もともとの共謀に基づくものと認められる。

判例 

Ⓠ 見張り役が犯罪の実行の着手前に離脱するための要件は？

Ⓐ 最初の共謀関係を解消することである。

最決平21. 6 .30

被告人は、共犯者数名と住居に侵入して強盗することを共謀した。共犯者の一部が住居に侵入した後、見張り役の共犯者がすでに住居内に侵入していた共犯者に電話で「犯行をやめた方がよい、俺は先に帰る」などと一方的に伝えた。被告人は、特にそれ以後の仲間の犯行を防止することなく待機していた場所から見張り役らと共に離脱し、残された共犯者らがそのまま強盗を行った。そうすると、被告人が離脱したのは強盗行為に着手する前であり、たとえ被告人も見張り役の離脱の電話内容を認識した上で離脱し、残された共犯者らが被告人が離脱したことをその後で知ったという事情があったとしても、最初の共謀関係が解消したということはできず、その後の共犯者らの強盗も当初の共謀に基づいて行われたものと認める。

○×問題で復習

Q

〔1〕 暴力団の組長が「俺は強盗やめるわ！」と言っても、その部下たちがボスのためにと思って結局強盗を実行する場合、組長の離脱は認められない。

〔2〕 甲は、乙と強盗をする意思を通じ、分け前を折半する約束をし、乙と共にＶ方に赴いた。甲は、乙に強盗用の鋭利な包丁を提供した。甲がＶ方の外で見張りをしている間に、乙はＶ方に侵入した。その後、甲は、不安になり、携帯電話で乙に「やっぱり嫌だ。俺は逃げる。」と告げた上、その場から逃走した。乙は、甲の逃走を認識した後、Ｖ方内にいたＶを発見し、同人に甲からもらった包丁を突き付けてその反抗を抑圧した上、現金を強取した。甲には強盗罪の共謀共同正犯からの離脱が認められない。

解答解説

○〔1〕 暴力団の組長が「俺は強盗やめるわ！」と言っても、その部下たちがボスのためにと思って結局強盗を実行する場合、組長の離脱は認められない。
（心理的因果性が残ったまま）

○〔2〕 甲は、乙と強盗をする意思を通じ、分け前を折半する約束をし、乙と共にＶ方に赴いた。甲は、乙に強盗用の鋭利な包丁を提供した。甲がＶ方の外で見張りをしている間に、乙はＶ方に侵入した。その後、甲は、不安になり、携帯電話で乙に「やっぱり嫌だ。俺は逃げる。」と告げた上、その場から逃走した。乙は、甲の逃走を認識した後、Ｖ方内にいたＶを発見し、同人に甲からもらった包丁を突き付けてその反抗を抑圧した上、現金を強取した。甲には強盗罪の共謀共同正犯からの離脱が認められない。
（物理的因果性が残ったまま）

幇助犯

20分

関係条文

刑　法

（幇助）
第62条　正犯を幇助した者は、従犯とする。
2　従犯を教唆した者には、従犯の刑を科する。
（従犯減軽）
第63条　従犯の刑は、正犯の刑を減軽する。

こんな問題が出る!

次は、幇助犯に関する記述であるが、誤りはどれか。

〔1〕 法定刑が**拘留又は科料のみ**の罪については、幇助犯はそれを処罰する旨の特別の規定がない限り、成立しない。

〔2〕 幇助犯の刑は正犯の刑を減軽することが**できる**。

〔3〕 乙は、A社倉庫に侵入して電化製品を窃取することを企て、甲に対し、**窃取**した場合の盗品の買取りを**依頼した**ところ、甲はこれを**承諾**したので、乙は同倉庫から電化製品数点を窃取した。この場合、甲は窃盗罪の幇助犯の罪責を負う。

〔4〕 スーパーの警備員甲は万引きしようとしている乙を発見したが、乙が友人であったため、**見逃してやろう**と考え、**見て見ぬ振り**をしたところ、乙は品物をポケットに入れ、店外へ逃走した。この場合、甲は窃盗罪の幇助犯の罪責を負う。

〔5〕 幇助とは、実行行為以外の行為をもって正犯の**実行行為を容易**ならしめることを意味する。幇助行為は、道具や場所を与えるなどの**有形的**な形態のもののみならず、犯罪に関する情報を提供したり精神的に犯意を強めたりするような**無形的**なものも含む。

〔解答〕〔2〕

STEP 1

正犯を幇助すると、従犯とされ、正犯の刑を軽くした罪を科される。

従犯を教唆した者には、従犯の刑が科される。

STEP 2

幇助とは

幇助とは、**構成要件該当行為以外の方法で正犯の実行行為を容易にすること**である。例えば、殺人罪を企画する甲に対し、乙がそれを知って青酸カリを渡す場合である（乙は、199条の「殺人行為」はしていないので、殺人罪の幇助になる。）。

凶器を渡すような**有形的（物理的）幇助**と、犯罪資金を用意する、犯行方法を教える、窃盗後の盗品の買取りを承諾する、激励するなどの**無形的（心理的）幇助**がある。**物理的因果性**と**心理的因果性**のどちらかがあれば幇助が成立する。

幇助犯の成立には、①**幇助者が正犯を幇助すること**、②**それに基づいて正犯が実行行為を行うこと**の二つが必要である。

※　正犯の実行行為が容易になったことと幇助行為との間の**因果関係は不要**である。

不作為による幇助

法的義務を負う者がその義務を果たさないことで犯罪の成立を容易にした場合にも、幇助犯は成立する。

例：同棲相手が子どもへ暴行するのを母親が放置する行為。

間接幇助

正犯者への幇助が間接的であっても、幇助犯は成立する。

例：Ａは、ＢやＢの得意先であるＣが不特定多数に見せることを知りながら、わいせつな映画フィルムをＢに貸し、そのフィルムをＢがＣに貸した。Ｃが不特定多数の前でそのフィルムを映写したときに、Ａに幇助犯が成立する（最決昭44.7.17）。

片務的幇助

幇助されていることを正犯者が知らなくても、幇助犯は成立する。

例：Ａが賭場を開くことを知ったＢが、Ａに告げずに手伝うつもりで客を案内する行為。

ここに Focus

❶　幇助とは、構成要件該当行為以外の方法で正犯の実行行為を容易にすることである。

❷　幇助には有形的（物理的）幇助と無形的（心理的）幇助があり、そのどちらかがあれば幇助が成立する。

❸　正犯の実行行為が容易になったことと幇助行為との間の因果関係は不要である。

❹　不作為による幇助も認められる。**【判例A】**

❺　幇助犯を幇助する間接幇助も認められる。**【判例B】**

❻　片面的幇助も認められる。**【判例C】**

判例

3分

判例

Q 同棲相手が幼児へ暴行するのを放置した母に不作為の幇助が成立するか？

A 成立する。

3歳の子供を同棲中の男性が暴行によりせっかん死させた事案。

札幌高判平12. 3 .16

被告人の行為は、被告人の作為義務の程度が極めて強度であり、比較的容易なものを含む一定の作為により可能であったことにかんがみると、作為による幇助犯の場合と同視できるものというべきであって、不作為による幇助犯が成立する。

判例

B

Q 幇助犯を幇助した場合は？

A 従犯（幇助）が成立する（間接幇助）。

最決昭44. 7 .17

被告人が、甲又はその得意先の者において不特定の多数人に見せるであろうことを知りながら、わいせつ映画フィルムを甲に貸与し、甲からその得意先である乙にそのフィルムが貸与され、乙は、これを映写し十数名の者に観覧させて公然陳列するに至った場合、被告人の行為については、正犯である乙の犯行を間接に幇助したものとして、従犯が成立する。

判例

Q 拳銃及び実包の密輸入に気づいた者が勝手に手伝った場合は？

A 幇助犯が認められる（片務的幇助）。

東京地判昭63. 7 .27

被告人は、Cらに利用され、（拳銃が隠された）テーブルの形式的な発送手続を行おうとしたが、その手続中Cらの密輸入行為につき未必的な認識を持つに至ったものの、実兄からの依頼ということもあって、これを幇助する意思のもとに、そのまま発送手続を完了させたものと認められる。したがって、被告人には幇助犯が認められる。

○×問題で復習

Q

〔1〕 甲は、Vを殺害するために乙に包丁を提供した。実際には、乙は犯行現場に自分のナイフも併せて持参し、自身のナイフでVを殺害し、甲からもらった包丁はバッグの中から出さず使わずじまいだった。しかし、乙はその際、「自身のナイフが折れても、2本目として包丁があるから大丈夫だ。」と思っていた。この場合、甲には殺人罪の幇助犯が成立する。

〔2〕 甲は、乙の家から金庫を盗む計画を立てた。甲は犯罪を成功させるため、当日の見張り・運搬役として丙を雇った。丙は手付け金だけでなく、成功報酬もあるものと思い、快諾して準備に取りかかった。そして、犯行当日、甲が乙宅へ侵入し、窃盗をしている間、丙は外の車（丙の所有）の中から見張りをし、仮に誰かが来た場合には、携帯電話で甲に連絡して丙の車で逃げる手はずとなっていた。そして、実際には何も不都合なことは起こらず、甲は金庫を窃取し、丙の車に乗り、丙の運転で逃走した。そして、丙はその金庫の中にあった現金の約半分をもらった。この場合、丙には窃盗罪の幇助犯が成立する。

〔3〕 甲は、乙が丙を殺害しようとしているのを知って包丁を貸したが、その後思い直してその包丁を取り戻した。その数日後、乙は別の包丁を使って丙を殺害した。甲は殺人幇助犯となる。

〔4〕 ドラッグストアの警備員として勤務している甲は、万引きをしている乙を見つけたが、乙が友人だったため見逃した。乙は見逃してもらったことを知らなかった。甲には窃盗罪の幇助犯が成立する。

〔5〕 甲は、乙が万引きした商品を換金してあげた。換金の時点で甲が初めてこの商品が盗品だと知ったとしても、甲は窃盗罪の幇助犯となる。

解答解説

○〔1〕 甲は、Ｖを殺害するために乙に包丁を提供した。実際には、乙は犯行現場に自分のナイフも併せて持参し、自身のナイフでＶを殺害し、甲からもらった包丁はバッグの中から出さず使わずじまいだった。しかし、乙はその際、「自身のナイフが折れても、２本目として包丁があるから大丈夫だ。」と思っていた。この場合、甲には殺人罪の幇助犯が成立する。

物理的幇助×　心理的幇助

×〔2〕 甲は、乙の家から金庫を盗む計画を立てた。甲は犯罪を成功させるため、当日の見張り･運搬役として丙を雇った。丙は手付け金だけでなく、成功報酬もあるものと思い、快諾して準備に取りかかった。そして、犯行当日、甲が乙宅へ侵入し、窃盗をしている間、丙は外の車（丙の所有）の中から見張りをし、仮に誰かが来た場合には、携帯電話で甲に連絡して丙の車で逃げる手はずとなっていた。そして、実際には何も不都合なことは起こらず、甲は金庫を窃取し、丙の車に乗り、丙の運転で逃走した。そして、丙はその金庫の中にあった現金の約半分をもらった。この場合、丙には窃盗罪の幇助犯が成立する。

共同して犯罪を実行する意思　重要な役割を担っている　分け前があったため正犯意思○　共謀共同正犯

×〔3〕 甲は、乙が丙を殺害しようとしているのを知って包丁を貸したが、その後思い直してその包丁を取り戻した。その数日後、乙は別の包丁を使って丙を殺害した。甲は殺人幇助犯となる。

正犯と幇助犯の関係解消（物理的幇助×）　ならない

○〔4〕 ドラッグストアの警備員として勤務している甲は、万引きをしている乙を見つ
犯罪の発生を阻止すべき法的義務を負う
けたが、乙が友人だったため見逃した。乙は見逃してもらったことを知らなかっ
義務に違反して乙の犯行を容易にした（不作為） 片務的幇助も認められる
た。甲には窃盗罪の幇助犯が成立する。

×〔5〕 甲は、乙が万引きした商品を換金してあげた。換金の時点で甲が初めてこの商
窃盗行為についてはすでに終了している
品が盗品だと知ったとしても、甲は窃盗罪の幇助犯となる。
ならない

教唆犯

20分

関係条文

刑　法

（教唆）
第61条　人を教唆して犯罪を実行させた者には、正犯の刑を科する。
2　教唆者を教唆した者についても、前項と同様とする。

こんな問題が出る!

次は、教唆犯に関する記述であるが、誤りはどれか。

〔1〕　教唆犯が成立するためには、被教唆者に特定の犯罪を決意させることが必要であるが、その方法は**暗示的な方法**でもよい。また、犯罪を実行する日時、場所等を**特定する必要はない**。

〔2〕　ＡがＢに、Ｃ方へ侵入し現金を**窃取**するよう教唆したところ、Ｂが誤ってＤ方に侵入し、現金を**窃取**した場合には、Ａには窃盗罪の教唆が成立する。

〔3〕　ＡがＢに、Ｃの殺害を教唆したところ、ＢがＣ方に侵入して現金を窃取した場合には、Ａには殺人罪の教唆は成立せず、窃盗罪の教唆も成立しない。

〔4〕　ＡがＢに、Ｃに対する傷害を教唆した。これを受け、ＢがＣに暴行した結果、ＣがＢの暴行が原因で**死亡**した場合には、Ａには**傷害罪**の教唆が成立する。

〔5〕　ＡがＢに、Ｃの殺害を教唆したところ、Ｂは**自らこれを実行せず、代わりに**ＤにＣの殺害を教唆し、Ｄがこれを受けてＣを殺害した場合には、Ａには殺人罪の教唆が成立する。

〔解答〕〔4〕

STEP 1

人を唆して（教唆して）犯罪を実行させると、正犯の刑が科される。

教唆者を教唆した者についても、正犯の刑が科される。

STEP 2

教　唆

教唆とは、**犯罪の実行を決意していない他人を唆して犯罪の実行を決意させること**である。教唆犯の成立には、**①人を教唆すること、②それによって被教唆者が犯罪を実行すること**の二つが必要である。教唆の方法は黙示的・暗示的な方法でもよく、犯行の日時・場所・方法・被害者の特定までは必要ない。ただし、「何か犯罪をしてこい」など、漠然と不特定の犯罪を命ずることは教唆にあたらない。

間接教唆

教唆者を教唆した場合（間接教唆）も教唆犯として罰せられる。また、教唆者を教唆した者を教唆した場合（再間接教唆）も教唆犯として罰せられる。

ここにFocus

❶　教唆の方法は黙示的・暗示的な方法でもよい。**【判例A】**

❷　漠然と不特定の犯罪を命ずることは教唆にあたらない。

❸　教唆には、犯行の日時・場所・方法・被害者の特定までは必要ない。**【判例B】【判例D】**

❹　教唆者を教唆した場合（間接教唆）も教唆犯として罰せられる。

❺　教唆者を教唆した者を教唆した場合（再間接教唆）も教唆犯として罰せられる。**【判例C】**

❻　基本犯（例：傷害）の教唆をし、結果的加重犯（例：傷害致死）が生じた場合、結果的加重犯の教唆にあたる。

4分

判例

Q 暗示的な教唆に教唆犯が成立するか？

A 成立する。

保険金を目的とし、ロウソクに火をつけて外出することで、留守中に火事を起こすように唆した事案。

大判昭 9 . 9 .29

犯意がない者に対し、一定の犯罪を実行する決意を生じさせる意思をもって、唆し、犯罪の実行をさせる場合には、その教唆が明示的か暗示的かを問わず、教唆犯が成立する。

判例
B

Q 教唆には、犯行の日時・場所・方法・被害者の特定など具体的な指示が必要か？

A 必要ない。

被告人が村役場の助役に文書の偽造及び毀棄の教唆をした事案。

大判大 5 . 9 .13

教唆罪の構成には、被教唆者に対し、各事情により一定の犯罪行為をなすべきことを了解させうる程度において指示すれば足り、必ずしもそのなすべき個々の行為を具体的に指示する必要はない。

判例

Ⓠ 教唆者を教唆した者を教唆した場合（再間接教唆）も教唆犯として処罰できるか？

Ⓐ できる。

公務執行妨害罪について、甲乙丙丁と連鎖的に教唆者を教唆した者をさらに教唆した事例。

大判大11.3.1

刑法61条第2項は教唆関係を間接教唆の限度に制限する趣旨ではなく、再間接教唆以上の場合をも含むものである。

判例

Ⓠ 住居侵入窃盗を教唆した場合に被教唆者が別の被害者に住居侵入強盗をした場合は?

Ⓐ 住居侵入窃盗の教唆犯となる（同一構成要件内のずれは、法的に問題にならない＝法定的符合説）。

最判昭25.7.11

ある者に対する住居侵入窃盗を教唆したところ、被教唆者がこれに基づいて他の被害者に対する住居侵入強盗をした場合には、教唆者は、後者の罪について、住居侵入窃盗の教唆犯としての責任を負うべきである。

○×問題で復習

Q

〔1〕 甲がVの殺害を乙に教唆したところ、乙はVの殺害を丙に教唆し、さらに、丙はVの殺害を丁に教唆し、丁がVを殺害した。甲には、殺人罪の教唆犯が成立する。

〔2〕 甲が、乙に対し、Vに暴行を加えるように唆したところ、乙は、その旨決意し、Vに暴行を加えたが、暴行を加えているうちに傷害の故意を生じ、そのあとの暴行による傷害が致命傷となってVは死亡した。甲には、傷害致死罪の教唆犯が成立する。

〔3〕 甲が乙に対して「お金が欲しい」と言ったところ、乙は甲に「お金がないなら犯罪をすればいいじゃないか」と言った。それを聞いて甲は数日後に窃盗をした。乙には窃盗罪の教唆が成立する。

〔4〕 教唆行為の前に被教唆者が犯罪の実行を決意していたという場合であっても、すでに有している犯罪実行の意思をより強めるという結果に至れば、教唆である。

〔5〕 甲は乙に対して窃盗を教唆し、乙は窃盗をする気になったが、結局その後窃盗はしなかった。甲は教唆犯として処罰される。

解答解説

○〔1〕 甲がVの殺害を乙に教唆したところ、乙はVの殺害を丙に教唆し、さらに、丙はVの殺害を丁に教唆し、丁がVを殺害した。甲には、殺人罪の教唆犯が成立する。

殺人を教唆している
再間接教唆
被教唆者が犯罪を実行している

○〔2〕 甲が、乙に対し、Vに暴行を加えるように唆したところ、乙は、その旨決意し、Vに暴行を加えたが、暴行を加えているうちに傷害の故意を生じ、そのあとの暴行による傷害が致命傷となってVは死亡した。甲には、傷害致死罪の教唆犯が成立する。

暴行を教唆している
被教唆者が犯罪を実行している
結果的加重犯が生じたときは、結果的加重犯の教唆にあたる

×〔3〕 甲が乙に対して「お金が欲しい」と言ったところ、乙は甲に「お金がないなら犯罪をすればいいじゃないか」と言った。それを聞いて甲は数日後に窃盗をした。乙には窃盗罪の教唆が成立する。

単に漫然と犯罪をするように言っただけでは教唆にはならない
成立しない

×〔4〕 教唆行為の前に被教唆者が犯罪の実行を決意していたという場合であっても、すでに有している犯罪実行の意思をより強めるという結果に至れば、教唆である。

教唆とは「犯罪の実行を決意していない他人を唆して犯罪の実行を決意させること」である
幇助

×〔5〕 甲は乙に対して窃盗を教唆し、乙は窃盗をする気になったが、結局その後窃盗はしなかった。甲は教唆犯として処罰される。

正犯である乙が実行行為をしていない以上、甲を教唆犯として処罰することはできない

共犯と身分

関係条文

刑 法

（身分犯の共犯）

第65条 犯人の身分によって構成すべき犯罪行為に加功したときは、身分のない者であっても、共犯とする。

2 身分によって特に刑の軽重があるときは、身分のない者には通常の刑を科する。

こんな問題が出る！

次は、共犯と身分に関する記述であるが、正しいものはどれか。

〔1〕 被告人Ａが自己の刑事事件に関して虚偽の証言をしたとしても偽証罪は成立しないが、Ａが他人を教唆して証人として虚偽の陳述をさせた場合には同罪の教唆犯が成立する。

〔2〕 収賄罪は、公務員を主体とする真正身分犯であるが、公務員でないＡが公務員Ｂに収賄罪を教唆した場合、Ａには収賄罪の教唆は成立しない。

〔3〕 公務員であるＡと、その妻で無職のＢは、建設業者甲から賄賂を収受することを共謀の上、Ａの不在時にＢが自宅で甲の代表取締役から賄賂を受領した。この場合、Ａは収賄罪の刑責を負うが、Ｂについては犯罪不成立となる。

〔4〕 常習賭博者であるＡは、友人Ｂ・Ｃ・Ｄ（いずれも常習賭博者ではない。）を自宅へ招き、実際に金銭を賭けて花札賭博の手ほどきをした。この場合、Ａ・Ｂ・Ｃ・Ｄは全員常習賭博罪の刑責を負う。

〔5〕 Ａが業務上保管している現金を、その友人Ｂと共謀して横領した場合には、Ａ、Ｂ共に業務上横領の刑が科される。

〔解答〕〔1〕

STEP 1

1分

犯人の身分が構成要件になっている犯罪行為に加担した場合は、身分がないものであっても共犯とする。

身分によって特に刑の軽重があるときは、身分のないものには通常の刑を科す。

STEP 2

真正身分犯と不真正身分犯

65条１項は、真正身分犯（構成的身分犯）についての規定、２項は不真正身分犯（加減的身分犯）についての規定である。

真正身分

行為者の身分が犯罪の成立要素となるものをいう。

⇒行為だけでみると犯罪にならないが、身分があることで初めて「犯罪」になるもの。

※収賄罪……賄賂を受け取る側を規制するためのものなので、「行為者＝公務員」であることが必要である。通常、誰かに物やお金をもらう行為は犯罪とならないが、行為者が公務員の場合犯罪となる。

不真正身分

行為者の身分が刑の加重・減軽の要素となるものをいう。

⇒行為自体もともと「犯罪」だが、身分があることで刑が加減されるもの。

※（単純）横領罪と業務上横領罪……自己の占有する他人の物を不法に領得すると横領罪（５年以下の懲役）だが、業務上の委託信任関係に基づいて占有している他人の物を不法に領得すると、業務上横領罪（10年以下の懲役）となる。

代表的な例

真正身分	背任罪（247条）の「他人のためにその事務を処理する者」
	横領罪（252条）の「他人の物の占有者」
	虚偽公文書作成罪（156条）、収賄罪（197条）の「公務員」
	偽証罪の（169条）「法律により宣誓した証人」
	事後強盗（238条）の「逮捕を免れる目的等で暴行又は脅迫をした窃盗犯人」
不真正身分	業務上堕胎罪（214条）の「医師、助産婦、薬剤師又は医薬品販売業者」
	保護責任者遺棄罪（218条）の「老年者、幼年者、身体障害者又は病者を保護する責任のある者」
	業務上横領罪（253条）の「業務上他人の物の占有者」
	常習賭博罪（186条）の「常習として賭博をした者」
	看守者等による逃走援助罪（101条）の「法令により拘禁された者を看守し又は護送する者」
	特別公務員職権濫用罪（194条）の「裁判、検察若しくは警察の職務を行う者又はこれらの職務を補助する者」
	特別公務員暴行陵虐罪（195条）の「裁判、検察若しくは警察の職務を行う者又はこれらの職務を補助する者」

ここに Focus

❶　真正身分犯（構成的身分犯）の場合は、65条１項が適用される。**【判例A】【判例B】**

❷　不真正身分犯（加減的身分犯）の場合は、65条２項が適用される。**【判例B】**

❸　事後強盗罪の「窃盗犯人」は真正身分犯である。**【判例C】**

4分

判例
A

Q 営利目的を持つ者と持たない者が共同して麻薬を密輸入した場合の罪は？

Ⓐ 営利目的の有無が「刑の軽重」に影響する。

※麻薬及び向精神薬取締法64条では、麻薬等の輸入、輸出製造に関し、営利目的がある者に対してそれがない者よりも重い刑を科している。

最判昭42.3.7

麻薬を輸入した者に対しても、犯人が営利の目的をもっていたか否かという犯人の特殊な状態の差異によって、各犯人に科すべき刑に軽重の区別をしているものであって、刑法65条２項にいう「身分によって特に刑の軽重があるとき」にあたるものと解するのが相当である。そうすると、営利の目的をもつ者ともたない者とが、共同して麻薬取締法12条１項の規定に違反して麻薬を輸入した場合には、刑法65条２項により、営利の目的をもつ者に対しては麻薬取締法64条２項の刑を、営利の目的をもたない者に対しては同条１項の刑を科すべきものといわなければならない。

判例
B

Q 「占有者」の身分もなく、「業務上」の身分もない者が、業務上横領罪の共犯者と横領行為をした場合、業務上横領罪の共犯となるか？

Ⓐ ならない（65条１項で253条の共同正犯が成立するが、同条２項で単純横領となる）。

被告人が村の収入役と共謀して、収入役が保管していた金員を横領した事案。

最判昭32.11.19

甲は、Ａ村の収入役として同村のため中学校建設資金の寄附金の受領、保管その他の会計事務に従事していたが、被告人乙らはその業務に従事していたことは認められないから、刑法65条１項により253条に該当する業務上横領罪の共同正犯が成立する。しかし、253条は横領罪の犯人が業務上物を占有する場合において、特に重い刑を科することを規定したものであるから、業務上物の占有者たる身分のない被告人乙らに対しては65条２項により同法252条１項の通常の横領罪の刑を科すべきものである。

判例

Q 窃盗が既遂に達した後、逮捕を免れるための暴行を加える行為のみを行った共犯者は、事後強盗罪の共同正犯となるか。

A なる（窃盗犯人しか犯せない罪なので真正身分犯となる）。

大阪高判昭62.7.17

共犯者２名が被告人の犯行に関与するようになったのが、窃盗が既遂に達したのちであったとしても、同人らにおいて、被告人がマスコットを窃取した事実を知った上で、被告人と共謀の上、逮捕を免れる目的で被害者に暴行を加えて同人を負傷させたときは、窃盗犯人たる身分を有しない同人らについても、刑法65条１項、60条の適用により（事後）強盗致傷罪の共同正犯が成立すると解すべきである。

（なお、事後強盗罪は、暴行罪、脅迫罪に窃盗犯人たる身分が加わって刑が加重される罪ではなく、窃盗犯人たる身分を有する者が、刑法238条所定の目的をもって、人の反抗を抑圧するに足りる暴行、脅迫を行うことによって初めて成立するものであるから、真正身分犯であって、不真正身分犯と解すべきではない。したがって、身分なき者に対しても、同条２項を適用すべきではない。）

○×問題で復習

Q

〔1〕 保険会社の保険料集金担当従業員である甲が、同社の従業員ではない知人乙と共謀の上、集金した保険料を横領した。この場合、両者は業務上横領罪の共同正犯となるものの、乙には65条２項により、通常の刑として横領罪が成立する。

〔2〕 未成年者乙の保護責任者である実母の甲が、甲の内縁の夫であり、乙の保護責任者でない丙を教唆して乙を山中に遺棄させた場合、甲には保護責任者遺棄罪の教唆犯が成立し、丙には単純遺棄罪が成立する。

〔3〕 常習賭博罪における常習性も「身分」であるから、賭博の非常習者甲が賭博の常習者乙を教唆して賭博をさせた場合、乙には常習賭博罪が成立し、甲には常習賭博罪の教唆犯が成立する。

〔4〕 営利の目的を有する甲が、成人乙を買い受けるに際し、その目的を有しない丙がこれを幇助した場合、甲には営利人身買い受け罪が成立し、丙には人身買い受け罪の幇助犯が成立する。

解答解説

○〔1〕 保険会社の保険料集金担当従業員である甲が、同社の従業員ではない知人乙と
業務上の身分なし
共謀の上、集金した保険料を横領した。この場合、両者は業務上横領罪の共同正犯となるものの、乙には65条２項により、通常の刑として横領罪が成立する。
不真正身分犯　行為者に身分がないため、業務上横領罪ではなく横領罪が成立する

○〔2〕 未成年者乙の保護責任者である実母の甲が、甲の内縁の夫であり、乙の保護責
身分あり
任者でない丙を教唆して乙を山中に遺棄させた場合、甲には保護責任者遺棄罪
身分なし　不真正身分犯
の教唆犯が成立し、丙には単純遺棄罪が成立する。
行為者に身分がないため、保護責任者遺棄罪ではなく単純遺棄罪が成立する

×〔3〕 常習賭博罪における常習性も「身分」であるから、賭博の非常習者甲が賭博の
不真正身分犯（加減的身分）　身分なし
常習者乙を教唆して賭博をさせた場合、乙には常習賭博罪が成立し、甲には常習賭博罪の教唆犯が成立する。
単純賭博罪

○〔4〕 営利の目的を有する甲が、成人乙を買い受けるに際し、その目的を有しない丙
営利目的を持っているか否かというのは、特殊な状態の差違
がこれを幇助した場合、甲には営利人身買い受け罪が成立し、丙には人身買い受
営利目的がある者は、それがない者よりも重い刑が該当する
け罪の幇助犯が成立する。

Chapter 18 間接正犯

こんな問題が出る!

次は、間接正犯に関する記述であるが、誤りはどれか。

〔1〕 犯罪を行為者自ら実行する場合を直接正犯といい、**他人を道具**として犯罪を実現する場合を間接正犯という。

〔2〕 間接正犯は、他人をあたかも**道具のように**利用して犯罪を実現するところに、直接正犯と同じ正犯性が肯定されるものであり、このような考え方を道具理論という。

〔3〕 **被利用者の適法行為**を利用した場合も、間接正犯は認められる。

〔4〕 **「行使の目的」**のない他人を利用して通貨を偽造させる場合には、間接正犯が認められる。

〔5〕 **意思能力・是非善悪の判断能力がある者**に犯罪の方法を教えて犯罪を行わせた場合でも、通常は間接正犯が成立する。

〔解答〕〔5〕

STEP 1

間接正犯とは他人を自己の道具として利用し、犯罪の実行行為をさせるものをいう。間接正犯も、利用行為に直接正犯と同等に評価できる実行行為性が認められる以上、正犯として扱われる。

STEP 2

間接正犯の要件

間接正犯の実行行為性を認めるための要件は以下の二つである。

①**他人を道具として利用して特定の犯罪を自ら実現する意思で**

②**被利用者をあたかも自己の道具のように支配・利用し一定の構成要件を実現すること**

教唆犯と間接正犯の違い

通常、他の人に犯罪行為をさせれば教唆犯となるが、

・行為者が、行為が犯罪になると知らなかった・認識していなかった
・行為者の行為が適法行為だった
・行為者が責任無能力者だった（**意思能力・是非善悪の判断能力がない。**）
・年齢問わず脅迫などされている（**反対動機の形成可能性がなかった。**）

場合は**間接正犯**となる。

教唆により、犯罪の実行を決意させることが教唆犯であり、被教唆者には犯罪の故意が存在する。

是非善悪
物事の正と不正。よしあし。

例

日頃の甲の暴力に畏怖し意思を抑圧されている12歳の養女乙に窃盗を行わせた。

→乙が是非善悪の判断能力を有する者であっても、利用者の甲の言動に畏怖して意思を抑圧されているという事情のもとでは、養女は甲の意のままに行動した（道具として利用された）にすぎないため、**間接正犯**が成立する（最決昭58. 9 .21）。

※被利用者乙は罪に問われない（刑事未成年）。

間接正犯と共同正犯の違い

行為者に共同で犯罪を実行する意思を持って共同で犯罪を実行すれば、共同正犯となる。

犯罪の一部しか行っていない場合も、共同正犯であれば同じ罪で罰せられる。

例 1

医者の甲（利用者）が注射器に毒を入れており、毒が入っていることを知らない看護師乙（被利用者）が患者丙（被害者）に注射をし、丙が死亡した。

→故意のない看護師乙を道具として利用した甲の間接正犯が成立する。

例 2

医者の甲と看護師乙が患者丙を殺そうとして、甲が毒入りの注射器を準備し、乙が丙に注射を打った。

→甲と乙で役割分担をし、共同で丙を殺しているため、共同正犯となる。

例 3

母親の甲は、生活費欲しさから勤務先の経営者から金品を強取しようと企て、当時12歳10か月（中学１年生）だった長男乙に強盗を実行させた。

→乙には是非弁別能力があったと判断され、甲の指示命令が乙の意思を抑圧するに足る程度のものではなく、乙が自らの意思によりその実行を決意して強盗を実行させた場合、間接正犯ではなく、共同正犯が成立する（最決平13.10.25）。

なお、共同正犯は違法性まで共同しているが、乙は刑事未成年なので責任が阻却される。

間接正犯の着手時期

被利用者が構成要件該当行為に取りかかったときが、着手の時期となる。

判例は、**被利用者基準説**（到達時説：被利用者の行為に実行の着手を求める説）をとっている。

被利用者の行為を利用した間接正犯

例えば被害者に心理的な圧迫を加えて自殺させる行為は、殺人罪の間接正犯が成立する。

目的なき道具

Aが印刷業者Bに対し、行使の目的があるにもかかわらず映画の撮影で使うためであると嘘をつき、偽札を印刷させる行為。

→Aには通貨偽造罪の間接正犯が成立する（Bには偽札を印刷させる故意はあっても、行使の目的がない。通貨偽造罪が成立するためには、行使の目的が必要）。

故意ある道具

AがBに対して、公園で爆竹を鳴らして（＝暴行罪）みんなを驚かそうと持ちかけ、爆竹を手渡した。B（暴行の故意はある）は公園に行ってその爆竹に火を付けたが、実はAが渡したものは爆竹ではなく爆弾であり、結果として多数の死傷者が出た。

→Aには殺人罪の間接正犯が成立する。

非公務員による虚偽公文書作成罪の間接正犯について

非公務員のAが、虚偽の内容を記載した証明書を事情の知らない公文書作成権限者である公務員Bに作成させた。Bには虚偽の公文書を作成する意思がないため、Bに虚偽公文書作成罪は成立しない。では、Aに虚偽公文書作成罪の間接正犯が成立するかというと、公務員ではない者が公文書偽造の間接正犯であるときは、157条（公正証書原本不実記載等罪）以外で処罰すべきではないとされている。（最判昭27.12.25）。ただし、Aが公文書作成権限者であるBの職務を補佐して公文書の起案を担当するような公務員であった場合、Aには間接正犯が成立する（最判昭32.10.4）。

ここに Focus

❶　間接正犯とは他人を自己の道具として利用し、犯罪の実行行為をさせるものをいう。

❷　是非善悪の判断能力を有する者を利用した場合にも、意思が抑圧されていた場合など、間接正犯が成立しうる。

❸　被害者の行為を利用した場合にも間接正犯が成立する。**【判例A】**

❹　間接正犯の着手時期は、被利用者が、構成要件に該当する行為に取りかかったときが基準となる。**【判例B】**

❺　目的なき道具、故意ある道具についても、間接正犯が認められうる。

❻　被公務員による虚偽公文書作成罪の間接正犯は成立しない。

判例 A

Q 被害者の行為を利用した場合に間接正犯が成立するか？

A 成立する。

自動車の転落事故を装い被害者を自殺させて保険金を取得する目的で、被害者を脅迫して被害者自ら海に自動車で飛び込ませた事案。

最決平16. 1 .20

極度に畏怖して服従していた被害者に対し、暴行・脅迫を交えつつ、岸壁上から車ごと海中に転落して自殺することを執ように要求し、被害者をして、命令に応じて車ごと海中に飛び込む以外の行為を選択することができない精神状態に陥らせていたなど判示の事実関係の下においては、被害者に命令して岸壁上から車ごと海中に転落させた行為は、被害者において、命令に応じて自殺する気持ちがなく、水没前に車内から脱出して死亡を免れた場合でも、殺人未遂罪に当たる（間接正犯となる）。

判例 B

Q 間接正犯の実行の着手時期はいつか？

A 被利用者の行為の時点（到着時）。

殺害目的で毒物を混入した砂糖を小包郵便で郵送した。被害者は、これを受け取ったが、異物に気づき、結局これを食するには至らなかった事案。

大判大 7 .11.16

郵便を受領したる時又は食用しうべき状態の下に置かれた時に毒殺行為の着手がある（小包の到着時に着手となる）。

○×問題で復習

Q

〔1〕 日頃暴行を加えて自己の意のままに従わせていた12歳の少年に、その意思を抑圧して窃盗を行わせた場合には、窃盗を行わせた者が窃盗罪の間接正犯となる。

〔2〕 間接正犯は被害者の行為を利用して犯罪を実行した場合には成立しない。

〔3〕 乙の家に招かれていたXは、屏風の後ろに乙がいることを秘したまま、乙を殺害する意図で、同じく招かれていた客である甲に銃を使って、その屏風を撃つようにけしかけた。甲は、「確かにむかつく屏風だ。撃とう」と言い、屏風に狙いをつけ、銃を発射した。その結果、屏風の裏にいた乙に弾が命中し、乙は死亡した。甲には器物損壊という犯罪の故意がある以上、道具といえないので、Xには殺人罪の間接正犯は成立しない。

〔4〕 覚醒剤の売人が、覚醒剤を中身が分からないように梱包して宅配業者に依頼し、買い手に配達した場合、覚醒剤の売人は、覚醒剤譲渡についての間接正犯が成立する。

〔5〕 医師が、自らが用意した毒を、情を通じる看護師を利用して、患者に飲ませて患者を殺害した場合、医師は、殺人罪の間接正犯となる。

〔6〕 甲は、乙が甲の命ずることには何でも服従するのを利用して自殺がどのようなものかを理解する能力がない乙にロープで首をつらせて死亡させた。甲には、被害者の行為を利用した殺人罪の間接正犯が成立する。

解答解説

○〔1〕 日頃暴行を加えて自己の意のままに従わせていた12歳の少年に、その意思を抑圧して窃盗を行わせた場合には、窃盗を行わせた者が窃盗罪の間接正犯となる。
反対動機の形成可能性がない者を道具として利用　他人を利用して犯罪を実現

×〔2〕 間接正犯は被害者の行為を利用して犯罪を実行した場合には成立しない。
被害者の行為を利用した場合も成立する

×〔3〕 乙の家に招かれていたXは、屏風の後ろに乙がいることを秘したまま、乙を殺害する意図で、同じく招かれていた客である甲に銃を使って、その屏風を撃つようにけしかけた。甲は、「確かにむかつく屏風だ。撃とう」と言い、屏風に狙いをつけ、銃を発射した。その結果、屏風の裏にいた乙に弾が命中し、乙は死亡した。甲には器物損壊という犯罪の故意がある以上、道具といえないので、Xには殺人罪の間接正犯は成立しない。
利用者の意図
利用者の意図した犯罪について認識がない＝一方的に利用されている
殺人罪の間接正犯が成立する

○〔4〕 覚醒剤の売人が、覚醒剤を中身が分からないように梱包して宅配業者に依頼し、買い手に配達した場合、覚醒剤の売人は、覚醒剤譲渡についての間接正犯が成立する。
宅配業者には中身が覚醒剤である認識なし
適法行為

×〔5〕 医師が、自らが用意した毒を、情を通じる看護師を利用して、患者に飲ませて患者を殺害した場合、医師は、殺人罪の間接正犯となる。
看護師の自由な意思決定により、毒を飲ませていると考えられる
医師と看護師は共犯になる

○〔6〕 甲は、乙が甲の命ずることには何でも服従するのを利用して自殺がどのようなものかを理解する能力がない乙にロープで首をつらせて死亡させた。甲には、被害者の行為を利用した殺人罪の間接正犯が成立する。
反対動機の形成可能性がないことを利用
自己の犯罪を実現させた
被害者の行為を利用しても間接正犯は成立する

Chapter 19

罪　数

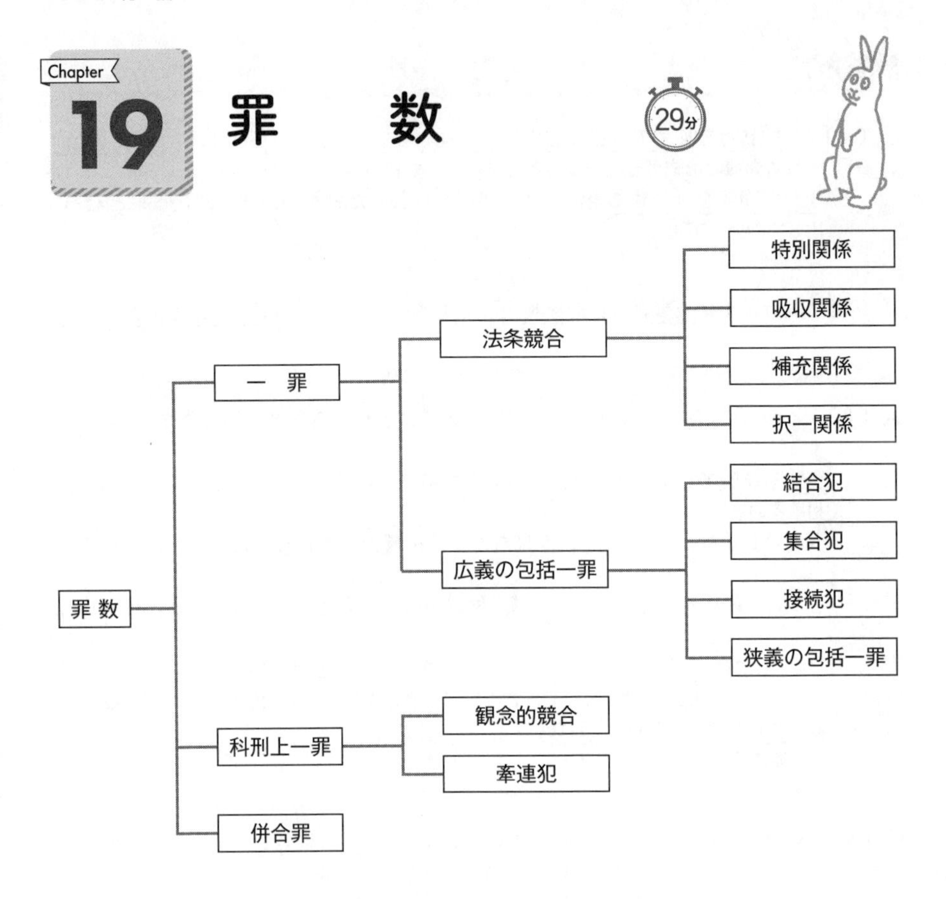

関係条文

刑　法

（併合罪）

第45条　確定裁判を経ていない２個以上の罪を併合罪とする。ある罪について禁錮以上の刑に処する確定裁判があったときは、その罪とその裁判が確定する前に犯した罪とに限り、併合罪とする。

（有期の懲役及び禁錮の加重）

第47条　併合罪のうちの２個以上の罪について有期の懲役又は禁錮に処するときは、その最も重い罪について定めた刑の長期にその２分の１を加えたものを長期とする。ただし、それぞれの罪について定めた刑の長期の合計を超えることはできない。

（１個の行為が２個以上の罪名に触れる場合等の処理）

第54条　1個の行為が2個以上の罪名に触れ、又は犯罪の手段若しくは結果である行為が他の罪名に触れるときは、その最も重い刑により処断する。
2　第49条第2項の規定は、前項の場合にも、適用する。

こんな問題が出る!

次は、罪数に関する記述であるが、誤りはどれか。

〔1〕「不可罰的事後行為」とは、基本的犯罪に対する**準備行為**にあたるため、基本的犯罪が成立するときは、それに吸収評価される行為をいう。

〔2〕 科刑上一罪には、**観念的競合**と**牽連犯**がある。

〔3〕「観念的競合」とは、1個の行為が**複数**の罪名に触れる場合をいう。

〔4〕「牽連犯」とは、数個の犯罪が、それぞれ**「手段→目的」**又は**「原因→結果」**の関係にある場合をいう。

〔5〕「併合罪」とは、**確定裁判を経ていない**2個以上の罪のことをいう。

〔解答〕〔1〕

STEP 1

確定裁判を経ていない2個以上の罪は併合罪となる。ある罪について禁錮以上の刑が確定したときには、その罪とその裁判が確定する前に犯した罪に限って併合罪となる。

一つの行為が二つ以上の罪名に触れたり、犯罪の手段や結果である行為が他の罪名に触れるときは、その中で最も重い刑で処断される。

二つ以上の没収については、併科する。

確定裁判
上訴定期期間の経過などによって不服申立てができなくなり、その判決の確定した裁判のこと。

併科
二つ以上の刑罰を同時に課すこと。

STEP 2

一 罪

単純一罪……犯意、行為、結果が一つで、構成要件も一つ。

法条競合……1個の行為が、いくつかの構成要件に該当するような外観を有しているが、実はそのうちの一つの構成要件に該当することによって、他の構成要件の適用が当然排除される。

特別関係……1個の行為が一般規定と特別規定の関係に立つ2個以上の構成要件に該当するように見える場合。特別規定が優先する。

※ 業務上横領罪と横領罪（業務上身分がある者が「横領」行為をした場合、業務上横領罪にも横領罪にも該当するが、特別規定である業務上横領罪のみが成立する。）

吸収関係……1個の行為が、ある構成要件とこれを包括評価する構成要件の両方に該当するように見える場合。

※ 殺人罪と器物損壊罪（人を殺す際にその衣服を損傷した場合に、器物損壊罪は殺人罪に吸収される。大小関係にあるような罪は、「大」のみが成立する。）

補充関係……1個の行為が、ある構成要件とこれを補充する意義を有するにすぎない構成要件の両方に該当するように見える場合。

※ 傷害罪と暴行罪（暴行罪は「傷害に至らなかったとき」とあるので、有形的な暴行をしていても、ケガをしたら、傷害罪のみが成立する。）

択一関係……１個の行為が、相互に両立しえない関係に立つ２個以上の構成要件に同時に該当するように見える場合。

※ 横領罪と背任罪（解釈によっていずれかが決まり、他方は排斥される。）

広義の包括一罪

数個の行為があって、それぞれ独立して特定の構成要件に該当するように見えるが、全ての行為が構成要件的に包括して評価され一罪とされる場合。

結合犯……数個の構成要件が結合して一つの構成要件を形成しているもの。科刑上一罪ではなく単純一罪として処断される。

※ 強盗罪（暴行又は脅迫と盗取）

※ 強盗殺人罪（強盗と殺人）

集合犯……一定の構成要件該当行為を反復継続することを想定しているもの。

・常習犯（常習賭博罪、何回賭博しても「常習賭博罪」一罪）

・営業犯（わいせつ文書販売罪、何冊売っても「わいせつ文書販売罪」一罪）

・職業犯（わいせつ物頒布等の罪、何回配っても「わいせつ物頒布等の罪」一罪）

※ 営業犯は営利目的あり、職業犯は営利目的なし。

接続犯……同一の犯意に基づき時間的・場所的に近接した条件のもとで数個の同種類の行為が行われ、その間に事実上分離できないような密接な関連のある場合（一晩のうちに倉庫から数回米俵を盗む：窃盗罪は一罪のみ）。

狭義の包括一罪……１個の構成要件が同一の法益侵害に向けられた数種の行為を規定している場合において、その全部を一連の行為で行う場合。

※ 逮捕監禁罪（相手を逮捕して、監禁する場合は、逮捕監禁罪の一罪のみ）

科刑上一罪

本来は複数の犯罪が成立しているが、刑を科する上で一罪となる。

①**観念的競合**（54条１項前段）

⇒石を投げて窓ガラスを割ったら、中にいた人にもけがをさせてしまった。

１個の行為が２個以上の罪名に触れる場合、その最も重い刑により処断する（器物損壊罪と傷害罪の観念的競合により、傷害罪により処断される。）。

②**牽連犯**（54条１項後段）

⇒住居に侵入して財物を盗んだ。

犯罪の手段若しくは結果である行為が他の罪名に触れるときは、その最も重い刑により処断する（住居侵入罪と窃盗罪の牽連犯なので、窃盗罪で処断される。）。

併合罪（45条）

⇒２個以上の罪を犯していて、観念的競合でも牽連犯でもないときは併合罪のイメージ

確定裁判を経ていない２個以上の罪を併合罪とする。ある罪について禁錮以上の刑に処する確定裁判があったときは、その罪とその裁判が確定する前に犯した罪とに限り、併合罪とする。

⇒併合罪となる場合、一つの罪で処断されるが、罪は加重される。

かすがい理論（かすがい現象）

かすがいとは、材木と材木をつなぎ合わせるための両端が曲がったコの字型の釘のことである。本来は併合罪になるＡ罪とＢ罪それぞれがＣ罪と科刑上一罪の関係にあるときに、Ｃ罪がかすがいの役割をすることで全てまとめて科刑上一罪として扱われるようになることを「かすがい理論」という。

例１

路上で２人を順次殺害→併合罪（２罪）

例２

他人の住居に侵入し、人を殺害→住居侵入と殺人は牽連犯として、科刑上一罪（１罪）

例３

住居に侵入し（住居侵入罪）、２人を殺害（殺人罪Ａ・Ｂ）→本来AとBは併合罪だが、それぞれが住居侵入罪と牽連犯の関係にある。この場合、住居侵入罪がかすがいの役割をして、全体が科刑上一罪となる（＝かすがい理論の適用）。

不可罰的事後行為

不可罰的事後行為は罪を形成しない。窃盗罪など、財物を窃取したのち、犯人がそれを売っても、壊しても、盗品関与罪や器物損壊罪は成立しない。窃盗罪の法益侵害は窃取後も続いており（状態犯）、窃盗罪の違法評価にこれらの行為も含まれるからである。

併合罪 45条1項	酒酔い運転罪と自動車運転過失致死傷罪、殺人罪と死体損壊・遺棄罪、監禁罪と恐喝罪、距離が離れた地点での２回のスピード違反罪、クレジットカードや預金通帳の窃盗と（電算）詐欺罪、身の代金目的拐取罪以外の拐取罪と身の代金要求罪、拐取罪と監禁罪、本犯の共犯行為と盗品関与罪
法条競合 ※前者のみが成立する	強盗・恐喝・強要罪と暴行・脅迫罪、業務上横領罪と単純横領罪、特別背任罪と背任罪、横領罪と背任罪、（公務に対して暴行を用いた場合の）公務執行妨害罪と威力業務妨害罪、偽造通貨行使罪と詐欺罪、免状・鑑札・旅券不実記載罪と詐欺罪、危険運転致死傷罪と道交法違反の罪、営利目的・身の代金要求目的拐取罪と未成年者拐取罪、強盗殺人罪と殺人罪、現住建造物放火罪とその他放火罪、詐欺的手段を用いた横領罪と詐欺罪（※新たな法益侵害を生ぜしめれば観念的競合）、詐欺罪と詐欺的手段を用いた背任罪

観念的競合 54条1項 前段	無免許運転罪と酒酔い運転罪、無免許運転罪と無車検車運転罪、道交法の救護義務違反罪と報告義務違反罪、覚醒剤輸入罪と無許可輸入罪、強制わいせつ罪と公然わいせつ罪、殺意ある強制性交等致死罪と殺人罪、強盗殺人罪と強盗・強制性交等罪、収賄罪と恐喝罪、傷害罪と恐喝罪、複数の正犯行為に対する1個の幇助行為、具体的事実の錯誤における方法の錯誤の場合
牽連犯 54条1項 後段	住居侵入と窃盗・強盗・殺人・放火、文書偽造罪と同行使罪と詐欺罪、通貨偽造罪と同行使罪、身の代金目的拐取罪と身の代金要求罪
包括一罪	**〈吸収関係〉※後者に吸収、前者は不可罰的事前行為** 予備・未遂罪と既遂罪、賄賂要求・約束と収受罪、逮捕罪と監禁罪、窃盗・詐欺罪と2項強盗罪、衣服についての器物損壊罪と殺人罪 **〈集合犯〉** 常習賭博罪、わいせつ物頒布罪 **〈接続犯〉** 連続した暴行、複数回に分けた米の窃盗、業務上保管中の金銭の数回にわたる横領など **〈不可罰的事後行為〉※前者のみ成立** 窃盗罪と器物損壊罪、窃盗罪と盗品関与罪

ここに Focus

❶　一般規定と特別規定にあてはまるときは特別規定のみ成立する。

❷　大小関係にあるような罪は、「大」のみが成立する。

❸　補充関係にある罪同士は、どちらかだけ成立する。

❹　もともと数個の行為をカウントする罪は、複数の行為があっても一罪のみ成立する。

❺　時間的・場所的に近接した条件のもとで数個の同種類の行為が行われる場合は一罪のみ成立する。

❻　一つの罪の中に二つ以上の行為が予定されている場合、すべてを実現しても一罪のみ成立する。

❼　一つの行為で二つ以上の罪名に触れると観念的競合となる。

❽　犯罪の手段・結果である行為がほかの罪名に触れると牽連犯となる。

❾　観念的競合でも牽連犯でもないもの同士の罪の関係は併合罪となる。

❿　不可罰的事後行為は罪を形成しない。

⓫　本来併合罪の関係にある複数の罪（A・B）が、各々と科刑上一罪の関係にある共通の他の罪（C）を媒介として全体として一罪となることを「かすがい理論」という。**【判例A】**

判例

Q 「かすがい理論」とは？

Ⓐ 本来併合罪の関係にある複数の罪（A・B）が、各々と科刑上一罪の関係にある共通の他の罪（C）を媒介として全体として一罪となるとする考え方をいう。

最決昭29. 5 .27

1個の住居侵入行為と3個の殺人行為とがそれぞれ牽連犯の関係にある場合には、刑法54条1項後段を適用し一罪としてその最も重き刑に従い処断すべきものである。

○×問題で復習

Q

〔1〕 高速道路の2地点で速度違反をした場合、別罪を構成し、両者は併合罪の関係にある。

〔2〕 幇助行為が1回しか行われなかった場合でも、これにより正犯が数罪犯したときはそれぞれに幇助罪が成立し、観念的競合となる。

〔3〕 反復の意思をもって、わいせつ図画を数回にわたり販売した場合、一罪である。

〔4〕 犯罪の手段若しくは結果となる行為で、他の罪名に触れるときは牽連犯として、その最も重い罪について定めた刑の長期にその2分の1を加えたものを刑期として処断する。

〔5〕 殺人罪と死体遺棄罪は、牽連犯となる。

〔6〕 窃盗罪とその財物についての盗品等保管罪は、後者が不可罰的事後行為であるので、前者（窃盗罪）のみ成立する。

〔7〕 同一被害者を逮捕して監禁した場合は、逮捕罪と監禁罪の2罪が成立する。

〔8〕 無免許運転罪と酒酔い運転罪は観念的競合となる。

解答解説

○〔1〕 高速道路の2地点で速度違反をした場合、別罪を構成し、両者は併合罪の関係にある。
複数の行為があって、複数の犯罪が成立→併合罪

○〔2〕 幇助行為が1回しか行われなかった場合でも、これにより正犯が数罪犯したときはそれぞれに幇助罪が成立し、観念的競合となる。
正犯の罪の数に従って幇助犯の成立する数が決まる
幇助行為は1回しかしていない

○〔3〕 反復の意思をもって、わいせつ図画を数回にわたり販売した場合、一罪である。
集合犯（営業犯）

×〔4〕 犯罪の手段若しくは結果となる行為で、他の罪名に触れるときは牽連犯として、その最も重い罪について定めた刑の長期にその2分の1を加えたものを刑期として処断する。
最も重い刑にて処断する

×〔5〕 殺人罪と死体遺棄罪は、牽連犯となる。
併合罪

○〔6〕 窃盗罪とその財物についての盗品等保管罪は、後者が不可罰的事後行為であるので、前者（窃盗罪）のみ成立する。
物を盗んでいる状態が継続中に発生した別の犯罪
最初の犯罪の一部とみなされ、別の罪が成立しない

×〔7〕 同一被害者を逮捕して監禁した場合は、逮捕罪と監禁罪の2罪が成立する。
包括一罪

○〔8〕 無免許運転罪と酒酔い運転罪は観念的競合となる。
無免許で酒に酔っているというのは、運転者の状態にすぎない
行為は「車の運転」の一つのみ

Part 2

各論－国家的法益を侵害する罪

公務執行妨害罪

関係条文

刑　法

（定義）

第7条　この法律において「公務員」とは、国又は地方公共団体の職員その他法令により公務に従事する議員、委員その他の職員をいう。

2　（略）

（公務執行妨害及び職務強要）

第95条　公務員が職務を執行するに当たり、これに対して暴行又は脅迫を加えた者は、3年以下の懲役若しくは禁錮又は50万円以下の罰金に処する。

2　公務員に、ある処分をさせ、若しくはさせないため、又はその職を辞させるために、暴行又は脅迫を加えた者も、前項と同様とする。

こんな問題が出る！

次は、公務執行妨害罪に関する記述であるが、誤りはどれか。

〔1〕　本罪にいう「職務を執行するに当たり」とは、職務執行中に**限られず**、これからまさに職務の執行に**着手しようとするとき**をも含む。

〔2〕　本罪にいう「**公務員**」とは、国又は地方公共団体の職員その他法令により公務に従事する職員、委員、その他の職員のことをいう。

〔3〕　相手方が公務員であることの**認識が全くないまま**その身体に対して暴行を加えた場合には、暴行罪のみ成立する。

〔4〕　本罪によって保護されるのは**適法な職務執行**であり、違法な職務執行に対して暴行・脅迫されたとしても本罪は成立しない。

〔5〕　本罪にいう「暴行又は脅迫」とは、**直接又は間接を問わず**、客観的に考察して公務員の職務執行の**妨害となるべき性質**のもので、それにより**現実に職務執行を妨害された**ことを要する。

〔解答〕〔5〕

STEP 1

公務執行妨害罪（95条）

公務員が職務を執行するに当たり、これに対して暴行又は脅迫を加えた者は罰せられる。また、公務員にある処分をさせ、若しくはさせないため、又はその職を辞させるために、暴行又は脅迫を加えた者も罰せられる。

STEP 2

刑法における「公務員」とは、国又は地方公共団体の職員その他法令により公務に従事する議員、委員その他の職員をいう。

本罪の保護法益は**公務の円滑な遂行**であって、公務員そのものではない。また、適法ではない職務執行は保護されるべきではないため、本罪では、条文に書かれてはいないものの、「**職務の適法性**」が必要である。

職務の適法性の要件は、

①一般的抽象的権限に属すること→**「公務」といえること**

②具体的職務権限を持っていること

③法律上重要な要件や方式を守っていること

→法律上「重要な」要件・方式をとっていないときは、適法な職務執行とはいえない。もっとも、**手続上の軽い不備ならば、適法な職務執行といい得る**。

この職務には、直接的な職務と時間的に接着して切り離せない一体的な関係にある業務も含まれる。職務を執行するに「際して」という意味で、職務の執行を開始しようとしたときから、それを終えた時点までの時間的範囲を含む。

本罪は暴行・脅迫が加えられた時点で既遂となる。そのため、現実に職務執行が妨げられる必要はない（抽象的危険犯）。

暴行は、公務員の身体に直接向けられるもの（直接暴行）だけでなく、間接的に物理的・心理的に影響を与えるもの（間接暴行）でもよい。

ここにFocus

❶　公務員とは、国又は地方公共団体の職員その他法令により公務に従事する職員、委員、その他の職員である。

❷　本罪の暴行は、「公務員という人に向けられたもの」である必要がある（直接間接を問わない）。

❸　本罪によって保護されるのは、適法な職務執行である。

❹　行為者には客体が公務員であることの認識が必要である。

❺　「職務執行に当たり」には、職務執行と時間的に接着して切り離せない一体的関係にある範囲内の職務が含まれる。【判例A】【判例B】【判例C】

❻　本罪は抽象的危険犯であり、暴行が執行の妨害となるべき程度であれば成立するから、現実に公務員の職務の執行が妨害される必要はない。【判例D】

❼　本罪の暴行には、（非公務員である補助者に対する等）間接暴行も含まれる。【判例E】【判例F】

判例 A

旧国鉄電車の運転手（公務員）が運転業務を終えてタイムカードを記録する際は「職務執行中」となるか？

Ⓐ「職務執行中」となる。

最決昭54. 1 .10

国鉄の運転士が駅到着後、終業点呼を受けるために当直助役のもとに赴く際は、職務の執行中にあたる。

判例 B

Ⓠ 議会（公務員）の休憩時間は「職務執行中」にあたるか？

Ⓐ「職務執行中」にあたる。

最決平元. 3 .10

議会特別委員会の委員長は、休憩宣言により職務の執行を終えたものではなく、休憩宣言後も職責に基づいて委員会の秩序を保持して紛議に対処するための職務を現に執行していたものと認められる。

判例 C

法令違反の職務も「職務執行」にあたるか？

Ⓐ「職務執行」にあたる。

最判昭27. 3 .28

法令上、税務署員が所得税の調査をするときは身分証明書を携帯しなければならないと規定されているところ、これを携帯していなかったからといって税務署員の調査行為が直ちに職務の執行ではないということにならない。

判例 **D**

Q 警官隊に投石したが当たらず、しかも警官はひるまなかった場合、公務執行妨害は成立するか？

A 成立する（実際に妨害の結果がある必要はない）。

最判昭33. 9 .30

公務執行妨害罪は公務員が職務を執行するに当りこれに対して暴行又は脅迫を加えたときは直ちに成立するものであって、その暴行又は脅迫はこれにより現実に職務執行妨害の結果が発生したことを必要とするものではなく、妨害となるべきものであれば足りうるものである。そして投石行為はそれが相手に命中した場合はもちろん、命中しなかった場合においても本件のような状況の下に行われたときは、暴行であることはいうまでもない。

判例 **E**

Q 公務員に直接触れない暴行（間接暴行）は、公務執行妨害の暴行にあたるか？

A 暴行にあたる（人に向けられた「間接暴行」であるため）。

最判昭33.10.14

差し押さえられて自動車に積載された密造酒入りの瓶を鉈で破砕する行為も公務執行妨害の暴行にあたる。

最決昭34. 8 .27

現場に置かれた覚醒剤のアンプルを踏んで損壊する行為も公務執行妨害の暴行にあたる。

東京地判昭41. 1 .21

国会の議長に向けて議長の机を書類でたたく行為も暴行にあたる。

判例 **F**

Q 非公務員である補助者に対する暴行も本罪の暴行にあたるか？

A 暴行にあたる。

最判昭41. 3 .24

執行官の補助者として家財道具の搬出にあたっている運送会社の作業員を殴打する行為も「執行官」に対する暴行にあたる。

○×問題で復習

Q

〔1〕 甲は、消防署の駐車場に忍び込み、出動する予定がない消防車のタイヤに穴を開けてパンクさせた。この場合、甲には公務執行妨害罪が成立する。

〔2〕 甲は、差し押さえて現場に置かれた覚醒剤のアンプルを踏みつけて損壊した。この場合、甲には公務執行妨害罪が成立する。

〔3〕 甲は、警察官に対しこぶし大の石を投げつけたが、石は頭をかすめただけであった。この場合、甲には公務執行妨害罪が成立する。

〔4〕 甲は、執行官の補助者として家財道具の搬出にあたっている運送会社の作業員を殴打した。この場合、甲には公務執行妨害罪が成立する。

〔5〕 甲は、労働争議に際して検挙に向かった警察官に対し、スクラムを組み労働歌を高唱して気勢をあげた。この場合、甲には公務執行妨害罪が成立する。

解答解説

×〔1〕　甲は、消防署の駐車場に忍び込み、出動する予定がない消防車のタイヤに穴を開けてパンクさせた。この場合、甲には公務執行妨害罪が成立する。

（穴を開けてパンクさせた：暴行が公務員に向けられていない）（甲には公務執行妨害罪が成立する：公務執行妨害罪は成立しない）

○〔2〕　甲は、差し押さえて現場に置かれた覚醒剤のアンプルを踏みつけて損壊した。この場合、甲には公務執行妨害罪が成立する。

（職務執行に関している　職務執行を妨害している　間接暴行をしている）

○〔3〕　甲は、警察官に対しこぶし大の石を投げつけたが、石は頭をかすめただけであった。この場合、甲には公務執行妨害罪が成立する。

（警察官に対しこぶし大の石を投げつけた：公務員に対する暴行である）（石は頭をかすめただけ：暴行が執行の妨害となるべき程度であれば成立する）

○〔4〕　甲は、執行官の補助者として家財道具の搬出にあたっている運送会社の作業員を殴打した。この場合、甲には公務執行妨害罪が成立する。

（公務員である執行官への暴行となる）

×〔5〕　甲は、労働争議に際して検挙に向かった警察官に対し、スクラムを組み労働歌を高唱して気勢をあげた。この場合、甲には公務執行妨害罪が成立する。

（スクラムを組み労働歌を高唱して気勢をあげた：積極的な抵抗をしていないので暴行にあたらない）

証拠隠滅罪

26分

関係条文

刑　法

（証拠隠滅等）
第104条　他人の刑事事件に関する証拠を隠滅し、偽造し、若しくは変造し、又は偽造若しくは変造の証拠を使用した者は、３年以下の懲役又は30万円以下の罰金に処する。

こんな問題が出る！

次は、証拠隠滅罪に関する記述であるが、誤りはどれか。

〔１〕 本罪は、国家の刑事司法作用を妨害する罪であり、犯人自身が**自ら**実行する場合は罰せず、**第三者が行った場合だけ**を犯罪としている。

〔２〕 本罪は、「他人の刑事事件に関する証拠」を隠滅した場合に成立するが、**共犯事件**について、共犯者の証拠を隠滅する行為については、**自己のためにする意思が併存**していたか否かにかかわらず、本罪が成立する。

〔３〕 「刑事事件」には、捜査の段階における**「被疑事件」**も含まれる。

〔４〕 「証拠」とは、**犯罪の成否・態様・刑の軽重に影響を及ぼすべき事情**を決定するに足る一切の資料をいう。

〔５〕 「隠滅」とは、**証拠の効力を滅失・減少させる全ての行為**を指し、必ずしも証拠の物理的な滅失に限定されるものではない。

〔解答〕〔２〕

STEP 1

証拠隠滅等罪（104条）

証拠隠滅罪は、他人の刑事事件の証拠（例：犯行に用いられた凶器、犯行を目撃した証人）を隠滅するような、犯罪者に対する司法権の発動を阻害する行為（＝適切な捜査の邪魔

偽造
「偽造」とは、もともと存在しない証拠を新たに作成すること

をすること。）を処罰する。

STEP 2

本罪の保護法益は刑事司法である。本罪は犯罪者に対する司法権の発動を阻害する行為（＝適切な捜査の邪魔をすること。）を禁止しようとする趣旨である。

証拠は「刑事事件に関する」ものであることを要する。「他人」とは、行為者以外の者をいう。したがって、**行為者が「自己」の刑事事件の証拠を隠滅する行為は処罰されない。**

刑法は、偽証罪（Chapter 6）以外の虚偽供述を不処罰としており、参考人が捜査官に虚偽供述をし、それに基づき供述調書が作成された場合であっても証拠偽造罪は成立しない。そもそも、捜査官に対する供述は、供述調書が録取されるのが通常だが、虚偽供述に基づき内容虚偽の供述調書が作成された場合に証拠偽造罪の成立を認めると、虚偽供述自体につき同罪の成立を認めたのと同じことになり、捜査段階の参考人に真実を供述する義務を課し、これを刑罰で担保する結果となってしまう。

この場合、一旦虚偽供述をしてそれが供述調書に録取されると、後の取調べのみならず公判廷での証人尋問においても、真実を述べようとしても、証拠偽造罪に問われる危険を心配して従前の虚偽供述を変えることを躊躇してしまい、かえって公判廷での真実発見が阻害される弊害があるため、不処罰としている。

証拠とは、犯罪の成否・態様・刑の軽重に影響を及ぼすべき事情を決定する一切の資料のことをいい、資料などの物的証拠のほか、証人や参考人などの人的証拠も証拠にあたる。

公訴提起後び刑事被告事件だけでなく、**公訴提起前の被疑事件も本罪における「刑事事件」として含まれる。**

自己の刑事事件の証拠を隠滅する行為は処罰されないが、自己の刑事事件と他人の刑事事件に共通する証拠を隠滅したとき、「専ら」他人のためにする隠滅の場合は、「他人」の刑

をいう。

変造

「変造」とは、証拠を加工して効果を変更することをいう。

事事件に関する証拠として、本罪が成立する。

参考人が虚偽供述をし、それに基づき供述調書が作成された場合は、本罪における証拠にはあたらず、本罪は成立しない。

犯人が他人をそそのかして自己の刑事事件に関する証拠を隠滅させた場合、証拠隠滅罪が成立する。

ここに Focus

❶　どの段階（裁判段階、捜査段階（被疑事件）又は捜査の開始前）の事件も「刑事事件」に含む。【判例A】

❷　本罪が成立するのは、他人の刑事事件のみである。【判例B】

❸　人的証拠としての証人や参考人も「証拠」にあたる。【判例A】

❹　「証拠」とは、犯罪の成否・態様・刑の軽重に影響を及ぼすべき事情を決定するに足る一切の資料をいう。

❺　「隠滅」とは、証拠の顕出を妨げ、又は証拠としての価値を滅失・減少させる行為の全てをいう。

❻　「偽造」とは、もともと存在しない証拠を新たに作成することをいい、「変造」とは証拠を加工して効果を変更することをいう。

❼　参考人の虚偽の供述が書かれた供述調書は、本罪の証拠にあたらない。【判例C】

❽　他人を教唆して自己の事件に関する証拠を隠滅する行為は、本罪の教唆犯となる。【判例D】

判例

Ⓠ 捜査段階の参考人も証拠にあたるか？

Ⓐ 証拠にあたる。

最決昭36. 8 .17

刑法104条の証拠隠滅罪は犯罪者に対する司法権の発動を阻害する行為を禁止しようとする趣旨であるから、捜査段階における参考人にすぎない者も本条にいう「他人の刑事被告事件に関する証拠」にあたり、これを隠匿すれば証拠隠滅罪が成立する。

判例

B

Ⓠ 「自己の」刑事事件と共犯者である「他人の」刑事事件に共通する証拠を隠滅した場合、証拠隠滅罪は成立するか？

Ⓐ 成立しない（「専ら」他人のためにする場合を除く）。

東京地判昭36. 4 . 4

自己の刑事被告事件に関する証拠が同時に共犯者の刑事被告事件に関する証拠である場合であっても自己の利益のためにこれを隠滅するときは、たとえそれが同時に共犯者の利益にもなるにしても、「他人の」刑事事件とはいえず、証拠隠滅罪は成立しない。

判例 C

Q 参考人の虚偽供述が録取された書面は証拠偽造罪における「証拠」か？

A 証拠ではないので、証拠偽造罪は成立しない。

被告人が共犯者と共に警察署を訪れ、警察官らと相談し、知人の暴力団員が覚醒剤を所持しているのを目撃した旨の共犯者を供述者とする内容虚偽の供述調書を作成して証拠を偽造した事案。

最決平28. 3 .31

他人の刑事事件に関し、被疑者以外の者が捜査機関から参考人として取調べを受けた際、虚偽の供述をしたとしても、刑法104条の証拠偽造罪に当たるものではないと解されるところ、その虚偽の供述内容が供述調書に録取されるなどして、書面を含む記録媒体上に記録された場合であっても、そのことだけをもって、同罪に当たるということはできない。（中略）

本件では、架空の事実に関する令状請求のための証拠を作り出す意図で、各人が相談しながら虚偽の供述内容を捜索、具体化させて書面にしているため、証拠偽造罪に当たる。

判例 D

Q 犯人が他人を教唆して自己の刑事事件に関する証拠を隠滅させた場合は？

A 証拠偽造罪の教唆犯が成立する。

最決昭40. 9 .16

犯人が他人を教唆して、自己の刑事被告事件に関する証憑を偽造させたときは、刑法104条の証拠偽造罪の教唆犯が成立する。

○×問題で復習

Q

〔1〕 甲は、無実の乙を陥れる意図で、「無実の証明に役立つ証拠」を隠滅した。甲には証拠隠滅罪が成立しない。

〔2〕 甲は、友人乙の犯行を目撃した丙を山小屋に軟禁した。甲には証拠隠滅罪が成立する。

〔3〕 甲は、犯行部屋に付着していた殺人犯である自身の指紋を消した。甲には証拠隠滅罪が成立する。

〔4〕 殺人犯人甲が、友人乙に頼み犯行に使用した自分の血の付いたナイフを川に捨てさせた。甲には、証拠隠滅教唆罪が成立しない。

〔5〕 甲は、友人乙が丙を殺害した事実を知り、乙の罪を免れさせようと考え、捜査機関が同事実の存在を知る前に、自殺する旨の記載のある丙名義の遺書を作成して丙の遺族に送付した。捜査機関はいまだ捜査を開始していないので、甲に証拠偽造罪は成立しない。

解答解説

×〔1〕 甲は、無実の乙を陥れる意図で、「無実の証明に役立つ証拠」を隠滅した。甲
犯罪の成否・態様・刑の軽重に影響を及ぼすものは証拠となる
には証拠隠滅罪が成立しない。

○〔2〕 甲は、友人乙の犯行を目撃した丙を山小屋に軟禁した。甲には証拠隠滅罪が成
証人や参考人も「証拠」にあたる　軟禁も隠滅にあたる
立する。

×〔3〕 甲は、犯行部屋に付着していた殺人犯である自身の指紋を消した。甲には証拠
自己の刑事事件の証拠を隠滅する行為は処罰されない
隠滅罪が成立する。

×〔4〕 殺人犯人甲が、友人乙に頼み犯行に使用した自分の血の付いたナイフを川に捨
犯人が他人をそそのかして自己の刑事事件に関する証拠を隠滅させる行為も罰せられる
てさせた。甲には、証拠隠滅教唆罪が成立しない。

×〔5〕 甲は、友人乙が丙を殺害した事実を知り、乙の罪を免れさせようと考え、捜査機関が同事実の存在を知る前に、自殺する旨の記載のある丙名義の遺書を作成して丙の遺族に送付した。捜査機関はいまだ捜査を開始していないので、甲に証拠
捜査の開始前の事件でも成立する
偽造罪は成立しない。

3 犯人蔵匿・隠避罪

関係条文

刑　法

(犯人蔵匿等)

第103条　罰金以上の刑に当たる罪を犯した者又は拘禁中に逃走した者を蔵匿し、又は隠避させた者は、３年以下の懲役又は30万円以下の罰金に処する。

こんな問題が出る!

次は、犯人蔵匿・隠避罪に関する記述であるが、誤りはどれか。

〔1〕 本罪の客体は「罰金以上の刑に当たる罪を犯した者」又は「拘禁中に逃走した者」であるが、前者には、犯罪の嫌疑があり、**被疑者として捜査中の者も含まれる。**

〔2〕 本罪の実行行為は、犯人等を「蔵匿」又は「隠避」させることである。「蔵匿」とは、場所を提供してかくまうことであり、「隠避」とは、**蔵匿以外の方法により捜査機関等による発見・身柄の拘束を免れさせるあらゆる方法**をいう。

〔3〕 いまだ**捜査機関に発覚していない犯罪の犯人を隠避**させた場合も本罪が成立し、また、隠避行為があれば、たとえ捜査機関が真犯人ないしその所在を知っていたとしても、本罪が成立する。

〔4〕 公訴時効の完成、刑の廃止、恩赦等により刑事訴追・処罰の可能性がなくなった者、**親告罪で告訴がまだ提出されていない者**については、刑事司法作用を侵害する危険性がないので、本罪の客体になり得ない。

〔5〕 既に被疑者が逮捕・勾留されている場合に、その者を釈放するため、身代わり犯人を仕立てて警察へ**出頭・虚偽の自白をさせることは「隠避」にあたる。**

〔解答〕〔4〕

STEP 1

犯人蔵匿・隠避罪（103条）

罰金以上の罪を犯した人又は拘禁中に逃げた人を蔵匿又は隠避する行為を処罰するものである。

STEP 2

「罰金以上の刑」＝「死刑」・「懲役」・「禁錮」・「罰金」のこと。

「拘禁中の者」＝勾留中の被疑者・被告人、懲役・禁錮・拘留刑の受刑者、勾引状の執行を受けて留置中の証人など。

「蔵匿」＝犯人が捜査機関に検挙されないように、隠れる場所を提供すること。

「隠避」＝蔵匿以外の方法で捜査機関の発見又は逮捕を免れさせる一切の行為のこと。

本条は、司法に関する国権の作用を妨害する者を処罰する趣旨である（犯人が捕まらないと国の秩序は守られない。犯人を捕まえる行為の妨害＝国の秩序を守る行為の妨害となる。）。

犯人が、官憲の拘束から逃げることは、人間として自然の行動と考えられているため、犯人自身は本罪の主体に含まれない。よって、犯人自らが逃げ隠れする行為は処罰されない。

ここに Focus

❶　蔵匿とは、官憲(捜査機関)の発見・逮捕を免れるべき隠匿（隠れる）場所の提供をいう。

❷　「隠避」とは、蔵匿以外の方法により官憲の発見・逮捕を免れさせる一切の行為をいう。

❸　犯人蔵匿及び隠避における「犯人」、「罪を犯した者」とは、罰金以上の刑に当たる罪を犯した者のことである。

❹　「罪を犯した者」には、犯罪の嫌疑を受けて、捜査又は訴追されている者も含まれる。**【判例A】**

❺　「罪を犯した者」には、教唆犯や幇助犯も含まれる。

❻　真犯人であることを知り、かくまったときは、犯罪発覚前でも本罪が成立する。**【判例B】**

❼　親告罪で告訴がまだ提出されていない者等も、起訴される可能性があるので本罪の客体（罪を犯した者）になる。

❽　犯人蔵匿罪は捜査を現実に妨害した結果は必要でなく、妨害の可能性があればよい。

❾　未逮捕の人物の身代わり犯人として出頭するのは「隠避」にあたる。**【判例D】【判例E】**

❿　既に逮捕されている人物の身代わりとして出頭するのは「隠避」にあたる。**【判例E】**

⓫　犯人が他人に自身の隠避を教唆をした場合、犯人に犯人隠避教唆罪が成立する。**【判例F】**

⓬　「罪を犯した者」には死者も含まれる。**【判例G】**

判例
A

Q 「罪を犯した者」に捜査対象者（まだ犯人と確定していないが、疑いのある人）は入るか？
A 捜査対象者に入る。

最判昭24. 8 . 9
　刑法第103条は司法に関する国権の作用を妨害する者を処罰しようとするのであるから、「罪を犯した者」は犯罪の嫌疑によって捜査中の者をも含むと解釈しなくては、立法の目的を達し得ない。

判例
B

Q 「真犯人」であることを知りながらかくまったときは、犯罪発覚前でも本条が成立する？
A 成立する。

最判昭28.10. 2
　罰金以上の刑にあたる罪を犯した者であることを知りながら、官憲の発見、逮捕を免れるように、これをかくまった場合には、その犯罪がすでに捜査官憲に発覚して捜査が始まっているかどうかに関係なく、犯人蔵匿罪が成立する。

判例
C

Q 裁判の結果、かくまわれた人が不起訴になった場合、かくまった人は処罰されるか？
A 処罰される。

東京高判昭37. 4 .18
　刑法第103条の規定は司法に関する国が犯人を捕まえることを妨害する者を処罰する趣旨であるから、現に捜査が行われている事件に関連して罰金以上の刑にあたる罪を犯したものとして逮捕状が発付されている者であることを知りながら、その逮捕を免れさせる意図の下に犯人を隠避した場合直ちに犯人隠避の罪が成立し、その後犯人が当該事件につき不起訴処分を受けたとしても、一旦成立した犯人隠避罪に影響はないと解する。

判例

Q 未逮捕の人物の身代わり犯人として出頭するのは「隠避」にあたるか？

A 隠避にあたる。

大判大 4 . 8 .24

まだ捕まっていない犯人の身代わりとして警察に出頭し、自分が犯人であると申し立てる行為も、「隠避」にあたる。

判例
E

Q 既に逮捕されている人物の身代わりとして出頭するのは「隠避」にあたるか？

A 隠避にあたる。

最決平元. 5 . 1

刑法103条は、捜査、審判及び刑の執行等広義における刑事司法の作用を妨害する者を処罰しようとする趣旨の規定であって、同条にいう「罪を犯した者」には、犯人として逮捕勾留されている者も含まれ、その者が現になされている身柄の拘束を免れさせるような性質の行為（ここでは身代わり行為）も同条にいう「隠避」に当たる。

最決平29. 3 .27

被告人は、道路交通法違反及び自動車運転過失致死の各罪の犯人がAであると知りながら、Aとの間で、Aの車が盗まれたことにするという、Aを犯人として身柄の拘束を継続することに疑念を生じさせる内容の口裏合わせをした上、参考人として警察官に対して前記口裏合わせに基づいた虚偽の供述をしたものである。このような被告人の行為は、刑法103条にいう「罪を犯した者」が現にされている身柄の拘束を免れさせるような性質の行為と認められるのであって、同条にいう「隠避させた」にあたると解するのが相当である。

判例
F

Q 犯人が第三者に「かくまってくれ」と頼んでかくまってもらった場合は？

A 犯人には犯人隠避の教唆罪が成立する。

最決昭40. 2 .26

犯人自身の単なる隠避行為が罪とならないのは、これらの行為は刑事訴訟法における被告人（犯人）の防御の自由の範囲内に属するからであり、他人を教唆してまでその目的を遂げようとすることは防御権の濫用である。……犯人には、犯人隠避教唆罪が成立する。

判例
G

Q 「罪を犯した者」が死者である場合にも犯人隠避罪は成立するか？

A 成立する。

札幌高判平17. 8 .18

本条は、捜査、審判及び刑の執行等広義における刑事司法の作用を妨害する者を処罰しようとする趣旨の規定である。そして、捜査機関に誰が犯人か分かっていない段階で、捜査機関に対して自ら犯人である旨虚偽の事実を申告した場合には、それが犯人の発見を妨げる行為として捜査という刑事司法作用を妨害し、同条にいう「隠避」にあたることは明らかであり、そうとすれば、犯人が死者であってもこの点に変わりはない。

○×問題で復習

Q

〔1〕 甲は、軽犯罪法（拘留又は科料に処せられる。）の犯人乙をかくまった。甲には犯人蔵匿罪は成立しない。

〔2〕 甲は、殺人事件の被疑者として逮捕状が発付されている乙は犯人ではないと信じ、乙に隠れ家を提供して同人をかくまった。その後、発見逮捕された乙が真犯人であることが明らかとなり、同人に対する有罪判決が確定した。甲は乙が犯人ではないと誤信していたので、甲に犯人蔵匿罪は成立しない。

〔3〕 甲は、傷害致死事件で勾留されている友人乙の起訴を免れさせるために、丙に対し、乙の身代わり犯人となるように唆し、これにより丙は、警察に出頭して上記傷害事件の真犯人は自分である旨虚偽の事実を申告した。乙は既に拘束されているので、甲に犯人隠避教唆罪は成立しない。

〔4〕 甲は、殺人事件の被疑者として警察に追われていたため、友人乙にその事情を打ち明けて乙所有の別荘に住まわせてくれるように依頼し、これを承諾した乙から同別荘の鍵を受け取って同別荘に身を隠した。犯人自身には逃げ隠れしないことを期待できないのであるから、甲に犯人蔵匿教唆罪は成立しない。

解答解説

○〔1〕 甲は、軽犯罪法（拘留又は科料に処せられる。）の犯人乙をかくまった。甲に
罰金以上の刑にあたらない
は犯人蔵匿罪は成立しない。

×〔2〕 甲は、殺人事件の被疑者として逮捕状が発付されている乙は犯人ではないと信じ、乙に隠れ家を提供して同人をかくまった。その後、発見逮捕された乙が真犯人であることが明らかとなり、同人に対する有罪判決が確定した。甲は乙が犯人
真犯人でなく
ではないと誤信していたので、甲に犯人蔵匿罪は成立しない。
とも、被疑者として捜査の対象となっていることを知っているため、蔵匿にあたる

×〔3〕 甲は、傷害致死事件で勾留されている友人乙の起訴を免れさせるために、丙に対し、乙の身代わり犯人となるように唆し、これにより丙は、警察に出頭して上
身代わりとなる行為も隠避になる
記傷害事件の真犯人は自分である旨虚偽の事実を申告した。乙は既に拘束されて
既に拘束されている者
いるので、甲に犯人隠避教唆罪は成立しない。
を隠避しても罰せられる

×〔4〕 甲は、殺人事件の被疑者として警察に追われていたため、友人乙にその事情を
自身の隠避を教唆する
打ち明けて乙所有の別荘に住まわせてくれるように依頼し、これを承諾した乙か
行為も、罰せられる
ら同別荘の鍵を受け取って同別荘に身を隠した。犯人自身には逃げ隠れしないことを期待できないのであるから、甲に犯人蔵匿教唆罪は成立しない。

逃走に関する罪

関係条文

刑　法

（逃走）

第97条　裁判の執行により拘禁された既決又は未決の者が逃走したときは、１年以下の懲役に処する。

（加重逃走）

第98条　前条に規定する者又は勾引状の執行を受けた者が拘禁場若しくは拘束のための器具を損壊し、暴行若しくは脅迫をし、又は二人以上通謀して、逃走したときは、３月以上５年以下の懲役に処する。

（被拘禁者奪取）

第99条　法令により拘禁された者を奪取した者は、３月以上５年以下の懲役に処する。

（逃走援助）

第100条　法令により拘禁された者を逃走させる目的で、器具を提供し、その他逃走を容易にすべき行為をした者は、３年以下の懲役に処する。

2　前項の目的で、暴行又は脅迫をした者は、３月以上５年以下の懲役に処する。

（看守者等による逃走援助）

第101条　法令により拘禁された者を看守し又は護送する者がその拘禁された者を逃走させたときは、１年以上10年以下の懲役に処する。

（未遂罪）

第102条　この章の罪の未遂は、罰する。

こんな問題が出る!

次は、「逃走に関する罪」に関する記述であるが、誤りはどれか。

〔1〕 **単純逃走罪**は、裁判の執行により拘禁された既決又は未決の者が、暴行、脅迫等の**手段を用いないで**逃走することによって成立する犯罪である。

〔2〕 **加重逃走罪**は、被拘禁者が逃走する際、損壊等の手段を用いるなど**一定の加重事由がある場合**に刑が加重されて処罰されるものである。

〔3〕 被拘禁者奪取罪は、勾引状の執行を受けた者を奪取した場合に成立するが、勾引状の執行を受けた者には、**現行犯逮捕された者や緊急逮捕されて令状が発せられる前の者**は含まれない。

〔4〕 逃走援助暴行罪は、法令により拘禁されている者を逃走させる目的で暴行又は脅迫の手段を用いて逃走を容易にさせた場合に成立し、**逃走の教唆や幇助とされるような行為を独立して処罰**するものである。

〔5〕 逃走の罪は、その主体が拘禁状態から**離脱した**時、すなわち、看守者の実**力的支配を完全に脱した**時、**既遂**となる。

〔解答〕〔3〕

STEP 1

逃走に関する罪は、拘禁されている者がその場所から逃走する行為を処罰するものである。

STEP 2

保護法益は国の拘禁作用である。拘禁されている者がみずから単に逃走する行為は、その者の心情からみて無理もない面がある（=「適法行為の**期待可能性**」が乏しい。）。そのため、「1年以下の懲役」と刑が軽くなっている。

逃走に関する罪は、【1】単純逃走罪（97条）、【2】加重逃走罪（98条）、【3】被拘禁者奪取罪（99条）、【4】逃走援助罪（100条）に分けられる。

【1】単純逃走罪（97条）

主体は、「裁判の執行により③拘禁された①**既決**又は②**未決**

の者」である（＝**身分犯**）。

①既決の者

刑の言渡しが確定し、それによって拘禁されている者をいう。

例：死刑の執行まで拘置されている者（11条２項）
懲役・禁錮・拘留の執行として拘置されている者（12条２項・13条２項・16条）
罰金・科料を完納できないため労役場に留置されている者（18条２項・３項）など。

②未決の者

「未決の者」とは、勾留されている被疑者・被告人である。

③拘禁された

「拘禁された」とは、現に「刑事施設に拘禁されている」ことをいう。

※「少年院」は「刑事施設」ではない（したがって、少年院から逃げても逃走罪・加重逃走罪は成立しない。）。

本罪においては、拘禁作用の侵害（保護法益）を開始すれば、**実行の着手（＝未遂）が認められることになる**。その上で、**行為者が看守者の実力的支配を完全に脱すれば、本罪は既遂**となる（例：追跡されている場合は、追手を振り切れば、実力的支配を脱したことになる。）。逃走罪は、一度既遂に達すれば、犯罪自体が終了し、法益の侵害されている状態のみ存続する。（＝**状態犯**）

【２】加重逃走罪（98条）

①「裁判の執行により拘禁された既決・未決の者」（＝前条に規定する者）、又は「**勾引状の執行を受けた者**」が、②「拘禁場」又は「拘束のための器具」を「損壊」するか、「暴行」又は「脅迫」をするか、「通謀」したときに成立する（①の者が②のいずれか一つでも行った場合に成立する。）。

加重逃走罪の趣旨は、行為態様が悪質なものにつき、単純逃走罪（97条）より主体の範囲を広げ、かつ、重く処罰するものである。

通謀は、逃走しようとする者同士が同一の機会を利用して逃走する意思を連絡していることを要する。そのため、被拘禁者が外部の者と連絡を取り合っていても、通謀にはならない。

勾引状の執行を受けた者

勾引状の執行を受けた者には、勾引された**証人**（刑訴法152条以下・民訴法194条）、逮捕状により逮捕された**被疑者**などが含まれる。

※現行犯として逮捕されている被疑者は、「勾引状の執行を受けた者」とはいえない。

※少年院に収容されている者は、「裁判の既決·未決の者」でもなく、「勾引状の執行を受けた者」でもない。

【3】被拘禁者奪取罪（99条）

「客体」は、「法令により拘禁された者」である。

「裁判の執行により拘禁された既決・未決の者」·「勾引状の執行を受けた者」のほか、法令に基づき国家機関によって身体の自由を拘束されている者は本罪の客体となる。

※現行犯逮捕された者や緊急逮捕されて令状が発せられる前の者も含む。

※少年院は刑事施設ではないが、本罪（被拘禁者奪取罪）においてのみ、少年院に収容されている者も本罪の客体に含まれる。

【4】逃走援助罪（100条）

「法令により拘禁された者を逃走させる目的」で、逃走罪（97条）の従犯（共犯:幇助犯）となるべき①「逃走を容易にすべき行為」（1項）、又は、②「暴行·脅迫をする行為」（2項）をした者に対して、**独立して処罰**するものである。

・受刑者自らが逃走　→単純逃走罪・加重逃走罪
・受刑者を逃走させる→被拘禁者奪取罪・逃走援助罪・看守者等逃走援助罪

ここにFocus

【単純逃走罪】

❶　主体である「未決の者」は、勾留されている被疑者・被告人である。

❷　「少年院」は「刑事施設」ではないので、少年院からの脱走は逃走罪に問われない（少年院法に沿って逃げた者の連れ戻しが行われる。）。

❸　行為者が看守者の実力的支配を完全に脱すれば、本罪は既遂となる。

❹　「拘禁場・拘束器具の損壊」・「暴行・脅迫」・「通謀」を手段とした逃走には、単純逃走罪ではなく、より重い「加重逃走罪」が成立する。

【加重逃走罪】

❺　単純逃走罪・加重逃走罪の「勾引状の執行を受けた者」には、逮捕状により逮捕された被疑者などが含まれる。

❻　加重逃走罪において、拘禁されている者が外部の人物と意思の連絡をしても、「通謀」にはあたらない。

❼　加重逃走罪が成立するには、通謀した者らがともに逃走行為に「着手」することが必要である。**【判例A】**

❽　加重逃走罪で拘禁場・拘束器具の損壊を手段とするときは、逃走の意図で「損壊行為を開始したとき」に着手がある。**【判例B】**

【被拘禁者奪取罪】

❾　被拘禁者奪取罪の「客体」には、少年院に収容されている者も含む。**【判例D】**

❿　被拘禁者奪取罪の「客体」には、現行犯逮捕された者や緊急逮捕されて令状が発せられる前の者も含む。

【逃走援助罪】

⓫　逃走援助罪は逃走罪の従犯（＝共犯：幇助犯）となるべき行為を独立して処罰する。

判例
A

Q 複数人で逃走を企て、全員ではなく一部の者のみが逃走に成功した。逃走に成功しなかった者は「加重逃走罪」の「既遂」となるか？

A 加重逃走罪の「未遂」となる。

佐賀地判昭35. 6 .27

加重逃走罪が成立するには、通謀した２人以上の者がともに逃走に着手することが必要である。したがって、例えば、３人の通謀者のうち、２人は逃走を遂げたが、第３人目の者は逃走に着手したのみだった場合、その者（３人目）は、加重逃走の未遂罪が成立するにとどまり、着手もしていない場合は、未遂罪も成立しないのである。

判例
B

Q 拘禁場・拘束器具を損壊したが、逃走できなかった場合は、加重逃走罪は成立するか？

A 実行の着手があるため、加重逃走罪の未遂罪が成立する。

拘禁場に収容されていた未決の囚人３人が、共謀して逃走するために、換気孔の周辺を損壊したが、脱出可能な穴を空けられず、逃走できなかった事案。

最判昭54.12.25

刑法98条の加重逃走罪のうち拘禁場又は器具の損壊によるものについては、逃走の手段としての損壊が開始されたときには、逃走行為自体に着手した事実がなくとも、加重逃走罪の実行の着手があるものと解するのが相当である。これを本件についてみると、被告人ほか３名は、いずれも未決の囚人として拘置支所第３舎第31房に収容されていたところ、共謀のうえ、逃走の目的をもって、房の一部を最大幅約５cm、最長約13cmにわたって削り取り損壊したが、脱出可能な穴を開けることができず、逃走の目的を遂げなかった。この場合、刑法98条のいわゆる加重逃走罪の実行の着手がある。

判例
C

Ⓠ 逃走のために拘禁場の損壊をした場合、加重逃走罪のほかに建造物損壊罪も成立するか？

Ⓐ 加重逃走罪のみが成立する。

金沢地判昭57. 1 .13

既決、未決の囚人が拘禁場である建造物の天井の一部を損壊して逃走を企てた場合については、右建造物損壊の点は加重逃走罪の構成要件的評価の対象に含まれているものと考えるのが相当であるから、加重逃走罪が成立するにとどまり、別個に建造物損壊罪は成立しないものと解する。

判例
D

Ⓠ 少年院は刑事施設ではないが、少年院にいる者を奪取した場合、被拘禁者奪取罪は成立するか？

Ⓐ 被拘禁者奪取罪は成立する。

福岡高宮崎支判昭30. 6 .24

少年院に収容されている者も被拘禁者奪取罪の客体にあたる。

○×問題で復習

Q

〔1〕 甲は刑務所内の居房の扉を合鍵で開けた段階で看守に捕まった。この場合、甲には逃走罪の未遂罪が成立する。

〔2〕 甲は建物の外には出たが、まだ刑務所の「塀」の中にいる。この場合、甲には逃走罪の既遂が成立する。

〔3〕 甲は刑務所の塀を誰にも見つからずに乗り越えて外に出た。この場合、甲には逃走罪の未遂罪が成立する。

〔4〕 甲は追跡されながら、刑務所の塀を降りたところを看守に逮捕された。この場合、甲には逃走罪の未遂罪が成立する。

〔5〕 甲は刑務所の塀を降りたところで看守に発見されたが、逃げ切った。この場合、甲には逃走罪の既遂が成立する。

〔6〕 甲は、少年院から逃走した。この場合、甲には逃走罪・加重逃走罪いずれも成立しない。

〔7〕「勾引状の執行を受けた者」は加重逃走罪の主体となるが、「勾引状」には逮捕状も含まれる。

〔8〕 留置場に勾留中の被疑者が、引き当たり捜査中に手錠と腰縄を損壊することなく外した上で逃走した。この場合、甲には加重逃走罪は成立しない。

〔9〕 拘禁施設の施設外へ逃走した被疑者を、拘禁施設の敷地内にいた看守者が発見し、追跡を開始した場合、いかに拘禁施設から遠く離れようとも、看守者の追跡が継続する限り、被疑者の単純逃走罪は既遂とならない。

解答解説

○〔1〕 甲は刑務所内の居房の扉を合鍵で開けた段階で看守に捕まった。この場合、甲
行為者が看守者の実力的支配を完全に脱していないので未遂
には逃走罪の未遂罪が成立する。

×〔2〕 甲は建物の外には出たが、まだ刑務所の「塀」の中にいる。この場合、甲には
行為者が看守者の実力的支配を完全に脱していないので未遂
逃走罪の既遂が成立する。

×〔3〕 甲は刑務所の塀を誰にも見つからずに乗り越えて外に出た。この場合、甲には
行為者が看守者の実力的支配を完全に脱しているので既遂
逃走罪の未遂罪が成立する。

○〔4〕 甲は追跡されながら、刑務所の塀を降りたところを看守に逮捕された。この場
行為者が看守者の実力的支配を完全に脱していないので未遂
合、甲には逃走罪の未遂罪が成立する。

○〔5〕 甲は刑務所の塀を降りたところで看守に発見されたが、逃げ切った。この場合、
行為者が看守者の実力的支配を完全に脱しているので既遂
甲には逃走罪の既遂が成立する。

○〔6〕 甲は、少年院から逃走した。この場合、甲には逃走罪･加重逃走罪いずれも成
少年院からの脱走は逃走罪に問われない
立しない。

○〔7〕「勾引状の執行を受けた者」は加重逃走罪の主体となるが、「勾引状」には逮捕
逮捕状も含まれる
状も含まれる。

○〔8〕 留置場に勾留中の被疑者が、引き当たり捜査中に手錠と腰縄を損壊することなく外した上で逃走した。この場合、甲には加重逃走罪は成立しない。

拘禁場・拘束器具の損壊がないので、加重逃走罪は成立しない

○〔9〕 拘禁施設の施設外へ逃走した被疑者を、拘禁施設の敷地内にいた看守者が発見し、追跡を開始した場合、いかに拘禁施設から遠く離れようとも、看守者の追跡が継続する限り、被疑者の単純逃走罪は既遂とならない。

行為者が看守者の実力的支配を完全に脱していない

Chapter 5 賄賂罪 37分

関係条文

刑　法

（収賄、受託収賄及び事前収賄）

第197条　公務員が、その職務に関し、賄賂を収受し、又はその要求若しくは約束をしたときは、5年以下の懲役に処する。この場合において、請託を受けたときは、7年以下の懲役に処する。

2　公務員になろうとする者が、その担当すべき職務に関し、請託を受けて、賄賂を収受し、又はその要求若しくは約束をしたときは、公務員となった場合において、5年以下の懲役に処する。

（第三者供賄）

第197条の2　公務員が、その職務に関し、請託を受けて、第三者に賄賂を供与させ、又はその供与の要求若しくは約束をしたときは、5年以下の懲役に処する。

（加重収賄及び事後収賄）

第197条の3　公務員が前2条の罪を犯し、よって不正な行為をし、又は相当の行為をしなかったときは、1年以上の有期懲役に処する。

2　公務員が、その職務上不正な行為をしたこと又は相当の行為をしなかったことに関し、賄賂を収受し、若しくはその要求若しくは約束をし、又は第三者にこれを供与させ、若しくはその供与の要求若しくは約束をしたときも、前項と同様とする。

3　公務員であった者が、その在職中に請託を受けて職務上不正な行為をしたこと又は相当の行為をしなかったことに関し、賄賂を収受し、又はその要求若しくは約束をしたときは、5年以下の懲役に処する。

（あっせん収賄）

第197条の4　公務員が請託を受け、他の公務員に職務上不正な行為をさせるように、又は相当の行為をさせないようにあっせんをすること又はしたことの報酬として、賄賂を収受し、又はその要求若しくは約束をしたときは、5年以下の懲役に処する。

（没収及び追徴）

第197条の5　犯人又は情を知った第三者が収受した賄賂は、没収する。その全部又は一部を没収することができないときは、その価額を追徴する。

（贈賄）

第198条　第197条から第197条の4までに規定する賄賂を供与し、又はその申込み若しくは約束をした者は、3年以下の懲役又は250万円以下の罰金に処する。

こんな問題が出る!

次は、賄賂罪に関する記述であるが、誤りはどれか。

〔1〕 賄賂罪は、**公務員の職務の公正**とこれに対する**社会の一般の信頼を保つため**にあり、公務員が特定の人の利益を図ることで、その他の人がその利益を受けられないという不公平な公務の執行を罰する。

〔2〕 **受託**収賄罪とは、公務員が、その職務に対し、請託を受けて賄賂を収受・要求・約束する罪である。

〔3〕 **事前**収賄罪とは、公務員に**なろうとする者**が、その担当すべき職務に関し、**請託を受けて**賄賂を収受・要求・約束する罪であり、その者が公務員となった場合において成立する。

〔4〕 **事後**収賄罪とは、公務員で**あった者**が、その在職中に請託を受けて職務上不正の行為をなし、又は相当の行為をなさなかったことに関し、賄賂を収受・要求・約束する罪である。

〔5〕 あっせん収賄罪とは、公務員が請託を受けて他の公務員に対して職務行為をあっせんすることの報酬として賄賂を収受・要求・約束する罪であり、その**職務行為が不正であるか否かは問わない**。

〔解答〕〔5〕

STEP 1

収賄、受託収賄及び事前収賄（197条）

公務員が、その地位に伴い公務として取り扱うべき一切の執務（職務）に関し、賄賂を収受し、又はその要求若しくは約束をしたとき、請託を受けたとき罰せられる。

公務員になろうとする者が、その担当すべき職務に関し、請託を受けて、賄賂を収受し、又はその要求若しくは約束をしたときは、公務員となった場合に罰せられる。

賄賂
賄賂とは公務員の職務に対する対価としての不正な報酬をいう。

STEP 2

賄賂罪は、公務員の職務の公正とこれに対する社会一般の

信頼を保護法益とする。賄賂罪は以下のとおり、複数の種類がある。

賄賂に関する罪は、公務員が犯す収賄罪と、非公務員が犯す贈賄罪の２種類に分けられる。

【１】（単純）収賄罪（197条１項前段）

例：市役所土木課の入札担当者が、工事事業者から「工事でいつもお世話になります」と言われ、お金を渡され、受け取る行為

構成要件：①公務員が　②職務に関し　③賄賂を収受・要求・約束したこと

【２】受託収賄罪（197条１項後段）

例：国土交通大臣が、工事事業者から「工事の受注の件、お願いしますね」と言われ（請託）、お金を渡された際に「任せろ」と答える行為

構成要件：前記単純収賄の構成要件（①～③）に加え、④請託を受けたこと

【３】事前収賄罪（197条２項）

例：市長選に立候補する候補者が、土木事業者から「市長になったら、ウチの会社に工事の発注をお願いしますね」と言われるとともに、金銭を渡され、「任せなさい」と答える行為。ただし、市長選に当選した場合に成立する。

構成要件：①公務員になろうとする者が　②担当すべき職務について　③請託を受けて　④賄賂を収受・要求・約束したこと　⑤公務員となったこと

【４】第三者供賄罪（197条の２）

例：国土交通大臣が、工事事業者から「工事の受注の件、お願いしますね」と言われ、「任せろ。では、私の政治団体にお金を渡しなさい」と答える行為

構成要件：第三者に賄賂を供与又は供与の要求・約

束させること。供与を受ける第三者は法人と団体も含む。

【5】加重収賄罪（197条の3第1項・2項）

例：市役所土木課の入札担当者が、工事事業者から「工事でいつもお世話になります」と言われ、お金を渡され、受け取った後、その工事事業者に対して、不正な手続で工事を発注する行為

構成要件（1項）：収賄（事後収賄・あっせん収賄以外）・供賄罪にあたる者が「不正な行為をし、相当な行為をしなかった」こと（1項）

構成要件（2項）：①公務員が　②不正な行為又は相当な行為をしなかったことについて　③賄賂を収受・要求・約束した、又は第三者にこれを供与させ、又は供与の要求・約束をしたこと

【6】事後収賄罪（197条の3第3項）

例：警察官が在職中に、ある人物の道路交通法違反について、その者にお願いされたため、不正な手続で見逃し、警察官退職後に、その者から道交法違反見逃しの御礼として金銭をもらう行為

構成要件：①公務員であった者が　②その在職中に請託を受け　③職務上不正な行為をしたこと又は相当な行為をしなかったことに関し　④賄賂を収受・要求・約束したこと（転職前の過去の職務も本罪の職務にあたる）

【7】あっせん収賄罪（197条の4）

例：市役所生活課の担当者が、工事事業者から相談・依頼を受け、同市役所の土木課入札担当者に対して同工事事業者に業務を不正に発注するようあっせんし、その報酬としてお金を受け取る行為

構成要件：①公務員が　②請託を受け　③職務上不正な行為をするように、又は相当な行為をさせないように　④あっせんをすること、又はしたことの報酬として　⑤賄賂を収受・要求・約束をしたこと

【8】贈賄罪（198条）

例：民間の工事事業者が、市役所の土木課の入札担当者に「工事の件、よろしくお願いします」と言って金銭を渡す行為

構成要件：197条〜197条の4に規定する賄賂を、①供与し　②申込み　③約束をしたこと

・収賄罪の主体は、「公務員」である（＝真正身分犯）。

あっせん収賄罪（197条の4）を除いて、賄賂罪は、「公務員が、その職務に関し、賄賂を収受し」とあるので、「**賄賂の職務関連性**」が要求されている。

「職務」は、当該公務員が具体的に担当している事務でなくともよく、例えば、東京都の場合、警視庁警察官の犯罪捜査に関する一般的職務権限は、どの警察署のどの部局に所属しているかに関わりなく、警視庁の管轄区域である東京都の全域に及ぶ。

公務員が自己の職務に関連して、脅迫行為により賄賂を払わせた場合には、恐喝罪と収賄罪の両方が成立する（＝被害者には贈賄罪が成立する。）。

ここに Focus

❶　「職務」とは、公務員が、その地位に伴い、公務として取り扱うべき一切の執務をいう。

❷　「職務」は、当該公務員が具体的に担当している事務でなくとも、一般的職務権限に属するものであればよい。**【判例A】**

❸　抽象的権限を異にする転職前の過去の職務も「その職務に関し」にあたる。**【判例B】**

❹　将来の職務に関して金銭の授受がなされた場合も、受託収賄罪が成立する。**【判例C】**

❺　賄賂と社交儀礼としての贈答の区別は、「職務行為に対する対価」といえるかで判断される。

❻　第三者供賄罪において、賄賂の供与を受ける第三者には、法人・団体も含む。

❼　あっせん収賄罪において、将来のあっせん行為に対して、賄賂を収受等した場合には、その後にあっせん行為がされたか否かを問わず、本罪が成立する。

判例 **A**

Ⓠ 警察官が、自分が直接担当していない事件について現金をもらった場合、収賄罪にあたるか？

Ⓐ 収賄罪にあたる。

最決平17. 3 .11

警視庁調布警察署地域課に勤務する警察官甲が、同庁多摩中央警察署刑事課で捜査中の事件に関して、同事件の関係者から、告訴状の検討、助言、捜査情報の提供、捜査関係者への働きかけなどの取り計らいを受けたいとの趣旨で、現金の供与を受ける行為は、同庁警察官の犯罪捜査に関する職務権限が東京都全域に及ぶことなどに照らすと、甲が同事件の捜査に関与していなかったとしても、その職務に関し賄賂を収受したものといえる。

判例 **B**

Ⓠ 公務員が以前担当していた職務について賄賂を渡した場合、贈賄罪は成立するか？

Ⓐ 成立する（贈賄罪が成立するため、受け取る側には収賄罪も成立する。）。

最決昭58. 3 .25

贈賄罪は公務員に対し、その職務に関し賄賂を供与することによって成立するものであり、公務員が一般的職務権限を異にするほかの職務に転じた後に前の職務に関して賄賂を供与した場合であっても、右供与の当時受供与者が公務員である以上、贈賄罪が成立する。

判例 **C**

Ⓠ 将来の職務（公務員）に関して金銭の授受がなされた場合、受託収賄罪が成立するか？

Ⓐ 受託収賄罪が成立する。

最決昭61. 6 .27

市長が、任期満了前に、市長としての一般的職務権限に属する事項に関し、再選された場合に担当すべき具体的職務の執行につき請託を受けて賄賂を収受したときは、受託収賄罪が成立する。

判例
D

Ⓠ 上場時に価格の上昇が確実に見込まれる株式を公開価格（=特定の株主が持っていた株式を不特定の株主が入手できるように新しく売り出す価格のこと。）で取得することは、賄賂にあたるか？

Ⓐ 賄賂にあたる。

最決昭63.7.18

株式の新規上場に先立つ公開に際し、上場時には価格が確実に公開価格を上回ると見込まれ、一般人には公開価格で取得することがきわめて困難な株式を、公開価格で取得できる利益は、それ自体が賄賂罪の客体にあたる。

○×問題で復習

Q

〔1〕 甲は市長であり、近日中に実施予定の市長選挙に立候補の意思を固めていたところ、再選後に市長として決済を行い執行する予定の市の建設工事に関して、建設業者乙から請託を受けて賄賂を収受した。甲には受託収賄罪が成立する。

〔2〕 県会議員甲は、業者乙に「条例の制定を阻止してほしい。」と依頼されて、謝礼として100万円を提供されたが、自分では謝礼を受け取らずに、丙に指示して、甲の後援会に寄付させた。甲には第三者供賄罪が成立する。

〔3〕 市長選挙の立候補者甲は、土建業者乙から「市長に当選したら市の工事を請け負わせてほしい。」と頼まれ、300万円受け取った。そして、甲は市長に当選したが、乙から現金の供与を受けたのは当選前であるため、甲には事前収賄罪は成立しない。

〔4〕 警察官甲は、被疑者乙から「頼むから俺の捜査をやめてくれ。」と頼まれたことから、その事件をもみ消してやり、退職後その謝礼として100万円を要求した。甲には、事後収賄罪が成立する。

〔5〕 国立大学の人事課長甲は、受験生丙の父親乙から、「丙を合格させるため、入学試験を担当する部局の係員丁に、丙の点数の水増し操作をしてもらいたいので、仲介してほしい。」と頼まれ、これを承諾し、その謝礼として100万円を受け取った。甲にはあっせん収賄罪が成立する。

〔6〕 第三者供賄罪において、賄賂の供与を受ける第三者は、自然人に限られない。

〔7〕 収賄罪における「職務」とは、賄賂を収受する公務員の一般的な職務権限に属するとともに、本人が現に具体的に担当している事務であることを要する。

〔8〕 刑法上、賄賂の目的物は、有体物に限られないが、財産上の利益でなければならない。

〔9〕 公務員が一般的職務権限を異にする他の部署に異動した後に、前の職務に関して賄賂を収受した場合でも、収受の当時において公務員である以上、収賄罪は成立する。

解答解説

○〔1〕 甲は市長（現職･公務員）であり、近日中に実施予定の市長選挙に立候補の意
公務員が賄賂を受領している
思を固めていたところ､再選後に市長として決済を行い執行する予定の市の建設
工事に関して､建設業者乙から請託を受けて賄賂を収受した。甲には受託収賄罪
が成立する。

○〔2〕 県会議員甲（公務員）は、業者乙に「条例の制定を阻止してほしい。」と依頼
されて、謝礼として100万円を提供されたが、自分では謝礼を受け取らずに、丙
第三者供賄罪において、賄賂の供与
に指示して、甲の後援会に寄付させた。甲には第三者供賄罪が成立する。
を受ける第三者には、法人・団体も含む

×〔3〕 市長選挙の立候補者甲（非公務員）は､土建業者乙から「市長に当選したら市
の工事を請け負わせてほしい。」と頼まれ、300万円受け取った。そして、甲は市
将来の
長に当選したが､乙から現金の供与を受けたのは当選前であるため、甲には事前
職務に関しても受託収賄罪が成立する
収賄罪は成立しない。

○〔4〕 警察官甲は、被疑者乙から「頼むから俺の捜査をやめてくれ。」と頼まれたこ
とから、その事件をもみ消してやり、退職後その謝礼として100万円を要求した。
過去の不正な職務に関しても賄賂を受けると事後収賄罪が成立する
甲には、事後収賄罪が成立する。

○〔5〕 国立大学の人事課長甲（公務員）は､受験生丙の父親乙から､「丙を合格させる
ため､入学試験を担当する部局の係員丁に､丙の点数の水増し操作をしてもらい
たいので、仲介してほしい。」と頼まれ、これを承諾し、その謝礼として100万円
将来のあっせん行為
を受け取った。甲にはあっせん収賄罪が成立する。
に対して、実際にあっせんをしていなくても、賄賂を収受等した場合も罰せられる

○〔6〕 第三者供賄罪において、賄賂の供与を受ける第三者は、自然人に限られない。
賄賂の供与を受ける第三者には、法人・団体も含む

×〔7〕 収賄罪における「職務」とは、賄賂を収受する公務員の一般的な職務権限に属するとともに、本人が現に具体的に担当している事務であることを要する。
一般的職務権に属していればよい

×〔8〕 刑法上、賄賂の目的物は、有体物に限られないが、財産上の利益でなければならない。
公務員の職務に対する対価としての不正な報酬であればよい

○〔9〕 公務員が一般的職務権限を異にする他の部署に異動した後に、前の職務に関して賄賂を収受した場合でも、収受の当時において公務員である以上、収賄罪は成立する。
転職前の過去の職務についても成立する

偽証罪

26分

関係条文

刑　法

（偽証）

第169条　法律により宣誓した証人が虚偽の陳述をしたときは、3月以上10年以下の懲役に処する。

（自白による刑の減免）

第170条　前条の罪を犯した者が、その証言をした事件について、その裁判が確定する前又は懲戒処分が行われる前に自白したときは、その刑を減軽し、又は免除することができる。

こんな問題が出る!

次は、偽証罪に関する記述であるが、誤りはどれか。

〔1〕 偽証罪は、「**法律により宣誓した証人**」による偽証のみを処罰の対象とするものであり、その意味で、いわゆる**真正身分犯**にあたる。

〔2〕 偽証罪は、刑事司法作用の正確性を担保するために設けられたものであるから、刑事裁判における偽証**のみ**が本罪を構成し、**民事裁判**で偽証しても同罪は成立しない。

〔3〕 刑事被告人が自己の被告事件について虚偽の陳述をしても偽証罪は成立しないが、刑事被告人が自己の被告事件に関し、**他人を教唆して虚偽の陳述をさせた場合**には、偽証教唆罪の罪責を負う。

〔4〕 偽証罪にいう「虚偽の陳述」とは、証人の**主観的事実に反する陳述**を指し、証人が自己の記憶どおりに証言する限り、その内容が**客観的真実に反していたとしても**、同罪は成立しない。

〔5〕 法律により宣誓したというためには、宣誓が有効に行われることが必要であるが、仮に宣誓に際して**軽微な手続上の瑕疵**があったとしても、**直ちに**無効な宣誓とはならず、例えば、宣誓に際して偽証の罰の告知を欠いたとしても、なお有効な宣誓が行われたといえる。

〔解答〕〔2〕

STEP 1

法律により宣誓した証人が虚偽の陳述をしたとき、罰せられる。

偽証罪は、法律により宣誓（証人・鑑定人・通訳などが良心に従って真実を述べ、また誠実に証言・鑑定・通訳することを誓うこと。）を行った者が虚偽の証言をした場合にこれを処罰することで、供述の真実性の確保、また、正当な裁判を保護している。すなわち、本罪は、**国家の審判作用**を保護法益としている。したがって、**「虚偽」とは、証人の「記憶に反すること」と解する**。記憶に反する陳述をすること自体に**国家の審判作用を害する**危険（＝抽象的危険）があると考えられるからである。主観説からは、記憶に反する供述をすれば、それがたまたま真実に合致する内容であったとしても、偽証罪が成立する。

偽証罪は宣誓した証人が虚偽の陳述をすれば成立し、陳述の結果、国家の審判作用が実際に現実に侵害されたか否かを問わない（**＝抽象的危険犯**）。

STEP 2

偽証罪の主体は「法律により宣誓した証人」（**＝真正身分犯**）である。

宣誓とは、良心に従って、真実を述べ何事も隠さず、また何事も付け加えないことを誓うことをいう（刑事訴訟法154条）。

証言拒絶権を有する者であっても、これを行使せずに、宣誓のうえ虚偽の陳述をしたときは、本罪が成立する。虚偽の陳述をし、民事・刑事問わず**事後宣誓した場合にも本罪が成立する。**

また、第170条により、「偽証の罪を犯した者が、その証言をした事件について、その裁判が確定する前又は懲戒処分が行われる前に自白したとき」は、偽証罪が成立するが、その刑を減軽・免除することができるとされている。

ここに Focus

❶　偽証罪の主体は「法律により宣誓した証人」（＝真正身分犯）である。

❷　証言拒絶権を持つ者にも偽証罪は成立しうる。【判例A】

❸　事後宣誓した場合にも偽証罪が成立する。【判例B】

❹　「虚偽」とは、証人の「記憶に反すること」である。【判例C】

❺　本罪は抽象的危険犯であるから、陳述が証拠として採用されなくても（＝誰も信じなくても）、又は、争点に全く関係のないものであっても本罪は成立する。【判例D】

❻　被告人が証人に虚偽の陳述をさせた場合、偽証教唆罪の罪責を負う。【判例E】

判例
A

Q 証言拒絶権を持つ者にも偽証罪は成立するか？

A 成立する。

最決昭28.10.19

証言拒絶権（民訴法196条・197条、刑訴法146条～149条）を有する者であっても、これを行使せずに、宣誓のうえ虚偽の陳述をしたときは、偽証罪が成立する。

判例
B

Q 宣誓は、証人陳述の前に行うのが原則だが、陳述の後に宣誓した場合も偽証罪は成立するか？

A 成立する。

大判明45. 7 .23

虚偽の陳述をし、事後宣誓した場合にも偽証罪が成立する。

判例
C

Q 偽証罪の「虚偽」とは何か？

A 「自らの記憶に反すること」をいう。

大判大 3 . 4 .29

証人が自らの記憶に反する陳述をした場合に偽証罪が成立する。

判例
D

Q 宣誓した証人が虚偽の陳述をしたが、裁判所がその証言を信用せず事実認定の資料として採用しなかった場合に偽証罪は成立するか？

A 成立する。

大判明43.10.21

虚偽の陳述が裁判の結果に影響を有するか否かは偽証罪の成立とは関係がない。

判例
E

Q 被告人が証人に虚偽の陳述をさせた場合、被告人に教唆罪は成立するか？

A 成立する。

最決昭28.10.19

被告人に黙秘権があるといっても、他人に虚偽の陳述をするよう教唆したときは偽証教唆罪が成立する。

○×問題で復習

Q

〔1〕 裁判の争点に全く関係のない点について虚偽の陳述をしたとしても、偽証罪にいう「虚偽の陳述」にはあたらず、同罪は成立しない。

〔2〕 証言拒絶権を持つ者には偽証罪は成立しない。

〔3〕 甲は、自身が被告人となっている事件の証人となった乙に対し、宣誓のうえで虚偽の陳述をするように依頼し、乙に虚偽の陳述をさせた。この場合、甲には、偽証教唆罪が成立する。

〔4〕 偽証の罪を犯した者が、その証言をした事件について、その裁判が確定する前又は懲戒処分が行われる前に自白したときは、偽証罪は成立するが、その刑を減軽・免除することができる。

解答解説

×〔1〕 裁判の争点に全く関係のない点について虚偽の陳述をしたとしても、偽証罪にいう「虚偽の陳述」にはあたらず、同罪は成立しない。

陳述が証拠として採用されなくても偽証罪は成立する

×〔2〕 証言拒絶権を持つ者には偽証罪は成立しない。

証言拒絶権を持つ者にも偽証罪は成立しうる

○〔3〕 甲は、自身が被告人となっている事件の証人となった乙に対し、宣誓のうえで虚偽の陳述をするように依頼し、乙に虚偽の陳述をさせた。この場合、甲には、偽証教唆罪が成立する。

偽証罪の教唆が成立する

○〔4〕 偽証の罪を犯した者が、その証言をした事件について、その裁判が確定する前又は懲戒処分が行われる前に自白したときは、偽証罪は成立するが、その刑を減軽・免除することができる。

条文のとおり

MEMO

Part 3

各論—社会公共法益を侵害する罪

放火罪

31分

関係条文

刑　法

（現住建造物等放火）
第108条　放火して、現に人が住居に使用し又は現に人がいる建造物、汽車、電車、艦船又は鉱坑を焼損した者は、死刑又は無期若しくは５年以上の懲役に処する。

（非現住建造物等放火）
第109条　放火して、現に人が住居に使用せず、かつ、現に人がいない建造物、艦船又は鉱坑を焼損した者は、２年以上の有期懲役に処する。
2　前項の物が自己の所有に係るときは、6月以上７年以下の懲役に処する。ただし、公共の危険を生じなかったときは、罰しない。

（建造物等以外放火）
第110条　放火して、前２条に規定する物以外の物を焼損し、よって公共の危険を生じさせた者は、１年以上10年以下の懲役に処する。
2　前項の物が自己の所有に係るときは、１年以下の懲役又は10万円以下の罰金に処する。

（延焼）
第111条　第109条第２項又は前条第２項の罪を犯し、よって第108条又は第109条第１項に規定する物に延焼させたときは、３月以上10年以下の懲役に処する。
2　前条第２項の罪を犯し、よって同条第１項に規定する物に延焼させたときは、３年以下の懲役に処する。

（未遂罪）
第112条　第108条及び第109条第１項の罪の未遂は、罰する。

（予備）
第113条　第108条又は第109条第１項の罪を犯す目的で、その予備をした者は、2年以下の懲役に処する。ただし、情状により、その刑を免除することができる。

（差押え等に係る自己の物に関する特例）
第115条　第109条第１項及び第110条第１項に規定する物が自己の所有に係るものであっても、差押えを受け、物権を負担し、賃貸し、配偶者居住権が設定され、又は保険に付したものである場合において、これを焼損したときは、他人の物を焼損した者の例による。

こんな問題が出る!

次は、放火罪に関する記述であるが、誤りはどれか。

〔1〕 現住建造物に放火する目的で同建造物に隣接する**空き屋**に放火したが、その**一部のみ**を焼損した場合は、現住建造物等放火罪の**未遂罪**が成立する。

〔2〕 アパート前に駐車していた自動車のみを焼損する目的で放火したところ、一時はアパートに延焼しそうな火勢になったが、**自動車の全焼**だけで消火された場合は、**建造物等以外放火罪**が成立する。

〔3〕 建造物等延焼罪は、「基本的事実」として、**自己所有**の非現住建造物等放火罪か、**自己所有**の建造物等以外放火罪が成立していることを必要とするが、**延焼結果について故意のないこと**を要する。

〔4〕 **賃貸住宅**に自分**一人だけ**が住んでいる家屋に放火して燃焼した場合は、非現住建造物等放火罪が成立する。

〔5〕 放火行為は、積極的に火をつける行為による場合が通常であるが、**既発の火力**を利用してそのまま放置する**不作為**による場合も、一定の限度でこれを認めている。

〔解答〕〔4〕

STEP 1

現住建造物等放火（108条）

人が住居に使用している建造物や、現に人がいる建造物、汽車、電車、艦船、鉱坑を焼損すると処罰される。

非現住建造物等放火（109条）

人が住居に使用しておらず、なおかつ現に人がいない建造物、艦船、鉱坑を焼損すると処罰される。焼損した物が自分の物でも処罰されるが、公共の危険が生じなければ処罰されない。

建造物等以外放火（110条）

放火をして、108条・109条以外の物を焼損させて、公共の危険を生じさせると処罰される。焼損した物が自分の物である場合も含まれる。

予備罪（113条）

現住建造物等や非現住建造物等（自己の物を除く）を放火する目的で予備をした者は処罰される。

STEP 2　7分

放火罪

放火罪は、公共危険罪（社会的法益に対する罪）であり、被害者の同意により構成要件該当性がなくなることや、違法性が阻却されることはない。

※ただし、居住者（被害者）全員の事前の同意により、現住建造物等放火罪ではなく非現住建造物放火罪が成立する可能性はある。

放火罪は公共危険犯であることから、1個の放火行為によって数個の客体を焼損してもそれによって発生する公衆の安全に対する危険が包括的に1個として評価される限り、一罪が成立するにすぎない。したがって、1個の放火行為で2個の現住建造物を焼損した場合でも、1個の現住建造物放火罪が成立する。

抽象的危険犯（108条〔現住建造物等放火罪〕）

具体的危険犯（109条2項〔非現住建造物放火罪自己所有〕＆110条〔建造物等放火罪〕）

現住建造物放火罪（108条）

抽象的危険犯
具体的な危険の発生を必要とせず、抽象的な危険性だけで犯罪の成立を認めることができる犯罪

現住建造物等放火罪

「**現に人が住居に使用**」について、「人」とは、犯人以外の者を意味するから、独り暮らしの者が自分しかいない状況で自分の家に放火した場合には、「現住」ではなくなり、非現住建造物放火罪になる。また、居住者全員を殺し、その家屋に放火する場合も、非現住建造物放火罪になる。

「**現に人が住居に使用する**」とは、起臥寝食（きがしんしょく）する場所として日常利用されていることをいう。

※夜間・休日にだけ使用している宿直室も現住性が認められる。

「**建造物**」とは、家屋その他これに類する建築物であって、屋根があって、壁や柱で地面とくっついていて、少なくともその内部に人が出入りしうるものをいう。

※2.73㎡のわらで作った掘立小屋：建造物と認められる。

畳、ふすま、障子、雨戸などの従物は、道具を利用したり壊したりすることなく容易に取り外すことができるので、建造物の一部とはみなされず、器物にあたる。

建造物の一部が起臥寝食に用いられていれば全体が現住建造物となる。

全体かどうか、つまり、建造物が一体であるかどうかは、物理的一体性、延焼可能性、機能的一体性により判断する。非現住建造物の部分に放火しても、木造で廊下が現住建造物とつながっていて（物理的一体性）、延焼可能性があって、放火した場所にも警備員が見回りに来る予定（機能的一体性）だった場合、全体が建造物として一体となり、現住建造物になる。

「**焼損**」とは、火が媒介物を離れて目的物に移り、独立して燃焼を継続しうる状態に達した時点をいう。

従物
物（主物）の所有者がその経済的効用を補うために付属させた物（民法87条1項）

不作為による放火罪

実行行為について、消火義務（防火責任者）がある者が、これを怠った場合に、不作為による放火罪が認められうる。

現住建造物等放火罪の故意について、非現住建造物に放火することによって隣接する現住建造物を焼損させることを予見していた場合にも本罪の故意は認められる。

故意
自分の行為が罪となることを認識し、かつ、結果の発生を意図又は認容していること。

非現住建造物等放火罪

非現住建造物放火罪（109条1項「他人所有」、2項「自己所有」）では、非現住建造物が「自己の所有に係る」ときは、焼損しても、具体的な「公共の危険」を生じさせないかぎり、処罰されない。しかし、差押え等に係る自己の物に関する特例（115条）によれば、自己所有であっても、

①差押えを受けた建物

②物権を負担している建物（担保に入れている場合など）

③賃貸している建物（誰かに貸している場合など）
④配偶者居住権が設定されている建物
⑤保険に付した建物（火災保険など）

は他人所有の建物として取り扱われる。例えば、保険金目当てで自宅に放火した場合は、他人の建物に火を付けたとみなされる。

110条1項にいう「**公共の危険**」は、必ずしも108条及び109条1項に規定する建造物等に対する延焼の危険のみに限られるものではなく、不特定又は多数の人の生命、身体又は前記建造物等以外の財産に対する危険も含まれる。

※実行犯の「公共の危険の認識」の有無は本罪の成立に影響しない。

他人所有非現住建造物等放火罪（109条1項）は抽象的危険犯であり、焼損によって既遂に達する。

自己所有非現住建造物等放火罪（109条2項）は、公共の危険の発生が必要とされる具体的危険犯であり、焼損とともに、具体的危険が発生することにより、既遂に達する。

延焼罪

延焼罪（111条1項、2項）は、「自己の所有物」に放火して公共の危険を生じさせ、「現住建造物」・「他人の所有物」に延焼させるという結果を生じさせたときに処罰されるものである。

①109条2項又は110条2項の罪を犯すこと
②放火の客体を焼損したことによる公共の危険の発生

上記①・②があれば延焼罪が成立する。つまり、自己所有のものに放火したら、他人所有のものに延焼した、という場合を処罰するのである。

※他人所有の家に放火し、他人所有の物に延焼した場合は、延焼罪は適用されない。

ここに Focus

❶ 「現に人が住居に使用する」とは、起臥寝食する場所として日常利用されていることをいう。

❷ 畳、ふすま、障子、雨戸などの従物は、建造物の一部にあたらない。**【判例B】**

❸ 建造物の一部が起臥寝食に用いられていれば全体が現住建造物となる。

❹ 建造物が一体かどうかは、物理的一体性、延焼可能性、機能的一体性により判断する。**【判例E】**

❺ 不作為による放火罪も認められうる。**【判例C】**

❻ 焼損とは、火が媒介物を離れて目的物に移り、独立して燃焼を継続しうる状態に達した時点をいう。**【判例G】**

❼ 「自己の所有に係る」ときは、焼損しても、「公共の危険」を生じさせないかぎり、処罰されない。

❽ 差押え、物権、賃貸、配偶者居住権、保険等に係る自己の物に関する特例にあたる場合は、他人所有の扱いになる。

❾ 公共の危険には、108条及び109条１項に規定する建造物等に対する延焼の危険に加え、不特定又は多数の人の生命、身体又は前記建造物等以外の財産に対する危険も含まれる。**【判例H】**

❿ 実行犯の「公共の危険の認識」の有無は放火罪の成立に影響しない。

⓫ 延焼罪は、自己所有のものに放火したら他人所有のものに延焼した、という場合に成立する。

判例
A

Ⓠ 家主が旅行中のように、一時的に人がいない場合も、「現に人が住居に使用する」にあたるか？

Ⓐ 「現に人が住居に使用する」にあたる。

最決平９.10.21

本件家屋は、人の起居の場所として日常使用されていたものであり、右沖縄旅行中の本件犯行時においても、その使用形態に変更はなかったものと認められる。そうすると、本件家屋は、本件犯行時においても、平成７年法律第91号による改正前の刑法108条にいう「現ニ人ノ住居ニ使用」する建造物にあたると認めるのが相当である。

判例
B

Ⓠ ふすまは建造物の一部にあたるか？

Ⓐ 建造物の一部にはあたらない。

最判昭25.12.14

ふすま、障子、雨戸などの従物は、建造物を毀損することなしに取り外すことができるので、建造物の一部とはみなされず、器物にあたる。

判例

Ⓠ 建造物の一体性の判断方法は？

Ⓐ 木造の回廊でつながった複数の建物で警備員などの巡回もある建物の場合、建造物の一体性があると解されているとおり、物理的一体性、延焼可能性、機能的一体性を踏まえて判断される。

木造の回廊でつながった平安神宮（守衛詰所もある）の祭具庫等に放火した事件。

最決平元.７.14【平安神宮事件】

社殿は、その一部に放火されることにより全体に危険が及ぶと考えられる一体の構造であり、また、全体が一体として日夜人の起居に利用されていたものと認められる。そうすると、右社殿は、物理的にみても、機能的にみても、その全体が１個の現住建造物であったと認める。

判例
D

Q 防火シャッター付きの鉄筋マンションの非現住部分に火をつけた場合は？
A 現住建造物放火罪が成立する。

2階以上の部分には多数の入居者が居住する鉄筋10階建マンションの1階にある医院に夜間放火した事案。

仙台地判昭58.3.28

本件マンションは、耐火構造の集合住宅として建築されたものであるが、外廊下に面した各室の北側にはふろがまの換気口が突出しており、南側ベランダの隣室との境はついたて様の金属板で簡易な仕切りがなされているにすぎなくて、いったん内部火災が発生すれば、火炎はともかく、いわゆる新建材等の燃焼による有毒ガスなどがたちまち上階あるいは左右の他の部屋に侵入し、人体に危害を及ぼすおそれがないとはいえず、耐火構造といっても、各室間の延焼が容易ではないというだけで、状況によっては、火勢が他の部屋へ及ぶおそれが絶対にないとはいえない構造のものであることが明らかである。そして、放火罪が公共危険罪であることにかんがみれば、本件マンションのようないわゆる耐火構造の集合住宅であっても、刑法108条の適用にあたっては、各室とこれに接続する外廊下や外階段などの共用部分も含め全体として1個の建造物とみるのが相当である。

判例
E

Q 2階以上の居住部分との独立性が認められる鉄筋10階建マンションの1階にある医院に夜間放火した場合は？
A 非現住建造物放火罪が成立する。

東京高判昭58.6.20

本件医院は、すぐれた防火構造を備え、一区画から他の区画へ容易に延焼しにくい構造となっているマンションの一室であり、しかも、構造上及び効用上の独立性が強く認められるのであるから、放火罪の客体としての性質はその部分のみをもってこれを判断すべく、本件建物が外観上1個の建築物であることのみを理由に、右医院の右マンション2階以上に住む70世帯の居住部分を一体として観察し、現住建造物と評価するのは相当でないというべきであって、本件医院は非現住建造物と解するのが相当である。

判例
F

Ⓠ マンションのエレベーターに火をつけた場合は？

Ⓐ 現住建造物放火罪が成立する。

最決平元. 7 . 7

　マンションのエレベーターのかごは取外しが困難であり、毀損しなければ取り外すことができない状態にあるから、これは「建造物」の一部であると認められ、本件エレベーターが、居住部分とともに一体となって住宅として機能していることから、「現住」性も肯定される。よって、マンション内のエレベーターのかご内に放火し、その側壁として使用されている化粧鋼板の表面約0.3㎡を燃焼させた場合、現住建造物放火罪が成立する。

判例
G

Ⓠ 放火罪にいう「焼損」の意味は？

Ⓐ 独立して燃焼を継続しうる状態と解される。

　他人の家屋に放火し、床板一尺四方（約30cm）及び押入床板・上段各約三尺四方（約90cm）を燃焼させた事案。

最判昭25. 5 .25

　家屋の部分に燃え移り、独立して燃焼する程度に達したことが明らかであるから、甲には現住建造物放火罪の既遂が成立する。

判例

Ⓠ 公共の危険とは具体的にどのような状況（状態）か？

Ⓐ 下記の事例の場合、「公共の危険」が発生したと解される。

　駐車場で他人の自動車に放火し、左右の車２台や可燃ゴミに延焼の危険性のあった事例。

最決平15. 4 .14

　110条１項にいう公共の危険は、必ずしも同法108条及び109条１項に規定する建造物等に対する延焼の危険のみに限られるものではなく、不特定又は多数の人の生命、身体又は前記建造物等以外の財産に対する危険も含まれる。

判例 I

Q 火が上がっていることを確認しながら、何もしなかった場合、放火罪は成立するか？

A 不作為による放火罪が成立しうる。

過失により事務所内の炭火が机に引火し、そのまま放置すれば事務所を焼損することを認識しながら、自己の失策の発覚をおそれてなんら措置をすることなくその場から立ち去った事案。

最判昭33.9.9

被告人としては当然そのとき右を消しとめ少なくともこれに全力を尽すべき法律上の義務があったものというべきで、そして被告人はその際そのまま事態を放置すれば火勢が急速に拡大し、よって営業所の建物はもとよりこれに隣接する諸建物にまで延焼、焼キするに至るべきことに気付きながら、これを認容する心意のもとに何等適当の処置をしないでまんぜん現場をにげ出し、よって原判示のような焼損の結果を発生させたことが確認されるのであるから、被告人がその消火義務に違背した不作為にもとづく焼損につき放火罪の刑責を負うべき。

○×問題で復習

Q

〔1〕　甲は、公共の危険発生の認識がないまま、自己所有の車に放火してこれを焼損したところ、公共の危険が生じた。この場合、甲には公共の危険発生の認識がないのであるから、建造物等以外放火罪の既遂罪は成立しない。

〔2〕　公共の危険は、108条及び109条１項に規定する建造物等に対する延焼の危険に限られる。

〔3〕　甲は、多数人が住居に使用するマンションの居住者用エレベーターのかご内で火を放ち、同かごの側壁に燃え移らせてこれを焼損した。同かごは取り外しが可能であるが、そのための工事は著しい手間と時間を要するものであった。この場合、同かごは同マンションの一部といえるのであるから、現住建造物等放火罪の既遂罪が成立する。

〔4〕　甲は、乙が住居に使用する同人所有の家屋を燃やそうと考え、火の付いた新聞紙を同家屋内のふすまに近づけ、新聞紙の火をふすまに燃え移らせてこれを燃焼させた。この場合、火が媒介物である新聞紙を離れてふすまが独立に燃焼するに至ったのであるから、この段階で、現住建造物等放火罪の既遂罪が成立する。

〔5〕　甲は、乙が一人で住居に使用する乙所有の家屋の中で同人を殺害した後、だれもいない同家屋に放火してこれを焼損した。この場合、乙が死亡した後でも人が同家屋を訪問する可能性があり、「現に人が住居に使用」する建造物といえるのであるから、現住建造物等放火罪の既遂罪が成立する。

解答解説

×〔1〕 甲は、公共の危険発生の認識がないまま、自己所有の車に放火してこれを焼損したところ、公共の危険が生じた。この場合、甲には公共の危険発生の認識がないのであるから、建造物等以外放火罪の既遂罪は成立しない。
本罪の成立にあたり、実行犯の公共の危険発生の認識は不要

×〔2〕 公共の危険は、108条及び109条１項に規定する建造物等に対する延焼の危険に限られる。
公共の危険には、不特定又は多数の人の生命、身体又は建造物等以外の財産に対する危険も含まれる

○〔3〕 甲は、多数人が住居に使用するマンションの居住者用エレベーターのかご内で火を放ち、同かごの側壁に燃え移らせてこれを焼損した。同かごは取り外しが可能であるが、そのための工事は著しい手間と時間を要するものであった。この場合、同かごは同マンションの一部といえるのであるから、現住建造物等放火罪の既遂罪が成立する。
簡単に取り外しができないため、「建造物」の一部であるといえる

×〔4〕 甲は、乙が住居に使用する同人所有の家屋を燃やそうと考え、火の付いた新聞紙を同家屋内のふすまに近づけ、新聞紙の火をふすまに燃え移らせてこれを燃焼させた。この場合、火が媒介物である新聞紙を離れてふすまが独立に燃焼するに至ったのであるから、この段階で、現住建造物等放火罪の既遂罪が成立する。
ふすまは、建造物を毀損することなしに取り外すことができるので、建造物の一部とはみなされない
器物損壊罪

×〔5〕 甲は、乙が一人で住居に使用する乙所有の家屋の中で同人を殺害した後、だれもいない同家屋に放火してこれを焼損した。この場合、乙が死亡した後でも人が同家屋を訪問する可能性があり、「現に人が住居に使用」する建造物といえるのであるから、現住建造物等放火罪の既遂罪が成立する。
犯人以外の人
起臥寝食に用いていない
非現住建造物放火罪

通貨偽造罪

23分

関係条文

刑　法

（通貨偽造及び行使等）

第148条　行使の目的で、通用する貨幣、紙幣又は銀行券を偽造し、又は変造した者は、無期又は３年以上の懲役に処する。

2　偽造又は変造の貨幣、紙幣又は銀行券を行使し、又は行使の目的で人に交付し、若しくは輸入した者も、前項と同様とする。

（外国通貨偽造及び行使等）

第149条　行使の目的で、日本国内に流通している外国の貨幣、紙幣又は銀行券を偽造し、又は変造した者は、２年以上の有期懲役に処する。

2　偽造又は変造の外国の貨幣、紙幣又は銀行券を行使し、又は行使の目的で人に交付し、若しくは輸入した者も、前項と同様とする。

（偽造通貨等収得）

第150条　行使の目的で、偽造又は変造の貨幣、紙幣又は銀行券を収得した者は、３年以下の懲役に処する。

（未遂罪）

第151条　前３条の罪の未遂は、罰する。

（収得後知情行使等）

第152条　貨幣、紙幣又は銀行券を収得した後に、それが偽造又は変造のものであることを知って、これを行使し、又は行使の目的で人に交付した者は、その額面価格の３倍以下の罰金又は科料に処する。ただし、2000円以下にすることはできない。

（通貨偽造等準備）

第153条　貨幣、紙幣又は銀行券の偽造又は変造の用に供する目的で、器械又は原料を準備した者は、３月以上５年以下の懲役に処する。

こんな問題が出る!

次は、通貨偽造罪に関する記述であるが、誤りはどれか。

〔1〕 通貨偽造罪の客体は、通貨の貨幣、紙幣、銀行券であり、これらを包括して通貨というが、我が国における強制通用力を付与された通貨に限られることから、**強制通用力のない古銭**を作り出しても本罪は成立しない。

〔2〕 通貨偽造罪にいう「偽造」とは、通貨の発行権を持たない者が、通貨の概観を有するものを作ることをいい、その手段、方法を問わないが、**一般人において通常の注意力で真貨と誤認する程度**に達していることを要する。

〔3〕 通貨偽造罪は、行使の目的が構成要件要素とされている目的犯であることから、たとえ通貨とそっくりなものを作出したとしても、**この目的が欠ける場合**は本罪が成立しない。

〔4〕 通貨偽造罪における「行使の目的」は、行為者自身が行使する目的に限らず、**他人をして行使させる目的**であってもよい。

〔5〕 通貨を偽造する意思で偽造に着手したが、**技術が未熟**であったため、その目的を遂げなかったり、模造の程度にしか至らなかったりした場合は、通貨及証券模造取締法違反の罪が成立し、通貨偽造未遂罪は同罪に吸収される。

〔解答〕〔5〕

STEP 1

通貨偽造及び行使等罪（148条）

行使の目的で、通用する貨幣、紙幣又は銀行券を偽造し、又は変造した場合に成立する。偽造通貨等を行使し、又は行使の目的で人に交付し、若しくは輸入した者も罰せられる。

通貨偽造等準備罪（153条）

通貨偽造罪の予備行為のうち、**特定の形態**のもの（器械・原料の準備）を独立の犯罪として罰する。

STEP 2

通貨偽造罪は、通貨発行権者の発行権を保障することにより、国内の**通貨**に**対する社会の信用**を確保しようとするもの

である。つまり、通貨の製造・発行権を持たない人が、**偽造通貨を真貨（真正なもの）として流通に置く目的(行使の目的)を持って**、偽造・変造をすると処罰される。

偽造とは真貨に類似する外観の物を作成することをいうが、偽造といえるには、「**普通の人がパッと見た時に、本物の通貨と見間違える程度**」の完成度が必要である。

通貨を偽造した者が、その偽造通貨を行使したときは、「通貨偽造罪」は「偽造通貨行使罪」という「**目的**」のための「手段」にあたるので、両罪が成立して**牽連犯**（54条1項後段）となる。

変造とは通貨の製造・発行権を有しない者が、真貨を加工して、真貨に類似する外観の物を作成することをいう。

偽造通貨を自分で使うのではなく、他人に使わせる目的で偽造・変造をしても処罰される。**また、実際に行使しなくても、行使の目的で通貨を偽造**・変造した時点で本罪は**既遂**となる（抽象的危険犯）。

ただし、器械や原料などを準備して偽造行為に着手したものの、**その技術が未熟であったために、その目的を遂げなかったときなどは、未遂となる**。

交付とは、誰かに偽造通貨を渡すことであるが、渡した相手が偽造通貨であることを知っていてもいなくても、渡した時点で「交付」になる。

ちなみに、**偽造通貨を行使して財物を詐取した場合には、詐欺罪（246条1項）は成立しない**。偽造通貨の行使は、普通、財物の詐取を伴うものであるから、偽造通貨行使罪の構成要件は、もともとこれを想定している。

抽象的危険犯
具体的な危険がなくとも抽象的な危険が発生したことにより処罰されるもの

強制通用力
貨幣において、額面で表示された価値で決済の最終手段として認められる効力のことをいう。

ここに Focus

❶　通貨偽造罪の保護法益は、通貨に対する社会の信用である。

❷　偽造とは、通貨の製造・発行権を有しない者が、何もないところから本物の通貨に類似する外観の物を作成することをいう。

❸　偽造といえるには、「一般人が、パッと見た場合に、本物の通貨と見間違える程度」の完成度が必要である。**【判例A】**

❹　変造とは、通貨の製造・発行権を有しない者が、元々ある本物の通貨を加工して、真貨に類似する外観の物を作成することをいう。**【判例B】**

❺　行使の目的とは、偽造の通貨を本物の通貨として流通に置くことをいう。

❻　行使の目的で通貨を偽造・変造すれば、偽造通貨行使罪は既遂となる。実際に行使しなくてもよい。

❼　偽造通貨を使用して両替したり、自動販売機に同通貨を投入したりする行為も行使にあたる。

❽　交付においては、相手方が偽造通貨であることを知っているか否かを問わない。

❾　通貨を偽造した者が、その偽造通貨を行使したときは、通貨偽造罪と偽造通貨行使罪の両罪が成立し、牽連犯となる。

2分

判例
A

Q 通貨偽造罪における「偽造」の程度は？

A 一般人が、本物の通貨と見間違える程度。

名古屋高判昭36.10.10

色彩が黒の単色で不鮮明、用紙も薄く劣っていても文字・模様・肖像が酷似し、形状寸法がほとんど同様の物件を制作した場合は、偽造にあたる。

判例
B

Q 通貨偽造罪における「変造」とはどんなレベル？

A 判例のような場合、「変造」と解される。

最判昭50. 6 .13

千円札２枚をはがすなどして、４つ折り又は８つ折りにした銀行券と思いあやまらせる程度の外観・手触りを備えた物件を作出する行為は、変造にあたる。

百円札の額面価格をインクで変更して、全体を青くし、「五百円札」に見せかけた事案。

東京高判昭30.12. 6

百円札の彩色を青色とし、その百円という数字あるいは文字を変えたのみで百円札表面右方の人物の肖像や裏面の国会議事堂を現わした部分その他細部の意匠について少しも手を加えていないのであるから、これを真正の五百円札と比較してみれば、その相違点は誰にでも明白なものである。

しかし我々は、百円札を手にしていても、その表面の人物が誰で、又裏面の意匠が富士山であるか国会議事堂であるかについては案外無関心であり、実物をみないでこれを正確に即答し得るのはかなり高度の注意力に恵まれた人というべきである。というのも、通常人においてこのように注意力が欠如しているのは、日本銀行券がその紙質において又その印刷技術において偽造、変造を防止するに重要な力があることを信頼していることにも原因しているものと認められるのである。

　したがって、本件の百円札は、表面の人物肖像や裏面の意匠に手を加えていないものの、これを手にする人をして真正の五百円札と信じさせるに足る程度のものであると断定し得るので、変造にあたる。

○×問題で復習

Q

〔1〕 偽造通貨を行使して財物を詐取した場合には、詐欺罪も成立する。

〔2〕 偽造通貨を両替する行為は、市場に直接流通するわけではないので、「行使」にはあたらない。

〔3〕 甲は、自動販売機に投入して飲料水と釣銭を不正に得る目的で、外国硬貨の周囲を削って五百円硬貨と同じ大きさにした。甲には通貨偽造罪が成立する。

〔4〕 行使の目的で通貨を偽造・変造すれば、行使をしてなくとも、偽造通貨行使罪は既遂となる。

〔5〕 通貨を偽造した者が、その偽造通貨を行使したときは、通貨偽造罪と偽造通貨行使罪の両罪が成立して併合罪となる。

解答解説

×〔1〕 偽造通貨を行使して財物を詐取した場合には、詐欺罪も成立する。
偽造通貨行使罪の構成要件に想定されているので、詐欺罪は成立しない

×〔2〕 偽造通貨を両替する行為は、市場に直接流通するわけではないので、「行使」
両替や、
にはあたらない。
自動販売機に投入する行為も行使にあたる

×〔3〕 甲は、自動販売機に投入して飲料水と釣銭を不正に得る目的で、外国硬貨の周囲を削って五百円硬貨と同じ大きさにした。甲には通貨偽造罪が成立する。
変造　通貨変造罪

○〔4〕 行使の目的で通貨を偽造・変造すれば、行使をしてなくとも、偽造通貨行使罪
行使の目的で偽造・変造した時点で既遂
は既遂となる。

×〔5〕 通貨を偽造した者が、その偽造通貨を行使したときは、通貨偽造罪と偽造通貨行使罪の両罪が成立して併合罪となる。
牽連犯

文書偽造罪

26分

関係条文

刑　法

（詔書偽造等）

第154条　行使の目的で、御璽、国璽若しくは御名を使用して詔書その他の文書を偽造し、又は偽造した御璽、国璽若しくは御名を使用して詔書その他の文書を偽造した者は、無期又は３年以上の懲役に処する。

2　御璽若しくは国璽を押し又は御名を署した詔書その他の文書を変造した者も、前項と同様とする。

（公文書偽造等）

第155条　行使の目的で、公務所若しくは公務員の印章若しくは署名を使用して公務所若しくは公務員の作成すべき文書若しくは図画を偽造し、又は偽造した公務所若しくは公務員の印章若しくは署名を使用して公務所若しくは公務員の作成すべき文書若しくは図画を偽造した者は、１年以上10年以下の懲役に処する。

2　公務所又は公務員が押印し又は署名した文書又は図画を変造した者も、前項と同様とする。

3　前２項に規定するもののほか、公務所若しくは公務員の作成すべき文書若しくは図画を偽造し、又は公務所若しくは公務員が作成した文書若しくは図画を変造した者は、３年以下の懲役又は20万円以下の罰金に処する。

（虚偽公文書作成等）

第156条　公務員が、その職務に関し、行使の目的で、虚偽の文書若しくは図画を作成し、又は文書若しくは図画を変造したときは、印章又は署名の有無により区別して、前２条の例による。

（公正証書原本不実記載等）

第157条　公務員に対し虚偽の申立てをして、登記簿、戸籍簿その他の権利若しくは義務に関する公正証書の原本に不実の記載をさせ、又は権利若しくは義務に関する公正証書の原本として用いられる電磁的記録に不実の記録をさせた者は、５年以下の懲役又は50万円以下の罰金に処する。

2　公務員に対し虚偽の申立てをして、免状、鑑札又は旅券に不実の記載をさせた者は、１年以下の懲役又は20万円以下の罰金に処する。

3　前２項の罪の未遂は、罰する。

（偽造公文書行使等）

第158条　第154条から前条までの文書若しくは図画を行使し、又は前条第１項の電磁的記録を公正証書の原本としての用に供した者は、その文書若しくは図画を偽造し、若しくは変造し、虚偽の文書若しくは図画を作成し、又は不実の記載若しくは記録をさせた者と同一の刑に処する。

2　前項の罪の未遂は、罰する。

(私文書偽造等)

第159条　行使の目的で、他人の印章若しくは署名を使用して権利、義務若しくは事実証明に関する文書若しくは図画を偽造し、又は偽造した他人の印章若しくは署名を使用して権利、義務若しくは事実証明に関する文書若しくは図画を偽造した者は、３月以上５年以下の懲役に処する。

2　他人が押印し又は署名した権利、義務又は事実証明に関する文書又は図画を変造した者も、前項と同様とする。

3　前２項に規定するもののほか、権利、義務又は事実証明に関する文書又は図画を偽造し、又は変造した者は、１年以下の懲役又は10万円以下の罰金に処する。

(偽造私文書等行使)

第161条　前２条の文書又は図画を行使した者は、その文書若しくは図画を偽造し、若しくは変造し、又は虚偽の記載をした者と同一の刑に処する。

2　前項の罪の未遂は、罰する。

こんな問題が出る！

次は、文書偽造罪に関する記述であるが、誤りはどれか。

〔1〕 文書偽造罪における文書とは、**文字又はこれに代わるべき符号を用い、永続すべき状態において、物体上に記載された意思又は観念の表示**をいうが、空き地に設置した木製の立て札に「立入禁止○○警察署長」と意思表示したものも文書にあたる。

〔2〕 偽造公・私文書行使罪は、**行使の目的**が必要であることから、偽造した運転免許や外国政府発行の旅券を真正な文書として提示する行為は偽造公・私文書行使罪にあたるが、単にこれらを**携行する行為**は偽造公・私文書行使罪にはあたらない。

〔3〕 公正証書原本・免許状等不実記載罪は、公務員に対し虚偽の申立てを行い、登記簿・戸籍簿その他権利・義務に関する公正証書の原本に不実の記載をさせることによって成立する。

〔4〕 文書偽造罪における文書は、意思又は観念の表示であることから、その主体である作成名義人は**実在**していることを要する。

〔5〕 公文書偽造罪における「**公文書**」とは、公務所若しくは公務員の作成すべき文書若しくは図画のことで、公務所又は公務員が、その名義をもって、その権限内において、所定の形式に従って作成すべき文書・図画をいう。

〔解答〕〔4〕

STEP 1

公文書偽造罪（155条）

行使の目的で、公務員の作成する文書や図画を**偽造・変造**した者、**偽造した公務所もしくは公務員の印章や署名を使用して文書や図画を偽造した者**は罰せられる。

私文書偽造罪（159条）

私文書であっても、行使の目的で、文書若しくは図画を偽造・変造した者は罰せられる。

「**偽造**」とは、**文書の「本質的部分」に変更を加えて、従来のものと文書の同一性を欠く、新たな証明力を有する文書を**

作出する行為のことをいう。

「変造」とは、**既存文書の「非本質的部分」に変更を加えて、新たな証明力を有する文書を作出する行為**のことをいう。

※偽造と変造の区別のイメージ

「偽造」は不真正文書を作成する（＝何もないところから嘘の文書を作り出す）行為である。対して、「変造」は真正文書の非本質的部分に変更を加える（＝もともとあった本物の文書に嘘を足す）行為である。

STEP 2

「文書偽造の罪」は、文書に対する「**公共の信用**（公共的信用）」を保護して、社会生活の安定（取引の安全）を図るものである。

公文書のほうが私文書よりも信頼保護の必要性が高く、保護が厚くなっている。また、作成名義人の**印章・署名**を使用して文書を偽造した場合（**有印**）は、それ以外の場合（**無印**）よりも重く処罰される。

「**文書**」とは、文字又はこれに代わるべき符号を用い、ある程度永続すべき状態において、物体の上に記載した意思・観念の表示をいう。文書であるためには可読性・可視性が必要であって、ある程度持続性がある必要があるので、砂浜に書いた文や音声は除かれる。

文書には意思の表示主体（＝**名義人**）の存在が必要である。「名義人」とは、「文書の記載内容から理解される意識内容の主体」ないし「文書に表示された意思・観念の主体」をいう。名義人は自然人に限らず、法人及び法人格のない団体でもよく、実在していなくともよい。

偽造は、有形偽造と無形偽造に分けられる。

有形偽造とは作成権限のない者による他人名義の文書の作成【偽造】及び変更【変造】のことで、文書の名義人と作成者との間の人格の同一性を偽ること（＝名義人と作成者がズレていること）をいう。作成権限のない者による文書の作成とは、例えば、公務員でない甲が、「公務員乙」とサインして公文書を作る場合などや、上司しか作れない文書を部下が勝手に作る場合などである。

例：公文書偽造罪、私文書偽造罪、有価証券偽造罪

無形偽造とは、作成権限を有する者による内容虚偽の文書の作成【偽造】及び変更【変造】のことをいう。

例：虚偽公文書作成等罪、虚偽診断書等作成罪

虚偽公文書作成等罪（156条）の主体は、文書の作成権限のある公務員である（**真正身分犯**）。

虚偽公文書作成等罪に間接正犯（**ある者の意思を支配して間接的に行う犯罪**）は成立するか否かに関して、「**公正証書原本等不実記載罪**」（157条）で、文書の種類を限定して、虚偽公文書作成等罪に比べて軽い処罰規定を設けている。このことから、少なくとも**非公務員の行為については、虚偽公文書作成等罪の間接正犯は成立しない**。

偽造公文書行使等罪（158条）における行使とは、偽造・変造又は虚偽作成にかかる文書を、真正文書もしくは内容の真実な文書として他人に認識させ、又は認識しうる状態に置くことをいう。

私文書偽造等罪（159条）は、公文書の場合と同様、「有印」私文書偽造（１項）・変造罪（２項）と、「無印」私文書偽造・変造罪（３項）がある。同条にいう**権利・義務に関する文書**とは、権利・義務の発生・存続・変更・消滅の法律効果を生じさせることを目的とする意思表示を内容とする文書をいう。

例：預金通帳、借用証書、催告書、弁論再開申立書、無記名定期預金証書

事実証明に関する文書とは、実社会生活に交渉を有する事項を証明するものをいう。

文書の性質上、交通事件原票の供述書欄など、名義人以外の者が作成することは法令上許されないものであれば、名義人の承諾があっても私文書偽造罪が成立する。

真正身分犯
身分があることによって初めて成立する犯罪をいう（**Part 1** Chapter 17）。

間接正犯
犯罪行為の全部又は一部を他人に行わせても、犯人自ら手を下した行為とみること。

ここに Focus

❶　文書偽造の罪の保護法益は、文書に対する公共の信用である。

❷　文書とは、文字又はこれに代わるべき符号を用い、ある程度永続すべき状態において、物体の上に記載した意思・観念の表示をいう。

❸　名義人は実在していなくてもよく、また、法人でもよい。

❹　コピーも文書偽造罪における文書にあたる。**【判例A】**

❺　「偽造」とは、文書の「本質的部分」に変更を加えて、従来のものと文書の同一性を欠く、新たな証明力を有する文書を作出する行為をいう。

❻　「変造」とは、既存文書の「非本質的部分」に変更を加えて、新たな証明力を有する文書を作出する行為をいう。

❼　有形偽造とは、文書の名義人と作成者との間の人格の同一性を偽ることをいう。

❽　文書作成権限のある公務員が虚偽の公文書を作成すると虚偽公文書作成等罪となり、これは真正身分犯である。

❾　非公務員の行為については、虚偽公文書作成等罪の間接正犯は成立しない。**【判例B】**

❿　偽造公文書行使等罪における行使とは、偽造・変造又は虚偽作成にかかる文書を、真正文書もしくは内容の真実な文書として他人に認識させ、又は認識しうる状態に置くことをいう。

⓫　私文書偽造罪の「事実証明に関する文書」とは実社会生活に交渉を有する事項を証明するものをいう。**【判例C】**

⓬　資格を有さない者が、資格を冒用（名義の権利者の同意を得ないで、その名称等を使用すること）した場合、私文書偽造等罪が成立する。**【判例D】**

⓭　代理権を有さない者がその名義を冒用した場合に名義人は「代理された者」である。**【判例E】**

⓮　交通事件原票の供述書欄など、名義人以外の者が作成することが法令上許されないものであれば、名義人の承諾があっても私文書偽造罪が成立する。

判例
A

Ⓠ コピーして作成した文書は文書偽造罪における「文書」にあたるか？

Ⓐ あたる。

真正な公文書の押印部分を切り取り、虚偽の事実を記載した用紙に合わせてコピーをとり、虚偽の文書を作成した事案。

最判昭51.4.30

……写真機、複写機等を使用し、機械的方法により原本を複写した文書は、写ではあるが、複写した者の意識が介在する余地のない、機械的に正確な複写版であって、紙質等の点を除けば、その内容のみならず筆跡、形状にいたるまで、原本と全く同じく正確に再現されているという外観をもち、また、一般にそのようなものとして信頼されうるような性質のもの、換言すれば、これを見る者をして、同一内容の原本の存在を信用させるだけではなく、印章、署名を含む原本の内容についてまで、原本そのものに接した場合と同様に認識させる特質をもち、その作成者の意識内容でなく、原本作成者の意識内容が直接伝達保有されている文書とみうるようなものであるから、……公文書の写真コピーの性質とその社会的機能に照らすときは、写真コピーは、文書本来の性質上写真コピーが原本と同様の機能と信用性を有しえない場合を除き、公文書偽造罪の客体となる。

判例
B

Ⓠ 虚偽公文書作成等罪に間接正犯は成立するか？

Ⓐ 成立しない。

被告人が渡米のために、事情を知らない村役場係員に虚偽の内容を記載した証明書を作成させ、その証明書を使用して米国領事館から旅券をだまし取ろうとした件につき、被告人が間接正犯に該当するかが争われた事例。

最判昭27.12.25

公務員の身分を有しない者が、虚偽の内容を記載した証明願を村役場の係員に提出し、情を知らない同係員をして村長名義の虚偽の証明書を作成させた行為は、刑法第156条の間接正犯として処罰すべきではない。

判例

Q 私文書偽造等罪の「事実証明に関する文書」に入試試験の答案は含まれるか？

A 含まれる。

最決平 6 .11.29

入学選抜試験の答案は、それが採点されて、その結果が志願者学力を示す資料となり、これを基に合否の判定が行われ、合格の判定を受けた志願者が入学を許可されるのであるから、志願者の学力の証明に関するものであって、「社会生活に交渉を有する事項」を証明する文書にあたる。

判例

Q 資格を有さない者が、資格を冒用したら私文書偽造といえるか？

A 私文書偽造といえる。

同姓同名の弁護士の肩書を冒用した事案。

最決平 5 .10. 5

その文書の名義人は、弁護士甲であって、弁護士資格を有しない被告人とは別人格の者であるから、名義人と作成者との人格の同一性にそごを生じさせたものというべきであり私文書偽造罪（・同行使罪）が成立する。

判例

E

Q 代理・代表権を有さない者がその名義を使って文書を作成した場合、その名義人は誰か？（名義人と作成者がズレている（＝人格の同一性にズレ）と偽造にあたるため、名義人が誰かが重要となる。）

A 名義人は代理・代表されている者になり、文書偽造となる。

代表Bの代理権を持たない被疑者が、Bの代理人として文書を作成した事例。

最決昭45. 9 . 4

他人の代表者又は代理人として文書を作成する権限のない者が、他人を代表もしくは代理すべき資格、又は、普通人をして他人を代表もしくは代理するものと誤信させるに足りるような資格を表示して作成した文書の名義人は、代表もしくは代理された本人であると解するのが相当である。

○×問題で復習

Q

〔1〕 甲は、警察官から道路交通法違反（無免許運転）の疑いで取調べを受けた際、交通事件原票中の供述書欄に、あらかじめ承諾を得ていた実兄乙の名義で署名指印した。甲には有印私文書偽造罪が成立する。

〔2〕 甲は、行使の目的で、正規の国際運転免許証を発給する権限のない民間団体乙名義で、外観が正規の国際運転免許証に酷似する文書を作成した。甲は、乙からその文書の作成権限を与えられていたが、乙に正規の国際運転免許証を発給する権限がないことは知っていた。甲には私文書偽造罪は成立しない。

〔3〕 虚偽公文書作成罪は、行為者に身分があることによって犯罪を構成する真正身分犯である。そして、非身分者も身分者を利用することによって身分犯の保護法益を侵害することは可能であるから、虚偽公文書作成罪の間接正犯は成立しうる。

〔4〕 写真コピーも文書偽造罪における文書にあたりうる。

解答解説

○〔1〕 甲は、警察官から道路交通法違反（無免許運転）の疑いで取調べを受けた際、交通事件原票中の供述書欄に、あらかじめ承諾を得ていた実兄乙の名義で署名指印した。甲には有印私文書偽造罪が成立する。

名義人以外の者が作成することが法令上許されないもの　あらかじめ承諾を受けていたとしても　有印私文書偽造罪が成立する

×〔2〕 甲は、行使の目的で、正規の国際運転免許証を発給する権限のない民間団体乙名義で、外観が正規の国際運転免許証に酷似する文書を作成した。甲は、乙からその文書の作成権限を与えられていたが、乙に正規の国際運転免許証を発給する権限がないことは知っていた。甲には私文書偽造罪は成立しない。

資格を有さない者が、資格を冒用した場合　私文書偽造罪が成立する

×〔3〕 虚偽公文書作成罪は、行為者に身分があることによって犯罪を構成する真正身分犯である。そして、非身分者も身分者を利用することによって身分犯の保護法益を侵害することは可能であるから、虚偽公文書作成罪の間接正犯は成立しうる。

非公務員の行為については、虚偽公文書作成罪の間接正犯は成立しない

○〔4〕 写真コピーも文書偽造罪における文書にあたりうる。

文書とは、文字又はこれに代わるべき符号を用い、ある程度永続すべき状態において、物体の上に記載した意思・観念の表示をいう。写真コピーも文書にあたる

電磁的記録不正作出・供用罪・支払用カード電磁的記録不正作出罪

19分

関係条文

刑　法

（電磁的記録不正作出及び供用）

第161条の２　人の事務処理を誤らせる目的で、その事務処理の用に供する権利、義務又は事実証明に関する電磁的記録を不正に作った者は、５年以下の懲役又は50万円以下の罰金に処する。

２　前項の罪が公務所又は公務員により作られるべき電磁的記録に係るときは、10年以下の懲役又は100万円以下の罰金に処する。

３　不正に作られた権利、義務又は事実証明に関する電磁的記録を、第１項の目的で、人の事務処理の用に供した者は、その電磁的記録を不正に作った者と同一の刑に処する。

４　前項の罪の未遂は、罰する。

（支払用カード電磁的記録不正作出等）

第163条の２　人の財産上の事務処理を誤らせる目的で、その事務処理の用に供する電磁的記録であって、クレジットカードその他の代金又は料金の支払用のカードを構成するものを不正に作った者は、10年以下の懲役又は100万円以下の罰金に処する。預貯金の引出用のカードを構成する電磁的記録を不正に作った者も、同様とする。

２　不正に作られた前項の電磁的記録を、同項の目的で、人の財産上の事務処理の用に供した者も、同項と同様とする。

３　不正に作られた第１項の電磁的記録をその構成部分とするカードを、同項の目的で、譲り渡し、貸し渡し、又は輸入した者も、同項と同様とする。

（不正電磁的記録カード所持）

第163条の３　前条第１項の目的で、同条第３項のカードを所持した者は、５年以下の懲役又は50万円以下の罰金に処する。

（支払用カード電磁的記録不正作出準備）

第163条の４　第163条の２第１項の犯罪行為の用に供する目的で、同項の電磁的記録の情報を取得した者は、３年以下の懲役又は50万円以下の罰金に処する。情を知って、その情報を提供した者も、同様とする。

２　不正に取得された第163条の２第１項の電磁的記録の情報を、前項の目的で保管した者も、同項と同様とする。

３　第１項の目的で、器械又は原料を準備した者も、同項と同様とする。

（未遂罪）

第163条の５　第163条の２及び前条第１項の罪の未遂は、罰する。

こんな問題が出る!

次は、支払用カード電磁的記録不正作出罪に関する記述であるが、誤りはどれか。

〔1〕 カードの**外観にのみ**改変を加えた場合、支払用カード電磁的記録不正作出罪にはあたらない。

〔2〕 不正作出とは、**権限なく**カードを構成する電磁的記録をカード上に**印磁**することをいい、記録をはじめから作出するほか、既存の記録を改変、抹消することによって**新たな記録にする場合も含む**。

〔3〕 不正作出されたカードを譲り渡す行為は、**渡した相手方が不正に作出されたものであることを認識しているか否かにかかわらず**、不正電磁的記録カード譲渡し罪が成立する。

〔4〕 不正作出されたカードを、電子計算機において用いることができる状態に置く行為は、支払用カード電磁的記録不正作出**準備罪**に当たる。

〔5〕 不正作出されたカードを**所持するだけ**でも、処罰の対象となる。

〔解答〕〔4〕

STEP 1

人の事務処理を誤らせる目的で、電磁的記録作出検者の意図に反し、権限なしに、又は権限を逸脱して、自己のほしいままに電磁的記録を作り出すと罰せられる。また、**不正に作出された代金又は料金の支払用カードを構成する電磁的記録**を、**人の財産上の事務処理に用いられる電子計算機**で使用しうる状態に置くと罰せられる。

STEP 2

保護法益は電磁的記録に対する公共的信用である。電磁的記録不正作出・供用罪（161条の２）は、人の事務処理を誤らせる目的が必要な目的犯である。

支払用カード電磁的記録不正作出罪（163条の２）における**「代金又は料金の支払用カード」**とは、クレジットカード、デビットカード、プリペイドカードなどをいう。支払機能を有しないポイントカード、貸金業者が発行する貸付け専用のローンカードは含まれない。「**預貯金の引出用のカード**」とは、金融機関が発行する預金又は貯金に関するカードをいう。キャッシュカードがこれにあたる。

本罪は、「**人の財産上の事務処理を誤らせる目的**」で行われることが必要である（目的犯）。「**供用**」とは、**不正に作出された支払用カードを構成する電磁的記録を、人の財産上の事務処理に用いられる電子計算機で使用しうる状態に置くこと**をいう（＝**準備罪ではない。**）。

電磁的記録不正作出罪（161条の2）では、「**不正作出**」と「**供用**」が実行行為なのに対して、**支払用カード電磁的記録不正作出罪**（163条の2）では、「**不正作出**」と「**供用**」に加え、「**譲渡し**」、「**貸渡し**」、「**輸入**」が実行行為となっている。

ここに Focus

❶　電磁的記録不正作出・供用罪における「不正に作った」とは、電磁的記録作出権者の意図に反し、権限なしに、又は権限を逸脱して、自己のほしいままに電磁的記録を作り出すことをいう。

❷　供用とは、電磁的記録を、他人の事務処理のため、これに使用される電子計算機において用いうる状態に置くことをいう。**【判例A】**

❸　支払用カード電磁的記録不正作出及び供用罪では、「不正作出」と「供用」だけでなく、「譲渡し」、「貸渡し」、「輸入」も処罰される。

❹　不正作出されたカードを所持するだけでも、処罰の対象となる（もちろん、目的も必要である。）。

❺　本罪は目的犯である。

判例
A

Q はずれ馬券の電磁的記録を的中馬券に改ざんした場合、電磁的記録不正供用罪にあたるか？

Ⓐ 的中馬券の内容に印磁・改ざんし、自動払戻機に入れる行為も「共用」にあたる。

連勝式勝馬投票券の電磁的記録を、的中馬券の内容に印磁・改ざんし、これを自動払戻機に挿入して現金を払い出させた事例。

甲府地判平元. 3 .31

はずれ馬券の磁気部分に的中馬券のデータを印磁する行為は、供用にあたる。

○×問題で復習

Q

〔1〕 支払いのできない住民基本台帳カード（マイナンバーカード）も、支払用カード電磁的記録不正作出罪の客体となる。

〔2〕 甲は、警察大学校の教員であり、警察官の学術研修において、「実例」として警察官に見せる目的で、権限がないにもかかわらず支払用カードに電磁的記録を印磁した。甲には支払用カード電磁的記録不正作出罪が成立する。

〔3〕 不正作出されたカードを所持しているだけでも処罰される場合がある。

〔4〕 電磁的記録不正作出及び供用罪と支払用カード電磁的記録不正作出罪は、対象の客体に違いがあるものの、処罰される行為は、「不正作出」と「供用」のみである点で共通する。

解答解説

×〔1〕 支払いのできない住民基本台帳カード（マイナンバーカード）も、支払用カー
支払機能を有しないカードは支払用カード電磁的記録不正作出罪の客体とならない
ド電磁的記録不正作出罪の客体となる。

×〔2〕 甲は、警察大学校の教員であり、警察官の学術研修において、「実例」として警
「人の財産上の事務処理を誤らせる目的」で行わ
察官に見せる目的で、権限がないにもかかわらず支払用カードに電磁的記録を
れることが必要
印磁した。甲には支払用カード電磁的記録不正作出罪が成立する。

○〔3〕 不正作出されたカードを所持しているだけでも処罰される場合がある。
不正作出されたカードを所持するだけでも、処罰の対象

×〔4〕 電磁的記録不正作出及び供用罪と支払用カード電磁的記録不正作出罪は、対象
の客体に違いがあるものの、処罰される行為は、「不正作出」と「供用」のみで
支払用カード電磁的記録不正作出罪は「譲渡し」、「貸渡し」、「輸入」も処罰の対象
ある点で共通する。

公然わいせつ・わいせつ物頒布等罪

関係条文

刑　法

（公然わいせつ）
第174条　公然とわいせつな行為をした者は、6月以下の懲役若しくは30万円以下の罰金又は拘留若しくは科料に処する。

（わいせつ物頒布等）
第175条　わいせつな文書、図画、電磁的記録に係る記録媒体その他の物を頒布し、又は公然と陳列した者は、2年以下の懲役若しくは250万円以下の罰金若しくは科料に処し、又は懲役及び罰金を併科する。電気通信の送信によりわいせつな電磁的記録その他の記録を頒布した者も、同様とする。
2　有償で頒布する目的で、前項の物を所持し、又は同項の電磁的記録を保管した者も、同項と同様とする。

こんな問題が出る!

次は、公然わいせつ・わいせつ物頒布等罪に関する記述であるが、誤りはどれか。

〔1〕「わいせつ」とは、**性欲を興奮又は刺激させ、かつ、普通人の性的羞恥心を害し、善良な性的道義観念に反する行為**をいう。

〔2〕「公然」とは、**現実に**不特定又は多数人が認識することをいい、認識の**可能性**があるだけでは**足りない**。

〔3〕「図画」とは、絵画、写真、ＤＶＤ等、**象形的方法**によるものであり、コンピューターのディスク等も、入力されたデータが映像化されるものであれば、該当する。

〔4〕「公然と陳列」とは、**不特定又は多数人が物の内容を認識しうる状態に置く**ことをいい、ホームページ上でのわいせつ図画の掲載等を含む。

〔5〕「有償で頒布する目的で所持」とは、**日本国内**で有償交付する目的で、自己の事実上の**支配下に置く**ことをいう。他人に預けておいてもこれにあたりうる。

〔解答〕〔2〕

STEP 1

公然とわいせつな行為をした者は罰せられる。わいせつとは、**いたずらに性欲を興奮又は刺激させ、かつ、普通人の正常な性的羞恥心を害し、善良な性的道義観念に反するもの**をいう。

わいせつな物を頒布（はんぷ）**したり、公然と**（**不特定又は多数の人が認識しうる状態**）陳列すると罰せられる。現実に不特定・多数人が認識しなくとも、その可能性があれば「公然と」にあたる。電気通信の送信によりわいせつな記録を頒布することでも罰せられる。頒布とは、**不特定又は多数の人に交付すること**をいう。

有償で頒布する目的で、わいせつ物を所持し、又はわいせつな電磁的記録を保管しても罰せられる。

STEP 2

公然わいせつ・わいせつ物頒布等罪の保護法益は、**性的風俗（社会的法益）**である。

※ちなみに176条以下は、**個人的法益**である。

本罪の**わいせつ性**（文書）**は、一般社会における良識（社会通念）を基準として、その文書等自体から客観的に判断される**。芸術的・思想的価値のある文書であっても、わいせつ性が認められることもある。**図画**とは象徴的（象形的）方法によって表示されるもの（映画、絵画、写真、ＤＶＤなど）をいう。

有償頒布目的での、①わいせつな物の「所持」と、②わいせつな電磁的記録の「保管」も処罰される。

本罪の故意には、**わいせつ性の認識**（一般通常人がわいせつと感じるような意味をもった内容の文書等であるという程度の認識）も**必要**である。また、故意のほかに、「**有償で頒布する目的**」が必要（＝**目的犯**）である。

ここに Focus

❶　公然とは、不特定又は多数の人が認識しうる状態をいう。【判例A】

❷　わいせつとは、いたずらに性欲を興奮又は刺激させ、かつ、普通人の正常な性的羞恥心を害し、善良な性的道義観念に反するものをいう。【判例B】

❸　頒布とは、不特定又は多数の人に交付することをいう。【判例C】

❹　「公然と陳列」とは、不特定又は多数の人が認識しうる状態におくことをいう。【判例D】

❺　わいせつ性の認識とは、一般通常人がわいせつと感じるような意味をもった内容の文書等であるという程度の認識である。

❻　国外で有償頒布する目的で所持しても、有償頒布罪は成立しない。【判例E】

判例

Ⓠ「公然と」は具体的にどんな状態だと解されるか？

Ⓐ 特定又は多数の人が認識しうる状態と解される。

40名に対して、わいせつ映画を閲覧させたことは「公然と」に該当するか争われた事例。

最決昭32. 5 .22

公然わいせつ罪の「公然」とは、特定又は多数の人が認識しうる状態をいう。

人に見せる目的で、不特定多数の人を勧誘し、夜間に密閉した部屋に集めた人の前で、わいせつな行為をした事例。

最決昭31. 3 . 6

不特定・多数の客を勧誘したならば、たとえ特定・少数の者しか来なかったとしても、「公然」にあたる。

判例

Ⓠ わいせつ性（文書）の判断方法は？

Ⓐ 客観的に判断される。

イギリス人作家の過激な描写がある小説「チャタレイ夫人の恋人」（イギリスの貴族制度を批判しつつ、婚姻外の性交渉についての内容）を日本語に訳した作家と版元の社長がわいせつ物頒布罪に問われた事例。

最大判昭32. 3 .13【チャタレイ事件】

わいせつ性は、一般社会における良識（社会通念）を基準として、その文書等自体から客観的に判断する。芸術品だとしても、作品中にわいせつ性を認めうる部分がある以上は「わいせつな物」である。

フランスの小説を日本語に翻訳した翻訳者と出版社がわいせつ物頒布罪に問われた事例。

最大判昭44.10.15【悪徳の栄え事件】

芸術的・思想的価値のある文書であっても、わいせつ性を有するものとすることはさしつかえない。文書の個々の部分は全体としての文書の一部として意味をもつものであるから、その部分のわいせつ性の有無は、文書全体との関連において判断されなければならない。

性的描写のある小説を雑誌に掲載したことでわいせつ文書を販売したとされる事例。

最判昭55.11.28【四畳半襖の下張事件】

わいせつ物であるか否かは、[1]当該文書の性に関する露骨で詳細な描写叙述の程度・手法、[2]描写叙述の文書全体に占める比重、[3]文書に表現された思想等と上記描写叙述との関連性、[4]文書の構成・展開、さらには、[5]芸術性・思想性等による性的刺激の緩和の程度、また、[6]これらの観点から文書を全体としてみたときに、主として、読者の好色的興味に訴えるものと認められるか否かなどの事情を総合して決すべきである。

判例
C

Ⓠ インターネットの配信サイトにわいせつ動画をアップロードする行為は「頒布」となるか？
Ⓐ 頒布となる。

日本国内で作成したわいせつな動画をアメリカの共犯者に送り、不特定の顧客によるインターネットを介したダウンロード操作に応じて自動的にデータを送信する方法によってわいせつな動画のデータを記録、保存させた事例。

最決平26.11.25

刑法175条１項後段にいう「頒布」とは、不特定又は多数の者の記録媒体上に電磁的記録その他の記録を存在するに至らしめることをいうと解される。被告人らが運営する配信サイトには、インターネットを介したダウンロード操作に応じて自動的にデータを送信する機能が備え付けられていたのであって、顧客による操作は被告人らが意図していた送信の契機となるものにすぎず、被告人らは、これに応じてサーバコンピュータから顧客のパーソナルコンピュータへデータを送信したというべきである。したがって、不特定の者である顧客によるダウンロード操作を契機とするものであっても、その操作に応じて自動的にデータを送信する機能を備えた配信サイトを利用して送信する方法によってわいせつな動画等のデータファイルを当該顧客のパーソナルコンピュータ等の記録媒体上に記録、保存させることは、刑法175条１項後段にいうわいせつな電磁的記録の「頒布」にあたる。

判例
D

Q インターネット上にわいせつ画像をアップし、自由にアクセスできるようにするのは「公然陳列」か？

A 公然陳列になる。

わいせつな画像データをパソコンネットのホストコンピュータにアップロードし、他の会員にダウンロードのうえ当該画像データを観覧させた事例。

最決平13.7.16

175条が定めるわいせつ物を「公然と陳列した」とは、その物のわいせつな内容を不特定又は多数の者が認識できる状態に置くことをいい、被告人が開設し、運営していたパソコンネットにおいて、そのホストコンピュータのハードディスクに記憶、蔵置させたわいせつな画像データを再生して現実に閲覧するためには、会員は、比較的容易にわいせつな画像を再生閲覧することが可能であった。そうすると、被告人の行為は、ホストコンピュータのハードディスクに記憶、蔵置された画像データを不特定多数の者が認識できる状態に置いたものというべきであり、わいせつ物を「公然と陳列した」ことにあたる。

判例
E

Q 「有償で頒布する目的」（販売の目的）にはどんなものがあるか？

A 次の判例が例として挙げられる。

児童の醜態に係る画像データを記憶、蔵置させて児童ポルノ・わいせつ物である光磁気ディスクを製造し、所持していた事例。

最決平18.5.16

わいせつな画像データをパソコンのハードディスクに記憶させたうえ、その元データを記憶させたコンパクトディスクを有償頒布するという目的であった場合、バックアップのために元データを記憶させた光磁気ディスクを所持する行為は、「有償で頒布する目的」（販売の目的）で行われたものといえる。

判例
F

Ⓠ 外国有償頒布する目的で所持した場合、「有償頒布罪」は成立するか？
Ⓐ 成立しない。

外国（日本国外）で販売する目的のため、わいせつなカラーの写真を日本国内で所持していた事例。

最判昭52.12.22
175条の規定は、日本における健全な性風俗を維持するため、日本国内でわいせつ物が販売等されることを禁じようとする趣旨であるから、国外で有償頒布する目的で所持しても、本罪は成立しない。

○×問題で復習

Q

〔1〕 甲は、人通りの多い駅構内において、自己の性器を露出させた。実際には、それに気付いた人はいなかった。この場合、甲には公然わいせつ罪は成立しない。

〔2〕 甲は、友人乙の誕生日に、わいせつ図画であるＤＶＤを１枚購入した上、これをお祝いとして乙にプレゼントした。この場合、甲には、わいせつ図画頒布罪は成立しない。

〔3〕 甲は、日本国外で販売する目的で、日本国内において、わいせつな映像が録画されたＤＶＤを所持した。この場合、甲にはわいせつ物有償頒布罪は成立しない。

〔4〕 甲は、不特定多数の通行人を路上で勧誘して５名の客を集めた上、自宅であるマンションの一室において、外部との出入りを完全に遮断した状態で、わいせつな映像が録画されたＤＶＤを再生し、その５名の客に有料で見せた。この場合、甲にはわいせつ物公然陳列罪が成立する。

解答解説

×〔1〕　甲は、人通りの多い駅構内において、自己の性器を露出させた。実際には、そ
不特定又は多数の人が認識しうる状態であれば、「公然」となる
れに気付いた人はいなかった。この場合、甲には公然わいせつ罪は成立しない。

○〔2〕　甲は、友人乙の誕生日に、わいせつ図画であるＤＶＤを１枚購入した上、これをお祝いとして乙にプレゼントした。この場合、甲には、わいせつ図画頒布罪は
不特定又は多数の人への交付ではない＝特定かつ少数である
成立しない。

○〔3〕　甲は、日本国外で販売する目的で、日本国内において、わいせつな映像が録画
国外で有償頒布する目的で所持しても、有償頒布罪は成立しない
されたＤＶＤを所持した。この場合、甲にはわいせつ物有償頒布罪は成立しない。

○〔4〕　甲は、不特定多数の通行人を路上で勧誘して５名の客を集めた上、自宅である
不特定の客を勧誘したならば、少数の者しか来なくても「公然」となる
マンションの一室において、外部との出入りを完全に遮断した状態で、わいせつな映像が録画されたＤＶＤを再生し、その５名の客に有料で見せた。この場合、
不特定又は多数の人が認識しうる状態に置く
甲にはわいせつ物公然陳列罪が成立する。

コラム　～わいせつ性を行為者はどう判断するのか？～

わいせつ物頒布等罪の故意は、わいせつな物を頒布・公然陳列することの認識・認容です。「わいせつ性」は、裁判官が規範的・評価的な価値判断を加えなければ、ある事実がこれに該当するかどうかを明らかにすることができません（これを**「規範的構成要件要素」**といいます。）。

規範的構成要件要素も客観的構成要件要素であるので、構成要件的故意の認識の対象となります。つまり、物自体の認識だけではなく、その物がわいせつ性を有するという社会的意味・性質を犯人が認識していることが必要となります（＝**意味の認識**）。

ただし、犯人は一般人なので、裁判官と同様の、175条にいう法的な意味での「わいせつ」に該当するかどうかという専門家的認識を要求することはできません。だって、本Chapterで見た判例のわいせつ性の判断基準、めちゃくちゃ複雑でしたよね。ページ全体におけるわいせつ表現のページ数や芸術性なんて、素人には分かりません。したがって、ここでは、「一般通常人がわいせつと感じるような意味をもった内容の文書等である」という程度の認識（＝**素人的認識**）があれば足りるのです。

Part 4

各論―個人的法益を侵害する罪

暴行罪

25分

関係条文

刑　法

（暴行）
第208条　暴行を加えた者が人を傷害するに至らなかったときは、２年以下の懲役若しくは30万円以下の罰金又は拘留若しくは科料に処する。

こんな問題が出る！

次は、暴行罪に関する記述であるが、誤りはどれか。

〔1〕　本罪における暴行は、刑法における**広義**の暴行であり、人に対する有形力の行使であるが、**必ずしも**直接的に人の身体に加えられることは必要ではない。

〔2〕　本罪における暴行は、**不法な有形力の行使**とされており、この不法性の判断は、被害者に与えられた苦痛の有無・程度、行為の目的、行為当時の状況等を総合して、社会生活上認められるものかどうかによって決せられる。

〔3〕　本罪の犯意は、**人の身体に対して有形力を行使することの認識**であり、未必的認識で足りると解されている。

〔4〕　本罪は、暴行を構成要件とする公務執行妨害罪、騒乱罪、強制性交等罪、強盗罪等とは**吸収関係**にある。

〔5〕　数人共同し又は団体の威力を示して暴行を加えたような場合には、暴行罪の特別法たる**暴力行為等処罰ニ関スル法律**違反一罪が成立する。

※暴力行為等処罰ニ関スル法律１条【集団的暴行・脅迫・器物損壊】
多人数で又は多人数であるように装って威力を示し、又は刃物などの凶器を示したうえで、暴行や脅迫を加える行為、故意に物を壊す行為は、暴力行為等処罰法第１条で処罰されます。

〔解答〕〔1〕

STEP 1

暴行罪（208条）

人の身体に対する不法な有形力の行使（物理的に攻撃を加えること。）をすると罰せられる（狭義の暴行）。

STEP 2

保護法益は人の身体の安全である。

人の身体に直接加えられた不法な有形力の行使の場合は、傷害結果を生じさせる危険を要しない（惹起する程度でよい。）。人の身体に不法な有形力が直接加えられない場合も力が人に向けられている必要はあるが、相手方に身体的苦痛を惹起する程度でよい。

暴行の犯意（故意）による場合のほか、傷害の犯意（故意）によって暴行したが、傷害の結果が発生しなかった場合にも本罪が成立する。

暴行を手段とすることが予定されている傷害罪、強盗罪、公務執行妨害罪等においては、暴行罪はこれらの犯罪に吸収される。

また、暴行罪の暴行は、**人の身体に対する不法な有形力の行使**であるが、強盗罪の暴行は、**相手方の反抗を抑圧するに足りる程度**をいうため、同じ刑法の中でも「暴行」の内容が異なっている。

未必の故意
その犯罪が発生する確定的な認識ではなく、その犯罪が起きても構わない・仕方ないといった認識を未必的認識という。

最広義の暴行……不法な有形力の行使すべて
（内乱罪（77条）・騒乱罪（106条）・多衆不解散罪（107条））

広義の暴行……人に対する不法な有形力の行使（直接・間接）
公務執行妨害罪（95条１項 p.166参照）・職務強要罪（95条２項）・加重逃走罪（98条 p.191参照）・逃走援助罪（100条 p.192参照）・特別公務員暴行陵虐罪（195条）・強要罪（223条 p.302参照）

狭義の暴行……人に対する不法な有形力の行使（直接）暴行罪（208条）

最狭義の暴行……人の反抗を抑圧、又は、著しく困難にするに足りる有形力の行使
強制性交等罪（177条 p.329参照）・強制わいせつ罪（176条 p.322参照）・強盗罪（236条 p.377参照）・事後強盗罪（238条 p.385参照）

ここに Focus

❶　暴行罪の成立にあたり、人の身体に直接加える場合には傷害の危険は不要である。

❷　暴行罪の成立にあたり、人の身体に直接加えない場合には傷害の危険は必要である。

判例
A

Q 傷害の危険がなくても暴行罪は成立するか？

A 以下の場合、成立すると解される。

大判昭8.4.15

着衣を引っ張る行為も暴行にあたる。

福岡高判昭46.10.11

塩をふりかける行為も暴行にあたる。

※いずれも傷害の危険はないが、不法な有形力の行使があるため。

判例
B

Q 相手に接触していなくても暴行にあたるか？

A 以下の場合、暴行にあたると解される。

東京高判昭25.6.10

驚かす目的で人の数歩手前を狙って投石する行為も暴行にあたる。

太鼓を耳元で打って、その大音量によりもうろうとさせた事例。

最判昭29.8.20

耳元で太鼓を鳴らす行為も暴行にあたる。

最決昭39.1.28

脅すために狭い室内で日本刀を振り回す行為も暴行にあたる。

東京高判昭50.4.15

嫌がらせの目的をもって車で幅寄せをする行為も暴行にあたる。

※いずれも触れてはいないが、傷害の危険があるため、不法な有形力の行使にあたる。

○×問題で復習

Q

〔1〕 暴行罪の成立には必ず傷害の危険が必要である。

〔2〕 被害者への接触を伴わない場合、暴行罪が成立することはない。

〔3〕 暴行罪の暴行は、刑法における広義の暴行である。

〔4〕 暴行罪にいう暴行と、強盗罪にいう暴行は内容が異なる。

解答解説

×〔1〕 暴行罪の成立には必ず傷害の危険が必要である。
必ずしも必要ではない

×〔2〕 被害者への接触を伴わない場合、暴行罪が成立することはない。
間接暴行が成立することがある

×〔3〕 暴行罪の暴行は、刑法における広義の暴行である。
狭義の暴行（肉体的苦痛）　物に対する暴行も含む

○〔4〕 暴行罪にいう暴行と、強盗罪にいう暴行は内容が異なる。
狭義の暴行（肉体的苦痛）最狭義の暴行（反抗の抑圧）

傷害罪　30分

関係条文

刑　法

（傷害）

第204条　人の身体を傷害した者は、15年以下の懲役又は50万円以下の罰金に処する。

（同時傷害の特例）

第207条　二人以上で暴行を加えて人を傷害した場合において、それぞれの暴行による傷害の軽重を知ることができず、又はその傷害を生じさせた者を知ることができないときは、共同して実行した者でなくても、共犯の例による。

こんな問題が出る!

次は、傷害罪が成立する事例を列記したものであるが、誤りはどれか。

〔1〕　被害者を欺いて毒物を服用させ、**下痢**を起こさせた。

〔2〕　嫌がらせ電話を多数掛けて**精神衰弱**に陥れた。

〔3〕　太鼓を耳元で打って、その大音量により一瞬**もうろう**とさせた。

〔4〕　被害者を脅迫して「命が惜しければ**指を自分で切れ**」と命じ、畏怖した被害者にそのとおりのことをさせた。

〔5〕　**大量の髪の毛を毛根から抜き取った**。

〔解答〕〔3〕

STEP 1

傷害罪（204条）

健康状態を不良に変更し、その生活機能の障害を惹起する行為をしたら罰せられる（暴行を加えたことによりけがをさせたら罰せられる。）。

STEP 2

保護法益は人（他人）の身体（の安全）である。**傷害罪の「傷害」は人の生理的機能を害する現実的危険性がある行為をいう。**

※無形又は不作為、間接による傷害も、傷害行為として認められる。

例えば、被害者を欺いて毒物を飲ませて、下痢を起こさせるとか、嫌がらせ電話を多数掛けて精神衰弱に陥れるとか、性病を感染させる行為も傷害行為と認められる。

※身体を保護法益とするため、自分で自分を傷つける自傷行為は、法益を放棄していることになり、また、自己決定の一種であるから処罰されない。

同時傷害の特例（207条）は、同時に複数人で暴行を加えた場合、各人の暴行と傷害結果の因果関係の立証が困難であることから、誰の行為により傷害が生じたのか不明となり、全員に傷害未遂である暴行罪が適用されてしまわないよう、**共同正犯**についての規定を適用する趣旨である。

同時傷害の特例の要件

①同一機会に暴行の故意で行われたこと

②関与者に意思の連絡（共謀）がないこと

③傷害主体や軽重の証明ができないこと

同時傷害の特例は、**結果的加重犯**である**傷害致死罪にも適用される**。

結果的加重犯
意図した犯罪が成立したあとに、予見しなかった重い結果が発生した場合、「基本となる犯罪よりも重く処罰する」という考え方

ここに Focus

❶　傷害罪の「傷害」は人の生理的機能を害する現実的危険性がある行為をいう。【判例D】

❷　傷害行為は、有形・無形、作為・不作為、直接・間接を問わない。【判例C】

❸　有形的方法の場合は暴行の認識があれば、傷害の故意は足りる。

❹　無形的方法による場合には傷害の故意が必要である。【判例C】

❺　有形的方法による傷害の未遂は暴行罪として処罰する。

❻　結果的加重犯（傷害致死）において加重結果についての故意は必要ない。

❼　207条〔同時傷害の特例〕は、傷害致死罪にも適用可能である。【判例F】

8分

判例
A

Q 女性の毛髪を意に反して切り取る行為は傷害罪が成立するか？

Ⓐ 暴行罪が成立する。

大判明45. 6 .20

刑法第204条の傷害罪は他人の身体に対する暴行によってその生活機能の毀損即ち健康状態の不良変更を惹起することによって成立する。したがって、根本から髪を切り取った行為には傷害罪ではなく、暴行罪が成立するにすぎない。

判例
B

Q 毛髪を意に反してたくさん抜き取る行為は傷害罪が成立するか？

Ⓐ 傷害罪が成立する。

大阪高判昭29. 5 .31

毛根を引き抜くと血管神経が破壊され表皮を損傷するから、生理状態の不良な変更を来し、生活機能を毀損する。よって、傷害罪が成立する。

判例
C

Q 無形的方法による傷害に対し傷害罪を適用させることは可能か？

Ⓐ 可能である。

約１年半にわたり連日のラジオの音声などを大音量で鳴らし、騒音による慢性頭痛を負わせた事案。

最決平17. 3 .29

被告人は、約１年半の間にわたり、隣家の被害者らに向けて、精神的ストレスによる障害を生じさせるかもしれないことを認識しながら、連日朝から深夜ないし翌未明まで、ラジオの音声及び目覚まし時計のアラーム音を大音量で鳴らし続けるなどして、精神的ストレスを与え、慢性頭痛症、睡眠障害、耳鳴り症の傷害を負わせた。以上のような事実関係の下において、被告人の行為は傷害罪の実行行為にあたる。

判例 D

Ⓠ 睡眠薬を必要以上に飲ませる行為は傷害にあたるか？

Ⓐ 傷害にあたる。

睡眠薬の粉末を被害者に飲ませて、数時間の意識障害及び筋弛緩作用を伴う急性薬物中毒の症状を生じさせた事案。

最決平24.1.30

被告人は、病院で勤務中ないし研究中であった被害者に対し、睡眠薬等を摂取させたことによって、約6時間又は約2時間にわたり意識障害及び筋弛緩作用を伴う急性薬物中毒の症状を生じさせ、被害者の健康状態を不良に変更し、その生活機能の障害を惹起したものであるから、傷害罪が成立する。

判例 E

Ⓠ 被害者が心的外傷後ストレス障害を負った場合、傷害罪が適用されるか？

Ⓐ 適用される。

最決平24.7.24

PTSD（心的外傷後ストレス障害）のような精神的障害についても精神的機能の障害を惹起したといえる。

判例
F

Q 同時傷害の特例は、誰かの暴行と死亡の間の因果関係が肯定されるときであっても適用されるか？

A 適用される。

被告人XとYは、共謀の上、被害者Aに対して第1暴行を加え傷害を負わせ、さらに被告人Zは、Aの頭部顔面を多数回蹴りつける等の第2暴行を加えて、これら一連の暴行によりAは急性硬膜下血腫の傷害を負い、死亡した事案。

最決平28. 3 .24

同時傷害の特例を定めた刑法207条は、共犯関係にない二人以上が暴行を加えた事案において、検察官が、各暴行が当該傷害を生じさせ得る危険性を有するものであること及び各暴行が外形的には共同実行に等しいと評価できるような状況において行われたこと、すなわち同一の機会に行われたものであることの証明をした場合、各行為者において、自己の関与した暴行が傷害を生じさせていないことを立証しない限り、傷害についての責任を免れないとしたものである。

共犯関係にない二人以上の暴行による傷害致死の事案において、刑法207条適用の前提となる事実関係が証明された場合には、いずれかの暴行と死亡との間の因果関係が肯定されるときであっても、各行為者について同条の適用が可能である。

○×問題で復習

Q

〔1〕 甲は、性病がうつるかもしれないことを認識しつつ、乙と関係を持ち、乙が性病に罹患した。この場合、甲には傷害罪が成立する。

〔2〕 甲は、四畳半の室内で、乙を脅す目的で、さやから抜いた日本刀をその面前で数回振り回したところ、誤ってその日本刀の刃先が乙の腕に当たり、乙にけがを負わせた。甲には傷害罪は成立しない。

〔3〕 傷害の行為は、他人の身体を傷害することであるが、外傷の存在は必ずしも必要ではない。

〔4〕 自らの意思に基づいた自傷行為は不可罰である。

〔5〕 甲・乙が意思の疎通なく、同時に丙に暴行を加え傷害を負わせたが、その傷害の原因が甲・乙いずれの暴行によるものか不明であった。この場合、甲にのみ暴行罪が成立する。

〔6〕 同時傷害の特例は、「傷害」とある以上、傷害致死罪の場合には適用できない。

解答解説

○〔1〕 甲は、性病がうつるかもしれないことを認識しつつ、乙と関係を持ち、乙が性病に罹患した。この場合、甲には傷害罪が成立する。

感染の認識　実際に乙に感染した

×〔2〕 甲は、四畳半の室内で、乙を脅す目的で、さやから抜いた日本刀をその面前で数回振り回したところ、誤ってその日本刀の刃先が乙の腕に当たり、乙にけがを負わせた。甲には傷害罪は成立しない。

暴行の認識がある　有形的方法　有形的方法の場合は、暴行の認識があれば傷害の故意は足りる

○〔3〕 傷害の行為は、他人の身体を傷害することであるが、外傷の存在は必ずしも必要ではない。

（ラジオの大音量で慢性頭痛を負わせる等）無形的方法による傷害行為もある

○〔4〕 自らの意思に基づいた自傷行為は不可罰である。

保護法益の放棄・自己決定の一種　処罰されない

×〔5〕 甲・乙が意思の疎通なく、同時に丙に暴行を加え傷害を負わせたが、その傷害の原因が甲・乙いずれの暴行によるものか不明であった。この場合、甲にのみ暴行罪が成立する。

同時傷害の特例　甲・乙どちらにも傷害罪が成立する

×〔6〕 同時傷害の特例は、「傷害」とある以上、傷害致死罪の場合には適用できない。

結果的加重犯である傷害致死罪にも適用される

遺棄罪

28分

関係条文

刑　法

（遺棄）

第217条　老年、幼年、身体障害又は疾病のために扶助を必要とする者を遺棄した者は、1年以下の懲役に処する。

（保護責任者遺棄等）

第218条　老年者、幼年者、身体障害者又は病者を保護する責任のある者がこれらの者を遺棄し、又はその生存に必要な保護をしなかったときは、3月以上5年以下の懲役に処する。

（遺棄等致死傷）

第219条　前2条の罪を犯し、よって人を死傷させた者は、傷害の罪と比較して、重い刑により処断する。

こんな問題が出る!

次は、遺棄罪に関する記述であるが、誤りはどれか。

〔1〕 遺棄罪には、単純遺棄罪と保護責任者遺棄罪があり、前者についてはだれでも主体となりうるが、後者は「老年者、幼年者、身体障害者又は病者を保護する責任のある者」のみが主体となりうる。

〔2〕 単純遺棄罪の実行行為は、老年、幼年、身体障害又は疾病のために扶助を必要とする者を遺棄することであり、「遺棄」とは、**移置**、すなわち、被遺棄者を危険な場所に移転させることを指す。

〔3〕 保護責任者遺棄罪の実行行為は、遺棄又は**不保護**（生存に必要な保護をしないこと。）であるが、**同罪**における「遺棄」には、**移置のほか、置き去り**、すなわち、被遺棄者を危険な場所に遺留して立ち去る行為も含まれる。

〔4〕 遺棄罪は、被遺棄者の生命・身体に対する**抽象的危険**が発生すれば成立し、具体的に生命・身体に対する危険を現出させたかどうかは問われない。

〔5〕 保護責任者遺棄罪が成立するために必要な保護義務は、法令、契約から発生し、事務管理、慣習・条理によっては発生しない。

〔解答〕〔5〕

STEP 1　4分

遺棄罪（217条）

〔1〕 要扶助者を危険な場所に移転させる行為（**移置**）

〔2〕 要扶助者を危険な場所に置いたまま立ち去る行為（**作為の置き去り**）

〔3〕 要扶助者が危険な場所に行くのを放置する行為（**不作為の置き去り**）

〔4〕 要扶助者が保護者に接近するのを妨げる行為（**接近の遮断**）

をすると罰せられる。

保護責任者遺棄罪（218条）

老年者、幼年者、身体障害者又は病者を保護する責任のある者がこれらの者を遺棄し又はその**生存に必要な保護**をしな

要扶助者
助けが必要な人。赤ちゃん、介護が必要な老年者など（幼年者、若年者、身体障害者又は病者）

かった場合に成立する。

STEP 2

遺棄罪の保護法益は、生命と身体の安全である。遺棄の罪においては、217条・218条前段では「**遺棄**」すること、218条後段では「保護をしない」こと（＝**不保護**）が、構成要件的行為となる。**遺棄罪は、被遺棄者の生命・身体に対する抽象的危険が発生すれば成立する。**

「遺棄」の概念

①217条と218条の行為類型

⇒217条が「遺棄」のみを処罰し、218条が「遺棄」と「不保護」を処罰している。

※遺棄は場所的離隔を伴う、不保護は場所的離隔を伴わない（不保護＝**真正不作為犯**）。

②遺棄はどのような行為か？

⇒遺棄の罪の行為態様

・217条＝「移置（作為）」

・218条＝「移置（作為）」又は「置き去り（不作為）」

218条の保護責任の発生根拠は、法令、契約・事務管理、条理、慣習、先行行為、排他的支配、事実上の引き受け、取引上の信義誠実義務などにも認められる。

・法　令……親権者の監護義務・夫婦の協力義務・道交法上の救護義務（これのみで直ちに保護責任が発生するわけではない）

・契　約……看護契約により看護する者・養子契約により幼児を引き取る者

・事務管理…重病人を義務なく引き取った者

・慣　習……同居の従業員が病気になった場合の雇用主

・条　理……堕胎を行った医師・覚醒剤を打って錯乱状態にさせた者

真正不作為犯
不作為そのものを構成要件とする犯罪

ここに Focus

❶ 遺棄罪は、被遺棄者の生命・身体に対する抽象的危険が発生すれば成立する。

❷ 218条の保護責任者遺棄罪の遺棄には置き去りも含まれる。

❸ 道交法の義務から直ちに保護の作為義務が生じるわけではない。

❹ 「保護する責任のある者」は、法令、契約・事務管理、条理、慣習、先行行為、排他的支配、事実上の引き受け、所有者・管理者としての地位ないし支配領域性、取引上の信義誠実義務などを根拠にしたものも認められる。

❺ 不作為の殺人罪と保護責任者遺棄致傷罪は、殺意の有無で区別する。**【判例A】**

判例
A

Ⓠ 保護責任者遺棄罪の「保護責任」の発生根拠はどんなものがあるか？

Ⓐ 下記の判例の場合先行行為、事実上の引受けなどから、「保護責任」が発生する。

被告人が自ら治療を施すために、病院に入院中の患者を患者の家族に連れ出させたもののその後放置して患者を死亡させたとして殺人罪で起訴された。

最決平17.7.4【シャクティパット事件】

被告人が被害者の家族をして被害者をホテルに連れ出させた行為等について「被告人は，自己の責めに帰すべき事由により患者の生命に具体的な危険を生じさせた」こと（結果発生の危険を創出した先行行為)、「患者が運び込まれたホテルにおいて、被告人を信奉する患者の親族から、重篤な患者に対する手当てを全面的にゆだねられた立場にあった」こと（事実上の引受）や、被告人は、「直ちに患者の生命を維持するために必要な医療措置を受けさせる義務」を負っていたとして被告人に作為義務を肯定した。被告人には殺人罪、被害者の家族には保護責任者遺棄罪が成立する。

判例
B

Ⓠ 不保護による保護責任者遺棄罪の実行行為とは？

Ⓐ その者の「生存に必要な保護」行為として行うことが刑法上期待される特定の行為をしないことを意味する。

先天性の疾患を持っている幼年者に親権者である被告人が十分な栄養を与えず、また、適切な医療措置を受けさせず死亡させた事案。

最判平30.3.19

刑法218条の不保護による保護責任者遺棄罪の実行行為は、同条の文言及び趣旨からすると、「老年者、幼年者、身体障害者又は病者」につきその生存のために特定の保護行為を必要とする状況（要保護状況）が存在することを前提として、その者の「生存に必要な保護」行為として行うことが刑法上期待される特定の行為をしなかったことを意味すると解すべきであり、同条が広く保護行為一般（例えば幼年者の親ならば当然に行っているような監護、育児、介護行為等全般）を行うことを刑法上の義務として求めているものでないことは明らかである。

○×問題で復習

Q

〔1〕 単純遺棄罪の構成要件的行為は、遺棄又は不保護である。

〔2〕 甲は、子を危険な場所に移置した後に他人が救助するのを見届けてから立ち去った。甲には保護責任者遺棄罪は成立しない。

解答解説

×〔1〕 単純遺棄罪の構成要件的行為は、遺棄又は不保護である。
遺棄のみ

×〔2〕 甲は、子を危険な場所に移置した後に他人が救助するのを見届けてから立ち
被遺棄者の生命・身体に対する抽象的危険が発生している
去った。甲には保護責任者遺棄罪は成立しない。
成立する

コラム　保護責任者遺棄罪と遺棄罪の関係～身分犯～

通常、「○○を殺してこい」と言えば殺人罪、「あいつを殴ってこい」と言えば暴行罪の教唆犯として、実際に行為を行った人と同じ法定刑の範囲で処罰されます。

では、身分犯（「その身分を持っていること」が犯罪の構成要件に含まれる犯罪）を教唆した場合だとどうなるのでしょうか。身分のない人に身分が与えられて、実際に行為を行った人と同じ法定刑の範囲で処罰されるのでしょうか。それとも、身分がないのだから実際に行為を行った人とは違ってくるのでしょうか。素直に考えると、通常の犯罪より身分犯の方が、罪が重そうですよね。

（前提として、刑法65条の説明）

刑法65条１項では、身分がある者が行うことによって成立する犯罪に加担した場合は、身分のない人でも共犯となること（身分がない者に身分をプレゼント）、65条２項では、身分があることによって、刑の軽重が変わる罪に、身分のない者が加担した場合は、通常の罪が科されること（身分がない者は通常の刑にレベルダウン）が規定されています。

保護責任者遺棄罪と遺棄罪では、この共犯関係が少しややこしいのです。具体的に考えていきましょう。

（かぐや姫⇒母　浦島⇒かぐや姫の子　桃太郎⇒第三者）

事例①

桃太郎が、かぐや姫に対して、「お前の子供「浦島」を山に棄ててこい」と教唆した場合、桃太郎の刑責はどうなる？（非身分者が保護責任者に「作為の遺棄」を教唆した場合の刑責）

実行したかぐや姫（親）には保護責任者遺棄罪（218条前段）が成立します。保護責任者の身分がない桃太郎については、65条２項が適用されて、「通常」の犯罪である（単純）遺棄罪の教唆（61条1項・217条）が成立します。

218条の「遺棄」の実行行為は、217条の「遺棄」と実行行為が重なるので、普通の人が遺棄をしたら217条の単純遺棄罪で、保護責任者が遺棄をしたら、218条の保護責任者遺棄罪というふうに、保護責任という身分があって刑が重くなる不真正身分犯に該当することになります。

では、次の事例はどうなるでしょう？

事例②

桃太郎が、かぐや姫に対して、「お前の子、浦島に食事を与えるな」と教唆した場合の刑責はどうなる？（非身分者が保護責任者に「不保護」を教唆した場合の刑責）

不保護を実行したかぐや姫（親）にはもちろん、不保護罪（218条後段）が成立します。不保護罪は「保護責任者」という身分のある者が不保護を行った場合に成立する、真正身分犯（身分があって初めて犯罪が成立する。公務員の賄賂罪のようなもの）なので、保護責任者の身分がない桃太郎にも、65条1項が適用されて、不保護罪の教唆（61条1項・218条後段）になります。

218条の保護責任者遺棄罪の中の「遺棄」の部分は不真正身分犯であったのに対し、「不保護」の実行行為は、保護責任者しか行うことのできないものですから、不保護に関しては、218条は真正身分犯となってしまうのです。

桃太郎は、「お前の子「浦島」を山に棄ててこい」と言ったら、217条によりMAX懲役1年なのに対し、「お前の子「浦島」に食事を与えるな」と言ったら、MAX懲役5年になるのです。なんだか納得がいきませんが、こういう条文の作りになっているのです。

逮捕・監禁罪 28分

関係条文

刑　法

（逮捕及び監禁）

第220条　不法に人を逮捕し、又は監禁した者は、３月以上７年以下の懲役に処する。

（逮捕等致死傷）

第221条　前条の罪を犯し、よって人を死傷させた者は、傷害の罪と比較して、重い刑により処断する。

こんな問題が出る!

次は、逮捕・監禁罪に関する記述であるが、誤りはどれか。

〔1〕 逮捕とは、人の身体の自由に**直接拘束**を加えることをいい、監禁とは、人が一定の区域内から**脱出することを不可能又は著しく困難**にすることをいう。

〔2〕 逮捕・監禁の罪は、人の身体の自由を侵害する罪であるが、逮捕罪は**即成犯**であり、**一瞬**でも拘束すれば成立するのに対し、監禁罪は**継続犯**であり、ある**一定の継続**した拘束により成立する。

〔3〕 監禁罪の客体となる「人」は、**身体活動の自由を有する自然人**に限られるから、自己の意思で行動しえない幼児や泥酔者でも、本罪の客体になり得る。

〔4〕 監禁といえるためには、**必ずしも**被監禁者の自由の拘束が完全なものであることを要しない。

〔5〕 監禁する場合は、**必ずしも**囲まれた場所であることは要せず、例えば、**疾走するオートバイの荷台**も監禁場所になり得る。

〔解答〕〔2〕

STEP 1

逮捕罪（220条前段）

人の身体を直接的に拘束して身体活動の自由を奪う（逮捕する）と罰せられる。

監禁罪（220条後段）

一定の場所から脱出するのを不可能・著しく困難にして間接的に身体活動の自由を奪う（監禁する）と罰せられる。

STEP 2

保護法益は、身体活動（場所的移動）の自由である。逮捕・監禁罪の客体は**身体活動の自由を有する自然人に限られる**。

身体活動の自由は、**行動したいときに行動できる状態**を意味するものである。被害者の意識の存否によって逮捕・監禁行為の性質が異なるものではないので、幼児、精神障害者・熟睡者も含まれる。自然的な意味で行動しうる者であり、行動の自由の可能性があれば足りる。

ここに Focus

❶　逮捕とは、人の身体を直接的に拘束して身体活動の自由を奪うことをいう。

❷　監禁とは、一定の場所から脱出するのを不可能・著しく困難にして間接的に身体活動の自由を奪うことをいう。【判例C】【判例D】

❸　監禁罪の客体は自然人に限られる。【判例A】

❹　幼児も監禁罪の客体になりうる。【判例A】

❺　監禁罪は囲われていない場所でも成立する。【判例C】

❻　逮捕・監禁の状態はある程度継続する必要がある。【判例B】【判例F】

❼　身体活動の自由を侵害し続ける限り、逮捕・監禁罪は成立する。【判例F】

❽　錯誤の利用・偽計・恐怖心の利用など、無形的方法による監禁も可能である。

❾　逮捕罪と監禁罪は同一性質の犯罪であり、両者が行われたときは包括一罪となる。

❿　逮捕・監禁の手段となった暴行・脅迫は、逮捕・監禁行為自体に含まれるので、逮捕・監禁罪に吸収されて別罪を構成しない。

⓫　暴行・脅迫が監禁中になされたものであっても、監禁の手段としてではなく、別個の動機からなされた場合には、監禁罪に吸収されず、暴行罪・脅迫罪となる。【判例G】

判例
A

Q 意思能力のない幼児は監禁罪の客体になるか？

A 監禁罪の客体になる。

1歳7か月の幼児を監禁した事案。

京都地判昭45.10.12

監禁罪は、行動の自由を侵害することを内容とする犯罪であって、その客体は自然人に限られる。たしかに、監禁罪の法益とされている行動の自由は、自然人における任意に行動しうる者のみについて存在するものであるから、全然任意的な行動をなしえない者、例えば、生後間もない嬰児は監禁罪の客体となりえない。しかしながら、それが自然的・事実的意味において任意に行動しうる者である以上、その者が、法的に責任能力や行動能力を欠く場合はもちろん、幼児のような意思能力を欠如している者も、なお、監禁罪の保護に値すべき客体となる。

判例
B

Q 一瞬でも拘束すれば逮捕とみなされるか？

A みなされない。

大判昭7.2.29

逮捕は、その行為によって移動の自由を奪い、多少の時間継続することを要する。

判例
C

Q 拳銃をちらつかせて、「(カギはかかっていない) この部屋から出たら容赦なく頭を撃つ」と脅した場合、監禁罪は成立するか？

A 成立する。

最大判昭28.6.17

監禁は、囲い場所であることは要せず、社会通念上脱出が困難と感ずる方法であれば足りる。脅迫による場合は、被害者をして一定の場所から立ち去ることをできなくする程度のものであることを要する。

判例
D

Q 海上の漁船に閉じ込めた場合は監禁罪は成立するか？

A 成立する。

最判昭24.12.20

深夜、強制性交の恐怖が継続している女子を、脱出には泳ぐほか方法のない海上沖合に停泊中の漁船内に閉じ込めたときは、脱出を著しく困難にしたものとして本罪が成立する。

判例
E

Q 無知の第三者を利用して監禁した場合、監禁の罪に問われるか？

A 問われる。

大判昭14.11. 4

虚偽の犯罪を警察官に告知して留置させるように、情を知らない第三者を利用して人を監禁させる行為は監禁にあたる。

判例
F

Q 30分の拘束は監禁といえるか？

A 監禁といえる。

大判昭 7 . 2 .12

監禁罪も継続して移動の自由を奪うことによって成立するものなので、30分間拘束する場合など、拘束が多少の時間継続することを必要とする。ただし、時間の長短は問わない。

判例
G

Q 監禁中に監禁とは別の理由で暴行した場合、監禁罪に吸収されるか（観念的競合となるか）？

A 吸収されない（併合罪になることが多い）。

最判昭28･11･27

暴行・脅迫が監禁中になされたものであっても、監禁の手段としてではなく、被害者に憤慨するなど別個の動機・原因からなされた場合には、監禁罪に吸収されず、暴行罪・脅迫罪を構成することになる。

判例
H

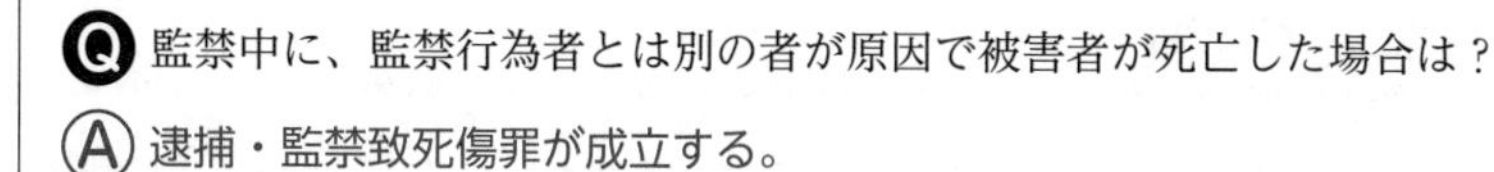

Q 監禁中に、監禁行為者とは別の者が原因で被害者が死亡した場合は？

A 逮捕・監禁致死傷罪が成立する。

停車中の自動車のトランク内に監禁された被害者が他車の追突により死亡した事案。

最決平18.3.27

被告人が自動車のトランク内に被害者を閉じこめて道路上に停車したところ、数分後、別の自動車が追突して被害者が死亡した場合、その死亡原因が直接的には追突した第三者の甚だしい過失行為にあるとしても、被告人の監禁行為と被害者の死亡結果との間の因果関係を肯定することができる。

○×問題で復習

Q

〔1〕 甲は、知人の乙女を乙女宅に送るため、自己が運転する原動機付自転車の後部荷台に乗せて走行していたが、途中で乙女を強制性交しようと考え、なおも走行を続けた。その後、甲の意図に気付いた乙女が「降ろして。」と叫んだが、甲は、無視してそのまま約2キロメートルの間、同車を疾走させた。甲には監禁罪が成立する。

〔2〕 甲は、同僚乙を会社の備品倉庫内に閉じ込めて困らせようと考え、午後8時に乙が一人で作業をしていた同倉庫の全ての出入口扉に外側から鍵を掛けた。乙はそのことに全く気付かず、もともと同倉庫で深夜遅くまで残業して仕事をするつもりであったので、そのまま作業を続けていた。午後11時頃、たまたま同倉庫にやってきた他の従業員が出入口扉の鍵を開けた。この場合、甲には監禁罪は成立しえない。

〔3〕 甲は、自己が経営する飲食店で住み込みの従業員として違法に働かせていた乙女が逃げたことから、乙女を連れ戻すため、乙女に対して、「あなたのお母さんが病気で入院していると連絡があった。これからその病院に連れていくから、車に乗りなさい。」と嘘を言い、これを信じた乙女を自己の運転する自動車に乗車させて約10キロメートル走行した。乙女は自分が監禁されているとは思わなかった。甲に監禁罪は成立しない。

解答解説

○〔1〕 甲は、知人の乙女を乙女宅に送るため、自己が運転する原動機付自転車の後部荷台に乗せて走行していたが、途中で乙女を強制性交しようと考え、なおも走行を続けた。その後、甲の意図に気付いた乙女が「降ろして。」と叫んだが、甲は、無視してそのまま約2キロメートルの間、同車を疾走させた。甲には監禁罪が成立する。

脱出が著しく困難な状況

×〔2〕 甲は、同僚乙を会社の備品倉庫内に閉じ込めて困らせようと考え、午後8時に乙が一人で作業をしていた同倉庫の全ての出入口扉に外側から鍵を掛けた。乙はそのことに全く気付かず、もともと同倉庫で深夜遅くまで残業して仕事をするつもりであったので、そのまま作業を続けていた。午後11時頃、たまたま同倉庫にやってきた他の従業員が出入口扉の鍵を開けた。この場合、甲には監禁罪は成立しえない。

脱出が著しく困難な状況
被害者の意識の存否は関係ない
成立する

×〔3〕 甲は、自己が経営する飲食店で住み込みの従業員として違法に働かせていた乙女が逃げたことから、乙女を連れ戻すため、乙女に対して、「あなたのお母さんが病気で入院していると連絡があった。これからその病院に連れていくから、車に乗りなさい。」と嘘を言い、これを信じた乙女を自己の運転する自動車に乗車させて約10キロメートル走行した。乙女は自分が監禁されているとは思わなかった。甲に監禁罪は成立しない。

偽計を用いている
脱出が著しく困難な状況
成立する

脅迫罪・強要罪

関係条文

刑　法

（脅迫）

第222条　生命、身体、自由、名誉又は財産に対し害を加える旨を告知して人を脅迫した者は、２年以下の懲役又は30万円以下の罰金に処する。

2　親族の生命、身体、自由、名誉又は財産に対し害を加える旨を告知して人を脅迫した者も、前項と同様とする。

（強要）

第223条　生命、身体、自由、名誉若しくは財産に対し害を加える旨を告知して脅迫し、又は暴行を用いて、人に義務のないことを行わせ、又は権利の行使を妨害した者は、３年以下の懲役に処する。

2　親族の生命、身体、自由、名誉又は財産に対し害を加える旨を告知して脅迫し、人に義務のないことを行わせ、又は権利の行使を妨害した者も、前項と同様とする。

3　前２項の罪の未遂は、罰する。

こんな問題が出る!

次は、脅迫罪に関する記述であるが、誤りはどれか。

〔1〕 客体は人であり、幼年者、精神障害者、精神病者については、**脅迫の内容となる言動の意味を理解**することのできる程度であれば、本罪の客体に含まれる。

〔2〕 脅迫とは、他人を**畏怖させるに足りる害悪**を告知することである。畏怖させるに足りるものであるか否かの判断基準は、害悪の内容と相手方の性別、年齢、性格、社会的地位等**諸般の事情**に照らして判断する。

〔3〕 害悪の告知により相手方が**現実に**畏怖しなければ、本罪は成立しない。

〔4〕 害悪の告知の手段・方法には格別の**制限はなく**、電話、郵便、ビラの頒布、公開の場所における掲示等も脅迫の手段に含まれる。

〔5〕 本罪は故意犯であり、**告知内容**についての認識のほか、**相手方がこれを知る**であろうという予見が必要である。

〔解答〕〔3〕

STEP 1

脅迫罪（222条）

生命、身体、自由、名誉又は財産に対し、害を加える旨を告知して人を脅迫した者は罰せられる。同じく親族の生命、身体、自由、名誉又は財産に対し、害を加える旨を告知して人を脅迫した者も罰せられる。

強要罪（223条）

生命、身体、自由、名誉若しくは財産に対し害を加えることを告知して脅迫したり、暴行を用いて、人に義務のないことを行わせたり、権利の行使を妨害したりした者は罰せられる。同じく、親族の生命、身体、自由、名誉又は財産に対し害を加える旨を告知して脅迫し、人に義務のないことを行わせ、又は権利の行使を妨害した者も罰せられる。

STEP 2

脅迫罪の保護法益は、意思決定の自由である。脅迫の内容となる言動の意味を理解できれば、脅迫罪の客体となり、幼年者や精神障害者も客体となりうる。

害を加える内容は、「生命、身体、自由、名誉又は財産」という形で限定列挙されている。害悪を加える対象は、本人又は親族である。

親族＝民法725条「６親等内の血族・配偶者・３親等内の姻族」

つまり、親族に内縁・婚約者・彼女・彼氏は含まれない。また、法人は本罪の客体になりえない。

告知される害悪の内容は、相手方の性質及び四囲の状況から判断して、一般に人を畏怖させる（恐怖心を抱かせる）に足りる程度のものであることを要する。

条文には「害を加える旨」とあるので、将来の害悪でなければならない。

なお、加害の告知によって脅迫罪は成立するので、現実に相手方が畏怖したかどうかは問わない（抽象的危険犯、大判明43.11.15）。

ここにFocus

❶　脅迫罪の法益は意思決定の自由である。**【判例A】**

❷　脅迫罪には未遂処罰規定がないが、強要罪には未遂処罰規定がある。

❸　脅迫罪の行為には暴行は含まれないが、強要罪には暴行の行為が含まれる。

❹　親族に内縁・婚約者・彼女・彼氏は含まれない。

❺　法人は本罪の客体になりえない。

❻　害悪は、人を畏怖させる（=恐怖心を抱かせる）に足りるものである必要がある。**【判例D】**

❼　害悪の告知は、将来の害悪についてである必要がある。**【判例C】**

❽　害悪の告知は、間接的でもよい。**【判例E】**

❾　実際に被害者が畏怖しなくても脅迫罪は成立する（＝抽象的危険犯）。

❿　天災は脅迫にあたらない。

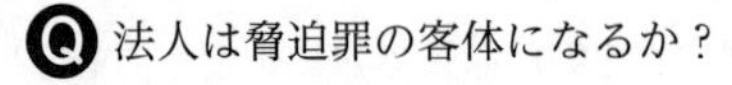

9分

判例
A

Ⓠ 法人は脅迫罪の客体になるか？
Ⓐ ならない。

「会社の営業を妨害するぞ」と脅した事例。

大阪高判昭61.12.16
　脅迫罪の法益である意思決定の自由を享受しうるのは自然人に限られる。そして、本罪は、加害の対象として自然人に固有の「生命・身体」を列挙している。したがって、法人は本罪の客体になりえない。

判例
B

Ⓠ 住民を仲間はずれにする「村八分」は脅迫罪にあたるか？
Ⓐ あたる。

大判昭 9.3.5
　一定地域の住民が特定人に「共同して交際を絶つ」旨の決議をして通告する行為（＝村八分）は、相手の人格を蔑視して名誉を侵害するものであって、「名誉」に対する加害の告知にあたる。

判例
C

Ⓠ 事後的な害悪の告知は脅迫罪にあたるか？
Ⓐ あたらない。

大判大 7.3.11
　事後的に「放火したぞ。」と通知した場合は、脅迫罪にあたらない。

判例

Q 畏怖させるに足りる程度とはどの程度と判断されるか？

A 下記の事例の場合、「畏怖させるに足りる」と解される。

町村合併について抗争が熾烈になっている時期に、現実の出火もないのに「出火見舞申し上げます、火の元に御用心」という文面のはがきを出した事件。

最判昭和35.3.18【出火お見舞い事件】

刑法222条の脅迫罪は同条所定の法益に対して害悪を加うべきことを告知することによって成立し、その害悪は一般に人を畏怖させるに足る程度のものでなければならないところ、本件2枚の葉書の各文面は、これをどう解釈しても出火見舞にすぎないが、本件のように、2つの派の抗争が熾烈になっている時期に、一方の派の中心人物宅に、現実に出火もないのに、『出火御見舞申上げます、火の元に御用心』、『出火御見舞申上げます、火の用心に御注意』という趣旨の文面の葉書が届けば、火をつけられるのではないかと畏怖するのが通常であるから、これは一般に人を畏怖させるに足る性質のものであり、被告人に脅迫罪の成立を認められる。

判例

Q 間接的に脅迫をした場合、脅迫罪は成立するか？

A 成立する。

大判大8.5.26

必ずしも直接相手方に対して通知することを要しないので、脅迫状を人の発見しやすい掲示場などに置き、これを持ち帰った第三者を通して相手方が閲読したようなときでも、脅迫罪が成立する。

判例

Q 強要罪の「義務にないことを行わせる」の具体例は？

A 下記の事例参照。

大判大8.6.30

雇人の少女に水入りバケツなどを数十分以上にわたり胸辺や頭上に持たせることは、強要罪にいう「義務のないことを行わせる」にあたる。

判例 **G**

Q 強要罪の「権利の行使を妨害する」の具体例は？

A 下記の事例参照。

大判昭7.7.20

新聞記者が料理店経営者に対して、店に関して不利益な事項を新聞に掲載すると告げて告訴を中止させることは、強要罪にいう「権利の行使を妨害する」にあたる。

○×問題で復習

Q

〔1〕 甲は、乙株式会社総務課長丙に対して、乙社の商品不買運動を行って乙社の営業活動を妨害する旨告知し、丙は、乙社の営業活動が妨害されるかもしれない旨畏怖した。甲には脅迫罪が成立する。

〔2〕 甲は、乙に対し、乙の妻の実兄である丙を殺害する旨告知し、乙は丙が殺されるかもしれない旨畏怖した。甲には脅迫罪が成立する。

〔3〕 甲は、口論の末、乙に対し、「お前、ぶっ殺すぞ。」と怒号した。この様子を見ていた周囲の人たちは、甲が本当に乙を殺害するのではないかと恐れたが、乙は剛胆であったため畏怖しなかった。甲には脅迫罪が成立する。

〔4〕 甲は、インターネット上の掲示板に乙が匿名で行った書き込みに対し、同掲示板に「そんな投稿をする奴には天罰が下る。」旨の書き込みを行い、これを閲読した乙は、臆病・小心者だったことから、何か悪いことが起こるかもしれないと畏怖した。甲には脅迫罪が成立する。

〔5〕 甲は、独り暮らしの乙に対し、「乙宅を爆破する。」旨記載した手紙を投函し、同手紙は乙方に配達されたが、同手紙には差出人が記載されていなかったことから、不審に思った乙は同手紙を開封しないまま捨てた。甲には脅迫罪が成立する。

解答解説

×〔1〕 甲は、乙株式会社総務課長丙に対して、乙社の商品不買運動を行って乙社の営業活動を妨害する旨告知し、丙は、乙社の営業活動が妨害されるかもしれない旨畏怖した。甲には脅迫罪が成立する。

（乙社の商品不買運動を行って乙社の営業活動を妨害する → 法人に対する脅迫）
（脅迫罪が成立する → 成立しない）

○〔2〕 甲は、乙に対し、乙の妻の実兄である丙を殺害する旨告知し、乙は丙が殺されるかもしれない旨畏怖した。甲には脅迫罪が成立する。

（乙に対し、乙の妻の実兄である丙を殺害する旨告知 → 乙の親族への脅迫）
（脅迫罪が成立する → 成立する）

○〔3〕 甲は、口論の末、乙に対し、「お前、ぶっ殺すぞ。」と怒号した。この様子を見ていた周囲の人たちは、甲が本当に乙を殺害するのではないかと恐れたが、乙は剛胆であったため畏怖しなかった。甲には脅迫罪が成立する。

（乙に対し、「お前、ぶっ殺すぞ。」と怒号 → 本人への脅迫）
（周囲の人たちは、甲が本当に乙を殺害するのではないかと恐れた → 人を畏怖させるに足りるもの）
（乙は剛胆であったため畏怖しなかった → 被害者が畏怖しなくてもよい）
（脅迫罪が成立する → 成立する）

×〔4〕 甲は、インターネット上の掲示板に乙が匿名で行った書き込みに対し、同掲示板に「そんな投稿をする奴には天罰が下る。」旨の書き込みを行い、これを閲読した乙は、臆病･小心者だったことから、何か悪いことが起こるかもしれないと畏怖した。甲には脅迫罪が成立する。

（天罰が下る → 天災は脅迫にあたらない）
（脅迫罪が成立する → 成立しない）

×〔5〕 甲は、独り暮らしの乙に対し、「乙宅を爆破する。」旨記載した手紙を投函し、同手紙は乙方に配達されたが、同手紙には差出人が記載されていなかったことから、不審に思った乙は同手紙を開封しないまま捨てた。甲には脅迫罪が成立する。

（同手紙を開封しないまま捨てた → 加害の告知（相手に到達して認識される）がない）
（脅迫罪が成立する → 成立しない）

誘拐に関する罪

関係条文

刑　法

（未成年者略取及び誘拐）
第224条　未成年者を略取し、又は誘拐した者は、３月以上７年以下の懲役に処する。
（営利目的等略取及び誘拐）
第225条　営利、わいせつ、結婚又は生命若しくは身体に対する加害の目的で、人を略取し、又は誘拐した者は、１年以上10年以下の懲役に処する。
（身の代金目的略取等）
第225条の２　近親者その他略取され又は誘拐された者の安否を憂慮する者の憂慮に乗じてその財物を交付させる目的で、人を略取し、又は誘拐した者は、無期又は３年以上の懲役に処する。
２　人を略取し又は誘拐した者が近親者その他略取され又は誘拐された者の安否を憂慮する者の憂慮に乗じて、その財物を交付させ、又はこれを要求する行為をしたときも、前項と同様とする。
（所在国外移送目的略取及び誘拐）
第226条　所在国外に移送する目的で、人を略取し、又は誘拐した者は、２年以上の有期懲役に処する。
（人身売買）
第226条の２　人を買い受けた者は、３月以上５年以下の懲役に処する。
２　未成年者を買い受けた者は、３月以上７年以下の懲役に処する。
３　営利、わいせつ、結婚又は生命若しくは身体に対する加害の目的で、人を買い受けた者は、１年以上10年以下の懲役に処する。
４　人を売り渡した者も、前項と同様とする。
５　所在国外に移送する目的で、人を売買した者は、２年以上の有期懲役に処する。
（被略取者等所在国外移送）
第226条の３　略取され、誘拐され、又は売買された者を所在国外に移送した者は、２年以上の有期懲役に処する。
（被略取者引渡し等）
第227条　第224条、第225条又は前３条の罪を犯した者を幇助する目的で、略取され、誘拐され、又は売買された者を引き渡し、収受し、輸送し、蔵匿し、又は隠避させた者は、３月以上５年以下の懲役に処する。

2 第225条の２第１項の罪を犯した者を幇助する目的で、略取され又は誘拐された者を引き渡し、収受し、輸送し、蔵匿し、又は隠避させた者は、１年以上10年以下の懲役に処する。

3 営利、わいせつ又は生命若しくは身体に対する加害の目的で、略取され、誘拐され、又は売買された者を引き渡し、収受し、輸送し、又は蔵匿した者は、６月以上７年以下の懲役に処する。

4 第225条の２第１項の目的で、略取され又は誘拐された者を収受した者は、２年以上の有期懲役に処する。略取され又は誘拐された者を収受した者が近親者その他略取され又は誘拐された者の安否を憂慮する者の憂慮に乗じて、その財物を交付させ、又はこれを要求する行為をしたときも、同様とする。

（未遂罪）

第228条 第224条、第225条、第225条の２第１項、第226条から第226条の３まで並びに前条第１項から第３項まで及び第４項前段の罪の未遂は、罰する。

（解放による刑の減軽）

第228条の２ 第225条の２又は第227条第２項若しくは第４項の罪を犯した者が、公訴が提起される前に、略取され又は誘拐された者を安全な場所に解放したときは、その刑を減軽する。

（身の代金目的略取等予備）

第228条の３ 第225条の２第１項の罪を犯す目的で、その予備をした者は、２年以下の懲役に処する。ただし、実行に着手する前に自首した者は、その刑を減軽し、又は免除する。

（親告罪）

第229条 第224条の罪及び同条の罪を幇助する目的で犯した第227条第１項の罪並びにこれらの罪の未遂罪は、告訴がなければ公訴を提起することができない。

こんな問題が出る!

次は、略取及び誘拐罪に関する記述であるが、誤りはどれか。

〔1〕「略取」及び「誘拐」は、いずれも人を保護されている状態から引き離して自己又は第三者の実力的支配下に置くことを意味するが、「**略取**」が**暴行又は脅迫**を手段とする場合等をいうのに対し、「**誘拐**」は**欺罔又は誘惑**を手段とする場合等に用いる。

〔2〕略取・誘拐の手段としての暴行、脅迫、欺罔、誘惑は、**必ずしも**被拐取者自身に対して用いられる必要はなく、被拐取者の**保護者に加えられても**略取及び誘拐の罪が成立する。

〔3〕略取及び誘拐罪の保護法益は、**被拐取者の自由**であり、親権者等の**保護監督権**もこれに含まれる。

〔4〕着手及び既遂時期については、暴行・脅迫・欺罔・誘惑など**手段を開始**したときに実行の着手があり、被拐取者を自己又は第三者の**実力的支配内に移**したときに既遂に達する。

〔5〕未成年者誘拐及び略取の罪における**未成年者**とは、**18歳未満の者**をいうが、婚姻により成年とみなされる**未成年者**（2022年３月31日に婚姻した16歳女性など）は含まれない。

〔解答〕〔５〕

STEP 1

略取罪

暴行又は脅迫を手段として、他人を不法に従来の生活環境から離脱させ、自己又は第三者の**事実的な支配下に置く**と罰せられる。

誘拐罪

欺罔又は誘惑を手段として、他人を不法に従来の生活環境から離脱させ、自己又は第三者の**事実的な支配下に置く**と罰せられる。

これら**暴行・脅迫・欺罔・誘惑は、被拐取者だけでなく、監護権を有する者に向けられてもよい。**営利目的で略取、誘拐をした場合、さらに重い罪で罰せられる。

STEP 2

略取・誘拐の罪は原則的に、略取・誘拐される人（＝**被拐取者**）の**自由を法益とする**。

未成年者略取・誘拐罪の保護法益は、**被拐取者の自由**（＋安全）と**保護監督者の監護権**である。**婚姻により成年とみなされる者**（例えば、2022年3月31日に16歳で婚姻した女性は、民法改正によったとしても2024年までは18歳未満による成年擬制を受ける）も、**18歳未満**であれば**本罪にいう未成年者**である。

略取・誘拐罪は「**継続犯**」である。

略取の手段として逮捕監禁が行われたときは、**略取罪と逮捕監禁罪**が成立し、1個の行為として**観念的競合**（54条1項前段）となる。

拐取者が、**拐取の後、さらに被拐取者を監禁したときには**、拐取罪が成立した後に新たな行為によって監禁罪が成立することになる。よって、その**拐取罪**と**監禁罪**とは**併合罪**（45条）になる。

営利目的等略取・誘拐罪が成立するには、故意のほかに以下の①～④の「**目的**」が必要である（**目的犯**）。

　①営利目的、②わいせつ目的、③結婚目的、④生命・身体に対する加害目的

「**結婚目的**」の「**結婚**」には、法律婚のみならず**事実婚も含まれる**。

身代金目的略取誘拐罪

近親者その他略取され又は誘拐された者の安否を憂慮する者の憂慮に乗じて、その財物を交付させる目的で、人を略取し、又は誘拐した者は、罰せられる。

故意のほかに、主観的要素として「近親者その他被拐取者の安否を憂慮する者の憂慮に乗じて、その財物を交付させる目的」が必要（**目的犯**）である。

近親者とは、直系血族、配偶者、兄弟姉妹を含む関係の者であり、「親族」よりも狭い。

安否を憂慮する者には、単なる同情から安否を気づかうにすぎない第三者は含まれないが、**安否を親身になって憂慮するのが社会通念上当然とみられる特別な関係にある者**はこれに含まれる。

身の代金要求罪は、人を略取・誘拐した者が、近親者その他略取・誘拐された者の安否を憂慮する者の憂慮に乗じて、その財物を交付させ、又はこれを要求する行為を処罰する。**要求をする時点で既遂**に達する。

身代金目的拐取＋身代金要求（225条の２）、身代金目的拐取の幇助（227条２項）

身代金目的拐取の収受（227条４項）の罪を犯した者が、**公訴が提起される前**に、略取・誘拐された者を安全な場所に解放したときは、その刑を減軽する（**必要的減軽**）。被拐取者の生命の安全を図るための政策的規定である。**公訴提起前であればよく、事件発覚後や捜査開始後**でもよい。

ここに Focus

❶ 未成年者略取・誘拐罪の保護法益は、被拐取者の自由と監護権である。

❷ 親権者による連れ去りも未成年者略取・誘拐罪になりうる。**【判例A】**

❸ 略取・誘拐罪は「継続犯」である。

❹ 略取の手段として逮捕監禁した場合、略取罪と逮捕監禁罪は、観念的競合となる。

❺ 拐取の後、さらに被拐取者を監禁した場合、拐取罪と監禁罪とは併合罪となる。

❻ 営利目的等略取誘拐罪にいう「結婚の目的」の「結婚」には、事実婚も含まれる。

❼ 近親者とは、直系血族、配偶者、兄弟姉妹を含む。

❽ 安否を憂慮する者とは、安否を親身になって憂慮するのが社会通念上当然とみられる特別な関係にある者である。**【判例C】**

❾ 解放による減免は、必ず行われる。

❿ 解放は、公訴提起前であればよく、事件発覚後や捜査開始後でもよい。

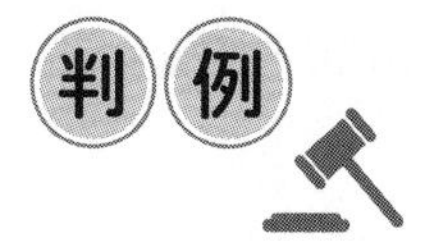

判例
A

Ⓠ 別居中の親権者による連れ去りは未成年者略取・誘拐罪を構成するか？

Ⓐ 構成する。

共同親権者である夫が、別居・離婚係争中の妻が養育している子（２歳）を連れ去った事案。

最決平17.12.6

被告人は、離婚係争中の他方親権者であるＢの下からＣを奪取して自分の手元に置こうとしたものであって、そのような行動に出ることにつき、Ｃの監護養育上それが現に必要とされるような特段の事情は認められないから、その行為は、親権者によるものであるとしても、正当なものということはできない。また、本件の行為態様が粗暴で強引なものであること、Ｃが自分の生活環境についての判断・選択の能力が備わっていない２歳の幼児であること、その年齢上、常時監護養育が必要とされるのに、略取後の監護養育について確たる見通しがあったとも認め難いことなども考慮すると、家族間における行為として社会通念上許容され得る枠内にとどまるものと評することもできない。以上によれば、本件行為には未成年者略取罪が成立する。

判例
B

Q 被疑者に錯誤があって、連れ去った場合に、未成年者略取・誘拐罪を構成するか？

Ⓐ 構成する。

親権者がもう一方の親権者から承諾を得たと錯誤して幼児(当時１歳３か月)を連れ去った事件。

高松高判平26. 1 .28

未成年者略取罪においては、保護者の真摯な承諾が存在するというだけではなく、承諾を得た動機、目的や、略取の手段、方法等を総合考慮し、当該行為が社会的に見て相当といえる場合に初めて違法性が阻却されるものと解され、保護者の真摯な承諾があったといえるためには、単に子を連れ去るということのみならず、その連れ去りの動機、目的や手段、方法等の少なくとも概要についても承諾を得ていることを要する。未成年者略取罪における保護者の承諾の錯誤についても、その連れ去りの動機、目的や手段、方法等の概要までをも含んだ具体的な連れ去り行為について保護者から承諾を得ているものと犯人が誤信し、かつ、その内容が社会的に見て相当といえる場合に初めて責任故意を阻却すると解するのが相当である。本件ではそのような誤信もなく、相当ともいえない。

被害幼児（当時１歳３か月）のような低年齢の幼児は、暴行、脅迫等の強制的手段を用いなくとも、これを監護権者の意に反して連れ去る行為は同条にいう「略取」に該当する。

判例

Q 身代金目的略取誘拐罪における安否を憂慮する者とは？

Ⓐ 安否を親身になって憂慮するのが社会通念上当然とみられる特別な関係にある者である。

最決昭62. 3 .24

「安否を憂慮する者」とは、単なる同情から安否を気づかうにすぎない第三者は含まれないが、安否を親身になって憂慮するのが社会通念上当然とみられる特別な関係にある者はこれに含まれると解するのが相当であり、当該銀行の代表取締役社長と銀行幹部らは特別な関係にある者にあたる。

会社の代表取締役が略取され、常務取締役に身の代金が要求された事案。

東京地判平４.６.19

２人の関係が経済的利害に基づく関係でしかなく、すでに不仲である場合には、常務取締役は「安否を憂慮する者」にはあたらない。

銀行の一般職員が略取され、代表取締役に身の代金が要求された事案。

大阪地判昭51.10.25

銀行の一般行員である被略取者との間に個人的交際関係がなくても、代表取締役頭取は安否を親身になって憂慮するのが社会通念上当然とみられる特別な関係にあるものと認められる。

○×問題で復習

Q

〔1〕 別居中の共同親権者の一人が、他の共同親権者の監護下にある未成年の子を略取する行為については、未成年者略取罪は成立しえない。

〔2〕 身の代金目的略取誘拐罪にいう近親者その他被拐取者の「安否を憂慮する者」は、被拐取者の安否を親身になって憂慮するのが社会通念上当然とみられる特別な関係が被拐取者との間にある者に限らず、同情から被拐取者の安否を気遣うにすぎない第三者も含む。

〔3〕 営利目的等略取誘拐罪にいう「結婚の目的」の「結婚」とは、法律婚のみである。

〔4〕 略取誘拐罪において、略取誘拐の手段としての暴行・脅迫や欺罔・誘惑は、被拐取者に対してなされる必要がある。

〔5〕 身の代金目的略取誘拐罪の犯人が、被拐取者を安全な場所に解放した場合、その解放の時期が当該犯人に対する公訴の提起前であれば、その刑は必ず減軽される。

解答解説

×〔1〕 別居中の共同親権者の一人が、他の共同親権者の監護下にある未成年の子を略取する行為については、未成年者略取罪は成立しえない。
他の共同親権者の監護権を侵害する
未成年者略取罪は成立しうる

×〔2〕 身の代金目的略取誘拐罪にいう近親者その他被拐取者の「安否を憂慮する者」は、被拐取者の安否を親身になって憂慮するのが社会通念上当然とみられる特別な関係が被拐取者との間にある者に限らず、同情から被拐取者の安否を気遣うにすぎない第三者も含む。
含まれない

×〔3〕 営利目的等略取誘拐罪にいう「結婚の目的」の「結婚」とは、法律婚のみである。
事実婚も含まれる

×〔4〕 略取誘拐罪において、略取誘拐の手段としての暴行・脅迫や欺罔・誘惑は、被拐取者に対してなされる必要がある。
監護権を有する者に向けられてもよい

○〔5〕 身の代金目的略取誘拐罪の犯人が、被拐取者を安全な場所に解放した場合、その解放の時期が当該犯人に対する公訴の提起前であれば、その刑は必ず減軽される。
解放による減免は、必ず行われる

強制わいせつ罪

関係条文

刑　法

（強制わいせつ）

第176条　13歳以上の者に対し、暴行又は脅迫を用いてわいせつな行為をした者は、6月以上10年以下の懲役に処する。13歳未満の者に対し、わいせつな行為をした者も、同様とする。

（準強制わいせつ及び準強制性交等）

第178条　人の心神喪失若しくは抗拒不能に乗じ、又は心神を喪失させ、若しくは抗拒不能にさせて、わいせつな行為をした者は、第176条の例による。

2　人の心神喪失若しくは抗拒不能に乗じ、又は心神を喪失させ、若しくは抗拒不能にさせて、性交等をした者は、前条の例による。

（監護者わいせつ及び監護者性交等）

第179条　18歳未満の者に対し、その者を現に監護する者であることによる影響力があることに乗じてわいせつな行為をした者は、第176条の例による。

2　18歳未満の者に対し、その者を現に監護する者であることによる影響力があることに乗じて性交等をした者は、第177条の例による。

（未遂罪）

第180条　第176条から前条までの罪の未遂は、罰する。

こんな問題が出る!

次は、強制わいせつ罪に関する記述であるが、誤りはどれか。

〔1〕 本罪は、主体・客体とも、**性別による制限なく**成立する。

〔2〕 本罪の手段たる暴行・脅迫は、相手方の反抗を抑圧する程度のものであることまでは**要しない**。

〔3〕 本罪にいう「わいせつな行為」とは、**いたずらに性欲を興奮又は刺激させ、かつ、普通人の正常な性的羞恥心を害し、善良な性的道義観念に反する行為**をいい、公然わいせつ罪における「わいせつ」の概念とは**異なる**。

〔4〕 肛門性交や口腔性交もわいせつな行為の一態様であるが､本罪ではなく､**強制性交等罪により処罰**される。

〔5〕 本罪は行為の性質及び内容にかかわらず、犯人の性欲を刺激興奮させ又は満足させるという**性的意図**のもとに行われることを一律に**成立要件**としている。

〔解答〕〔5〕

STEP 1

強制わいせつ罪（176条）

13歳以上の者に対して、暴行又は脅迫を用いてわいせつな行為をすると罰せられる。「13歳未満」が相手の場合、**相手が同意していても**意味をなさない。強制わいせつ罪にいう「わいせつ」とは、いたずらに性欲を興奮・刺激させ、普通人の正常な性的羞恥心を害し、善良な性的道義観念に反することである。

176条前段については、「13歳以上の男女に対し、暴行・脅迫を用いて、わいせつな行為をすること」を、176条後段については、「13歳未満の男女に対し、わいせつな行為をすること」を行為者が認識している必要がある。

準強制わいせつ罪（178条1項）

人の心神喪失若しくは抗拒不能に乗じ、又は心神を喪失させ、若しくは抗拒不能にさせて、わいせつな行為をした者は、罪に問われる。

監護者わいせつ罪（179条１項）

18歳未満の者に対し、その者を現に監護する者であることによる影響力があることに乗じてわいせつな行為をした者は罪に問われる。

STEP 2

強制わいせつ罪の保護法益は性的自由である。本罪は個人的法益に対する罪なので、公然わいせつ罪における「わいせつ」よりも広い「わいせつ」概念となる。被害者の意思に反してキスをする行為等、被害者の視点によるわいせつ行為と解される。

暴行・脅迫の程度は、**被害者の反抗を著しく困難ならしめる程度**のものである。もっとも、暴行自体がわいせつ行為の場合は、これが他人の意思に反するものであれば、暴力の力の大小は問わない（大判大13.10.22）。

客観的に被害者の性的自由を侵害する行為がなされ、行為者がそのことを認識していれば強制わいせつ罪は成立し、**性的意図を要件とする必要はない**（平成29年に判例解釈変更）。行為者の意図に関係なく、法益が侵害されるからである（詳しくは判例Ａ参照）。

準強制わいせつの罪は、暴行・脅迫を用いずに、飲酒や薬物の投与などにより「人の心神喪失若しくは抗拒不能に乗じ、又は心神を喪失させ、若しくは抗拒不能にさせて」行われたわいせつ行為を処罰するものである。

監護者わいせつ罪の「現に監護する者」とは、法律上の監護権に基づく者（民法820条参照）に限られず、事実上、現に監督・保護する者であればよい。

ここに Focus

❶ 強制わいせつ罪の「わいせつ」の概念は公然わいせつ罪のそれよりも広い。

❷ 暴行・脅迫の程度は、被害者の反抗を著しく困難ならしめる程度のものである。

❸ 暴行自体がわいせつ行為の場合は、暴行の程度は問わない。

❹ 強制わいせつ罪の成立に「性的意図」は必要ない。**【判例A】**

❺ 「13歳未満」が相手の場合、相手が同意していても強制わいせつ罪が成立する。

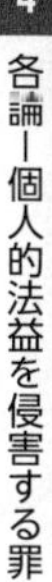

判例 **A**

Ⓠ 本罪の成立には「性的意図」が要件として必要か？

Ⓐ 必要ない。

13歳未満の女子に対し、被告人の陰茎を触らせ、口にくわえさせ、被害者の陰部を触るなどわいせつな行為をした事案。

最判平29.11.29

〔前略〕以上を踏まえると、今日では、強制わいせつ罪の成立要件の解釈をするに当たっては、被害者の受けた性的な被害の有無やその内容、程度にこそ目を向けるべきであって、行為者の性的意図を同罪の成立要件とする昭和45年判例の解釈は、その正当性を支える実質的な根拠を見いだすことが一層難しくなっているといわざるを得ず、もはや維持し難い。〔中略〕そうすると、刑法176条にいうわいせつな行為に当たるか否かの判断を行うためには、行為そのものが持つ性的性質の有無及び程度を十分に踏まえた上で、事案によっては、当該行為が行われた際の具体的状況等の諸般の事情をも総合考慮し、社会通念に照らし、その行為に性的な意味があるといえるか否かや、その性的な意味合いの強さを個別事案に応じた具体的事実関係に基づいて判断せざるを得ないことになる。したがって、そのような個別具体的な事情の一つとして、行為者の目的等の主観的事情を判断要素として考慮すべき場合があり得ることは否定し難い。しかし、そのような場合があるとしても、故意以外の行為者の性的意図を一律に強制わいせつ罪の成立要件とすることは相当でなく、昭和45年判例の解釈は変更されるべきである。

判例 **B**

Ⓠ 公然わいせつ罪と強制わいせつ罪は観念的競合となるか?

Ⓐ なる。

公園で通行人が見ている前で、相手の衣服をはぎとった事案。

大判明43.11.17

公然わいせつ罪（174条）と強制わいせつ罪（176条）の両罪が成立して、観念的競合（54条１項前段）となる。

○×問題で復習

Q

〔1〕 強制わいせつ罪にいう「わいせつ」の意義は、強制わいせつ罪が性的自由を保護するものであるから、公然わいせつ罪よりも広い概念で、例えば、相手方の意に反してキスをする行為も「わいせつ」にあたる。

〔2〕 強制わいせつ罪の成立には、その行為が行為者の性欲を刺激、興奮、満足させる意図の下で行われることが必要であり、単に報復目的で相手を強制的に全裸にし、その身体を撮影した場合には、本罪は成立しない。

〔3〕 強制わいせつ罪における暴行は、それ自体がわいせつな行為である場合も認められる。

〔4〕 13歳以上の相手に対し、「13歳未満」の者という認識の下に、暴行・脅迫によらず、わいせつな行為をしたときは、強制わいせつ罪は成立しない。

解答解説

○〔1〕　強制わいせつ罪にいう「わいせつ」の意義は、強制わいせつ罪が性的自由を保護するもの（個人の性的自由が保護法益）であるから、公然わいせつ罪（健全な性秩序ないし性的風俗が保護法益）よりも広い概念で、例えば、相手方の意に反してキスをする行為も「わいせつ」にあたる（あたる）。

×〔2〕　強制わいせつ罪の成立には、その行為が行為者の性欲を刺激、興奮、満足させる意図の下で行われることが必要であり（性的意図は不要である）、単に報復目的で相手を強制的に全裸にし、その身体を撮影した場合には、本罪は成立しない（成立する）。

○〔3〕　強制わいせつ罪における暴行は、それ自体がわいせつな行為である場合も認められる（暴行自体がわいせつの場合は暴行の程度を問わない）。

○〔4〕　13歳以上の相手に対し（176条前段の構成要件）、「13歳未満」の者という認識の下に、暴行・脅迫によらず、わいせつな行為を（176条前段の構成要件にあたらない）したときは、強制わいせつ罪は成立しない（成立しない）。

強制性交等罪

24分

関係条文

刑　法

(強制性交等)

第177条　13歳以上の者に対し、暴行又は脅迫を用いて性交、肛門性交又は口腔性交（以下「性交等」という。）をした者は、強制性交等の罪とし、5年以上の有期懲役に処する。13歳未満の者に対し、性交等をした者も、同様とする。

こんな問題が出る!

次は、強制性交等罪に関する記述であるが、正しいものはどれか。

3分

〔1〕 **肛門性交及び口腔性交**は、強制性交等罪における「性交等」にあたらない。

〔2〕 **女性**が、男性に対して暴行・脅迫を加えて性交した場合、行為が新法（177条）**施行前**であっても被害の申告が**施行後**であれば、強制性交等罪の刑責を負う。

〔3〕 暴行・脅迫を加えて**異物を女性の膣内等に入れる行為**は、強制性交等罪における「性交等」にあたる。

〔4〕 **18歳未満**の者とその者を**監護する立場の者**が性交等をした場合、暴行又は脅迫を用いなかったとしても罰の対象となる。

〔5〕 強制性交等罪は**非親告罪**として取り扱われることとなったが、この旨の規定が施行される前になされた（旧）強姦等の罪は、**施行前の規定が適用**されることとなることから、**親告罪**として取り扱われる。

〔解答〕〔4〕

STEP 1

3分

強制性交等罪（177条）

13歳以上の者に対し、暴行又は脅迫を用いて性交、肛門性交又は口腔性交をした者及び13歳未満の者に対し、性交等（性交・肛門性交・口腔性交）をした者は罰せられる。

準強制性交等罪（178条2項）

人の心神喪失若しくは抗拒不能に乗じ、又は心神を喪失させ、若しくは抗拒不能にさせて、性交等をした者は、罰せられる。

監護者性交等罪（179条2項）

18歳未満の者に対し、その者を現に監護する者であることによる影響力があることに乗じて（利用して）性交等をした者は、罰せられる。

STEP 2

本罪の保護法益は、個人の性的自由ないし性的自己決定権である。

平成29年の刑法改正前の本条（旧強姦罪）は、男子が「女子」に対して「性交」を強制するもので、それ以外のわいせつ行為は強制わいせつ罪としてより軽く処罰されていた。しかし、意思に反する性交等の対象とされることは男女を問わず等しく否定されるべきであるとし、本条の行為の客体は「者」に改められた（**女子も強制性交等罪の主体になる。**）。また、**男性器を女性器に挿入する「性交」のみでなく、「肛門」や「口の中」に入れること**も、身体への侵入を伴う濃密な接触として、同等の重大な苦痛を与える行為というべきであるから、本条で重く処罰する対象に含めることとなった。

（旧）強姦罪は、旧180条により**親告罪**になっていたが、新法施行前に犯したものも、例外を除き、**非親告罪化**された。

客体が**「13歳以上の者」**のときは、強制性交等罪を実現する意思で**「暴行・脅迫」を開始した時点が実行の着手**となる。暴行・脅迫が、強制性交等の直接の手段でない場合であっても、「強制性交等罪に至る客観的な危険性」（切迫した危険性）が認められるときは、着手（＝未遂）が肯定される。

強制わいせつ罪と同様、「13歳未満」が相手の場合、**相手が同意していても本罪は成立する。**

ここにFocus

❶　女子も強制性交等罪の主体になる。

❷　性交等には、性交・肛門性交・口腔性交が含まれる。

❸　施行前に犯したものでも、非親告罪として扱われる場合がある。

❹　13歳未満に対しては、暴行又は脅迫が必要ない。

❺　客体が「13歳以上の者」のときは、強制性交等罪を実現する意思で「暴行・脅迫」を開始した時点が実行の着手となる。

❻　暴行・脅迫が、強制性交等の直接の手段でない場合であっても、「強制性交等罪に至る客観的な危険性」（切迫した危険性）が認められるときは、着手が肯定される。**【判例Ａ】**

❼　「13歳未満」が相手の場合、相手が同意していても強制性交等罪が成立する。

2分

Ⓠ 強制性交等罪の実行の着手はいつ？

Ⓐ 客観的な危険性が明らかに認められる時点。

最決昭45. 7 .28

通行中の女性を車内で強姦（⇒**強制性交等**）する目的で、ダンプカーの運転席に引きずり込もうとした段階においてすでに強姦（⇒**強制性交等**）にいたる客観的な危険性が明らかに認められるから、その時点において強姦（⇒**強制性交等**）行為の着手と解するのが相当である。

○×問題で復習

Q

〔1〕甲は、12歳の乙女に対し、暴行・脅迫を用いずに性交を行った。甲には強制性交等罪が成立しない。

〔2〕甲は、12歳の乙女に対し、乙女にせがまれたため、同意の下で暴行・脅迫を用いずに性交を行った。甲には強制性交等罪が成立しない。

〔3〕甲は、平成29年の刑法改正前に12歳の乙女に対し、強制性交を行った。この場合、改正後に、乙女が被害届を出し告訴をしない限り、甲に強制性交等罪は成立しえない。

〔4〕甲女は、乙男に対し、暴行を用いて性交を行った。甲女には強制性交等罪が成立する。

〔5〕甲は、通行中の女性乙を車内で性交する目的で、自動車の運転席に引きずり込もうとしたが、失敗し、乙に逃げられてしまった。甲には強制性交等罪の未遂は成立しえない。

解答解説

×〔1〕 甲は、12歳の乙女に対し、暴行･脅迫を用いずに性交を行った。甲には強制性交等罪が成立しない。
13歳未満に対しては、暴行・脅迫を用いなくても成立する
成立する

×〔2〕 甲は、12歳の乙女に対し、乙女にせがまれたため、同意の下で暴行･脅迫を用いずに性交を行った。甲には強制性交等罪が成立しない。
13歳未満が相手の場合、相手が同意していても罪に問われる
成立する

×〔3〕 甲は、平成29年の刑法改正前に12歳の乙女に対し、強制性交を行った。この場合、改正後に、乙女が被害届を出し告訴をしない限り、甲に強制性交等罪は成立しえない。
施行前の犯罪でも、施行後に非親告罪として扱われる場合がある　成立しうる

○〔4〕 甲女は、乙男に対し、暴行を用いて性交を行った。甲女には強制性交等罪が成立する。
女性も強制性交等罪の主体になる　成立する

×〔5〕 甲は、通行中の女性乙を車内で性交する目的で、自動車の運転席に引きずり込もうとしたが、失敗し、乙に逃げられてしまった。甲には強制性交等罪の未遂は成立しえない。
強制性交等罪に至る客観的な危険性が認められる
→強制性交等罪の着手
成立しうる

名誉に関する罪

関係条文

刑　法

（名誉毀損）

第230条　公然と事実を摘示し、人の名誉を毀損した者は、その事実の有無にかかわらず、３年以下の懲役若しくは禁錮又は50万円以下の罰金に処する。

2　死者の名誉を毀損した者は、虚偽の事実を摘示することによってした場合でなければ、罰しない。

（公共の利害に関する場合の特例）

230条の２　前条第１項の行為が公共の利害に関する事実に係り、かつ、その目的が専ら公益を図ることにあったと認める場合には、事実の真否を判断し、真実であることの証明があったときは、これを罰しない。

2　前項の規定の適用については、公訴が提起されるに至っていない人の犯罪行為に関する事実は、公共の利害に関する事実とみなす。

3　前条第１項の行為が公務員又は公選による公務員の候補者に関する事実に係る場合には、事実の真否を判断し、真実であることの証明があったときは、これを罰しない。

（侮辱）

231条　事実を摘示しなくても、公然と人を侮辱した者は、１年以下の懲役若しくは禁錮若しくは30万円以下の罰金又は拘留若しくは科料に処する。

こんな問題が出る!

次は、名誉毀損罪に関する記述であるが、誤りはどれか。

〔1〕 本罪の保護法益は、人に対する社会一般の評価たる**外部的名誉**であり、自己に対して本人が有する主観的な価値意識たる**名誉感情**は、本罪の保護法益に含まれない。

〔2〕 **死者**の名誉を毀損した場合にも本罪が成立するが、通常の名誉毀損とは異なり、その成立は、**虚偽の事実を摘示**することにより、その名誉を毀損した場合に限られる。

〔3〕 本罪は「公然と」事実を摘示した場合に成立するが、「公然と」とは、**不特定又は多数人の認識しうる状態**を指すため、摘示の相手方が少数でも不特定の者である場合や、特定の者でも多数である場合には、「公然と」事実を摘示したといえる。

〔4〕 摘示される事実は、**公知の事実**であってもよい。また、**必ずしも他人の社会的評価を低下させるに足りる具体的事実であることまでは要せず**、単なる価値判断や評価もまた、本罪にいう「事実」に該当する。

〔5〕 名誉毀損罪にあたる行為が**公共の利害**に関する事実に関わり、その目的が**専ら公益を図る**ことにあり、かつ、摘示された事実が**真実**である場合には、本罪は成立しない。

〔解答〕〔4〕

STEP 1

名誉毀損罪(230条)

多くの人たちの前で具体的な事実を提示して、その人の名誉を傷つけると罰せられる。

侮辱罪(231条)

事実を摘示しなくても、公然と人を侮辱した者は、罰せられる。

STEP 2

名誉毀損罪の保護法益は、**外部的名誉(社会的評価)**であ

る。保護法益である名誉すなわち社会的評価の低下を測定することは困難であるから、**具体的な危険の発生は不要**である（**抽象的危険犯**）。そして、名誉毀損罪は、社会的な評価を受ける者に対して成立するものである。名誉感情を有する者か否かは関係ない。したがって、「人」には、自然人に限られず、**法人等の団体も含まれる**と解される（最決昭58.11.1）。

※人の支払能力・支払意思など経済的側面における社会的評価については、別罪（233条、信用毀損罪）により処罰される。

「公然」とは、**摘示された事実を不特定又は多数人が認識しうる状態**をいう（大判昭6.6.19）。

特定の人に対し事実を摘示したら、その人が勝手に大勢に話をしてしまった場合でも、広まる可能性が予見できていたり、広まることを期待して、その人を通じて不特定又は多数人へと伝播した場合にも、「公然と」にあたる（大判大8.4.18）。

これを、伝播（でんぱ）性の理論という。すなわち、特定かつ少数に対する摘示であっても、それらの者が話をして伝播していく可能性が予見でき、伝播されることを期待して該当行為を行えば名誉毀損罪は成立することになる。

つまり、「公然」には**伝播して不特定又は多数人が認識しうる状態にいたる場合**も含まれる。

「事実」とは、**人の社会的評価を低下させるような具体的な事実**であることや、特定人の名誉に関するものであることを要する。ただし、人物や内容が必ずしも特定されずともよく、具体的に推認できればよい。これに対して、**侮辱罪は事実の摘示がなくても成立する**。

名誉毀損罪では、**公然と人の社会的評価を低下させるに足りる事実を摘示すること**の認識・認容があれば故意が認められる。人の名誉を毀損する目的でなくてもよい。

名誉毀損罪が成立するためには、事実の摘示が行われる必要があるが、摘示された事実が真実である場合にも、人の社会的評価が低下したとなれば、名誉毀損罪が成立する余地がある（大判昭13.2.28)。また、「**事実**」は「**公知の事実**」で**あってもよい（大判昭9.5.11)**。

毀損は、現実に人の社会的評価が害されたことを要しない（大判昭13.2.28)。

公共の利害に関する場合の特例（230条の2）は、個人の名誉の保護と正当な言論の保障との調和を図る趣旨で設けられた規定である。

摘示された事実が「**公共の利害に関するもの**」（政治家が賄賂を受け取っていた……等）であり、公共の利益を守るために事実を摘示した場合、名誉毀損にはあたらない。

政治家など公人のプライバシーに対し、宗教団体の会長など私人のプライバシーも「公共の利害に関するもの」とみなされる。

「専ら公共の利益を図る目的」とは、公共の利益を増進させる動機によることを要する。しかし、「専ら」とあるように、主たる動機が公益を図るためのものであればよい。

真実性の証明がない場合でも、**摘示をした者がその事実を真実であると誤信し、その誤信したことについて確実な資料・根拠に照らし相当の理由があるときは**、犯罪の故意がなく、名誉毀損罪は成立しない。

ここに Focus

❶　名誉毀損罪の保護法益は、外部的名誉（社会的評価）である。

❷　実際に社会的評価が低下しなくても本罪は成立する（抽象的危険犯）。

❸　名誉毀損罪の「人」には法人も含む。

❹　公然とは、摘示された事実を不特定又は多数人が認識しうる状態をいう。

❺　「公然」には伝播して不特定又は多数人が認識しうる状態にいたる場合も含まれる。【判例A】

❻　事実とは、人の社会的評価を低下させるような具体的な事実であることを要する。

❼　事実には、「公知の事実」も含まれる。

❽　公人のプライバシーも社会的活動の性質や影響力によっては、社会的評価の一資料として「公共の利害に関するもの」にあたる。主たる動機が公益を図るためのものであり、その事実が真実であれば名誉毀損にはあたらない。【判例B】

❾　行為者がその事実を真実であると誤信し、その誤信したことについて確実な資料・根拠に照らし相当の理由があるときは、名誉毀損罪は成立しない。【判例C】

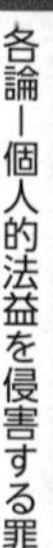

判例
A

Q 特定の人に対し事実を摘示した後、その人が勝手に大勢に話をしてしまった場合、「公然と事実を摘示した」とみなされるか？

A みなされる。

ＡがＸ宅に放火したと思い込んだＸが、①Ｘ宅でＡの弟と村議会議員に、また②Ａ宅でＡの妻子と近所の者に、「Ａの放火を目撃した」と告げ、Ａが放火したとの噂が村中に広まった事案（Ａは実際には放火をしていない。）。

最判昭34.5.7

人の名誉を毀損する文書を特定人に対して郵送したが、これが他に発表することを厳禁したのでないかぎり、その文書が転々して多数人が了知するにいたるおそれがある。したがって、「公然と」にあたる。

大判昭3.12.13

このような場合、事実の摘示は、特殊の関係で限定された者のみに対してではなく、不特定・多数人の視聴に達せさせうる状態で行われたといえる。

大判昭12.11.19

８人が出席している消防団役員会の席上において「懇意な役員の会合だ。」と言って被告人に事実の開示を強いた場合には、列席者には秘密を保つ義務があるとして、その事実摘示には公然性が認められない。

判例
B

Q 公人の私的プライバシー（私生活上の事実）の事実は公共の利害に関するか？

A 公共の利害に関すると解される。

雑誌「月刊ペン」が、宗教団体の会長の私的な女性関係について特集したところ、名誉棄損にあたると起訴された事案。

最判昭56.4.16【月刊ペン事件】

多数の信徒を擁する宗教団体の会長が、その地位を背景として直接・間接の政治的活動を通じ、社会一般に対しても少なからぬ影響を及ぼしている等の事情のある場合には、同会長の女性関係が乱脈をきわめており、同会長と関係のあった女性２人が国会に送り込まれた等の事実は、「公共の利害に関する事実」にあたる。

判例

C

Ⓠ 事実を真実と誤信したことにつき相当の理由がある場合、名誉毀損罪は成立するか？

Ⓐ 名誉毀損罪は成立しない。

夕刊和歌山時事が、「他紙の記者が市役所職員に対して脅迫まがいの取材の仕方をした」という記事を掲載して、名誉棄損であるとして起訴された事案。

最大判昭44.6.25【夕刊和歌山時事事件】

個人の名誉の保護と正当な言論の保障との調和を図る本条の趣旨を考慮すると、たとえ真実性の証明がない場合でも、行為者がその事実を真実であると誤信し、その誤信したことについて確実な資料・根拠に照らし相当の理由があるときは、犯罪の故意がなく、名誉毀損罪は成立しない。

○×問題で復習

Q

〔1〕 名誉毀損罪が成立するには、人の名誉を毀損する必要があるが、人の社会的評価を低下させるような事実を摘示したとしても、その人の名誉が現実に侵害されなかった場合には、名誉毀損罪が成立する余地はない。

〔2〕 名誉毀損罪が成立するためには、公然と事実の摘示が行われる必要があるが、特定かつ少数人に事実を摘示した場合には、その者らを通じて不特定又は多数人に伝播する可能性があったとしても、名誉毀損罪が成立する余地はない。

〔3〕 名誉毀損罪が成立するためには、事実の摘示が行われる必要があるが、摘示された事実が真実である場合には、人の社会的評価が低下したとはいえないから、名誉毀損罪が成立する余地はない。

〔4〕 名誉毀損罪が成立するためには、人の名誉を毀損する必要があるが、名誉を毀損したとしても、それが公共の利害に関する事実に係り、かつ、その目的が専ら公益を図ることにあったと認める場合には、事実の真否を判断し、真実であることの証明があったときは、名誉毀損罪として処罰される余地はない。

〔5〕 名誉毀損罪が成立するためには、人の名誉を毀損する必要があるが、法人等の団体は名誉感情を持つことはないから、法人等の団体に対する名誉毀損罪が成立する余地はない。

解答解説

×〔1〕 名誉毀損罪が成立するには、人の名誉を毀損する必要があるが、人の社会的評価を低下させるような事実を摘示したとしても、その人の名誉が現実に侵害されなかった場合には、名誉毀損罪が成立する余地はない。

実際に社会的評価が低下しなくても成立する　成立しうる

×〔2〕 名誉毀損罪が成立するためには、公然と事実の摘示が行われる必要があるが、特定かつ少数人に事実を摘示した場合には、その者らを通じて不特定又は多数人に伝播する可能性があったとしても、名誉毀損罪が成立する余地はない。

「公然」には、伝播して不特定または多数人に認識しうる状態にいたる場合も含まれる　成立しうる

×〔3〕 名誉毀損罪が成立するためには、事実の摘示が行われる必要があるが、摘示された事実が真実である場合には、人の社会的評価が低下したとはいえないから、名誉毀損罪が成立する余地はない。

真実でも既に公知の事実でも名誉毀損罪になる　成立しうる

○〔4〕 名誉毀損罪が成立するためには、人の名誉を毀損する必要があるが、名誉を毀損したとしても、それが公共の利害に関する事実に係り、かつ、その目的が専ら公益を図ることにあったと認める場合には、事実の真否を判断し、真実であることの証明があったときは、名誉毀損罪として処罰される余地はない。

主たる動機が公益を図るため＋内容が真実→処罰されない

×〔5〕 名誉毀損罪が成立するためには、人の名誉を毀損する必要があるが、法人等の団体は名誉感情を持つことはないから、法人等の団体に対する名誉毀損罪が成立する余地はない。

名誉毀損の「人」には法人等も含む　成立しうる

業務に対する罪

関係条文

刑 法

（信用毀損及び業務妨害）

233条　虚偽の風説を流布し、又は偽計を用いて、人の信用を毀損し、又はその業務を妨害した者は、３年以下の懲役又は50万円以下の罰金に処する。

（威力業務妨害）

234条　威力を用いて人の業務を妨害した者も、前条の例による。

（電子計算機損壊等業務妨害）

234条の２　人の業務に使用する電子計算機若しくはその用に供する電磁的記録を損壊し、若しくは人の業務に使用する電子計算機に虚偽の情報若しくは不正な指令を与え、又はその他の方法により、電子計算機に使用目的に沿うべき動作をさせず、又は使用目的に反する動作をさせて、人の業務を妨害した者は、５年以下の懲役又は100万円以下の罰金に処する。

２　前項の罪の未遂は、罰する。

こんな問題が出る!

次は、威力業務妨害罪に関する記述であるが、誤りはどれか。

〔1〕 本罪にいう「業務」は、「精神的なると経済的なるとを問わず広く職業その他継続して従事することを要すべき事務又は事業を総称する。」とされ、株式会社の設立行為も含まれる。

〔2〕 警察に対して、直ちに看破できない程度の犯罪予告などの虚偽の通報がなされた場合に、妨害された警察の業務は保護の対象にならない。

〔3〕「妨害」の要件について、判例は、**現実に業務遂行に支障が生じたことは必要でなく、妨害行為があれば足りるとする危険犯説**を採用している。

〔4〕「威力」とは、**人の意思を制圧するような勢力**、あるいは、犯人の威勢、人数及び周囲の状勢等、被害者の**自由意思を制圧するに足る犯人側の勢力**をいう。

〔5〕「威力を用い」とは、威力を行使することをいい、直接、人に暴行を加えたり、畏怖させたりする行為に限らず、一定の物的状態を作出した結果、**人の自由な行動を不可能若しくは困難にすることも**「威力を用い」に含まれる。

〔解答〕〔2〕

STEP 1

信用毀損及び業務妨害罪（233条）

虚偽の風説（噂）を広め、又は偽計を用いて、他人の信用を失わせたり業務を妨害したりすると罰せられる。

威力業務妨害罪（234条）

威圧的な行為を用いて業務を妨害すると罰せられる。

電子計算機損壊等業務妨害罪（234条の２）

業務に使うコンピュータや電磁的記録を壊したり、コンピュータに嘘の情報や不正な指令を与え、動作をさせなかったり、使用目的と違う動作をさせて人の業務を妨害すると罰せられる。

虚偽
虚偽とは、客観的事実に反することをいい、風説とは噂のことをいう。

STEP 2

信用毀損及び業務妨害罪（233条）

信用とは

信用とは、**支払能力又は支払意思に対する社会的な信頼**（経済的信用）である。ただし、これに限定されず、販売される商品の品質に対する社会的な信頼も、「信用」に含まれる。

毀損とは

毀損とは、**人の信用を低下させるおそれのある状態を発生させること**をいう。実際に信用が低下したか否かは関係ない（＝抽象的危険犯）。

偽計とは

偽計とは、**人を欺き、誘惑し、又は人の錯誤・不知を利用すること**をいう。

業務とは

人が社会生活上の地位に基づいて反復継続して行う事務をいう（大判大10.10.24）。行政法規に違反している業務でも、事実上平穏に行われているものであれば、刑法上の保護に値する。たとえば、風営法に違反して景品買取を行っていたパチンコ店の業務（横浜地判昭61.2.18）や行政法規（風営法）に違反している業務や知事の許可を得ていない浴場営業（東京高判昭27.7.3）も233条の「業務」に含まれる。

業務妨害罪の「業務」に「公務」は含まれるのか

業務妨害罪の「業務」に公務員の「公務」が含まれるかが争われており、判例は、「一部の公務が業務に含まれる」としている。

まず、権力的公務（警察官、執行官など）については、偽計や暴行・脅迫に至らない威力による抵抗があっても、一般にこれを排除して執行を遂げることができるので、原則、業務妨害罪にいう「業務」に含まれない。

対して、非権力的公務（議会、市役所、国立大学事務員）については、上記抵抗に対し排除ができないので、業務妨害罪にいう「業務」に含まれる。

しかし、最近の判例では、権力的公務を**「強制力を行使する権力的公務」**を**「公務」**、**「強制力を行使しない権力的公務」**を**「業務」**として分けている（限定積極説）。虚偽の110番通報のように、犯人からの偽計を止められない（排除できない）場合には、「強制力を行使しない権力的公務」といえ、この公務は業務に含まれるとした判決が出ている（東京高判平21.3.12）。

威力業務妨害罪（234条）

業務とは

威力業務妨害罪（234条）の「業務」は、偽計業務妨害罪の「業務」と同じである。

威力とは

威力業務妨害罪の「威力」とは、**人の意思を制圧するに足りる勢力**をいう。

偽計と威力の区別がつくように。

直接触れずに、一定の物理状態を作出（猫の死がいを机に入れる等）した結果、人の自由な行動を不可能・困難にする場合も含まれる。

電子計算機損壊等業務妨害罪（234条の２）

電子計算機損壊等業務妨害罪は、コンピュータに対する加害行為を手段とするものを業務妨害罪の一類型とするとともに、偽計・威力業務妨害罪よりも重く処罰することにしている。

構成要件の要素⇒**「加害行為」**・**「動作阻害」**・**「業務妨害のおそれ」**

たとえば、コンピューターウイルスをプログラムしたメールを送り（加害行為）、被害者のＰＣがウイルスによって正常な動作をしなくなり（動作阻害）、被害者の業務が妨害される場合（業務妨害）をいう。ただし、業務妨害罪が成立するには必ずしも現実に業務活動が阻害された結果が発生することは要しない（＝**抽象的危険犯**）。

ここに Focus

❶　販売される商品の品質に対する社会的な信頼も、刑法233条にいう「信用」に含まれる。**【判例A】**

❷　実際に「信用」が毀損されたり、「業務」が妨害されるおそれがあれば、信用毀損・業務妨害罪は成立する。

❸　人の業務とは、人が社会生活上の地位に基づいて反復継続して行う事務をいう。

❹　行政法規に違反した業務も保護される。

❺　偽計とは、人を欺き、誘惑し、又は人の錯誤・不知を利用することをいう。**【判例B】**

❻　威力とは、人の意思を制圧するに足りる勢力をいう。**【判例D】**

❼　非権力的公務は、業務妨害罪の「業務」に含まれる。

❽　権力的公務でも、「強制力を行使しない権力的公務」は「業務」に含まれる。**【判例C】**

❾　警察官の犯人逮捕のような「強制力を行使する権力的公務」は「業務」に含まれない。

判例

Q 信用毀損罪における「信用」とは？

Ⓐ 支払い能力又は支払い意思に対する信頼のほかに、商品の品質なども含まれる。

警察官に対し、コンビニで買ったジュースに異物が混入していた旨の虚偽の申告をし、警察からその発表を受けた報道機関に上記コンビニで異物の混入されたジュースが陳列・販売されていたと報道させた事案。

最判平15.3.11

刑法233条が定める信用毀損罪は、経済的な側面における人の社会的な評価を保護するものであり、同条にいう「信用」は、人の支払能力又は支払意思に対する社会的な信頼に限定されるべきものではなく、販売される商品の品質に対する社会的な信頼も「信用」に含まれる。

判例

Q 「偽計」はどのような行為か？

Ⓐ 人の錯誤・不知を利用する行為をいう。

大判昭15.8.8

内容虚偽の仮処分申請書を提出し、判事を欺いて得た仮処分命令に基づいて社屋を明け渡させて経営を不能にした行為は233条の「偽計」にあたる。

大判大3.12.3

外から分からないように漁場の海底に障害物を沈め、漁網を破損させた行為は233条の「偽計」にあたる。

大阪高判昭39.10.5

他人名義を冒用して虚偽の電話注文をして、商品配達をさせた行為は233条の「偽計」にあたる。

東京高判昭48.8.7

中華そば店に3か月で約970回も無言電話をかけた行為は233条の「偽計」にあたる。

電話料金の支払を免れるための装置であるマジックホンを電話回線に取り付け、通話料金課金業務を妨害した事案。

最決昭59.4.27【マジックホン事件】

「マジックホン」という機器を使用して、電話機に対する課金装置の作動を不可能にした行為は233条の「偽計」にあたる。

最決平19.7.2

現金自動預払機利用客のカードの暗証番号等を盗撮するためのビデオカメラを設置した現金自動預払機の隣にある現金自動預払機を、あたかも入出金や振込等を行う一般の利用客のように装い、適当な操作を繰り返しながら、1時間30分間以上にわたって占拠し続けた行為は233条の「偽計」にあたる。

東京高判平21.3.12

被告人が、そのような意図がないにもかかわらず、インターネット掲示板に虚構の殺人事件の実行を予告し、同掲示板を閲覧した者からの通報を介して、警察署職員らに出動、警戒等の徒労の業務に従事させ、その間、同人らをして、被告人の予告さえ存在しなければ遂行されたはずの警ら、立番業務その他の業務の遂行を困難ならしめる行為は233条の「偽計」にあたる。

Q 業務妨害罪の「業務」に「公務」は含まれるか？

Ⓐ 「非権力的公務」は含まれる。

被告人らが県庁内の委員会室に乱入して占拠し、議案についての採決等を妨害した事案。

最決昭62.3.12

本件において妨害の対象となった職務は、新潟県議会総務文教委員会の条例案採決等の事務であり、なんら被告人らに対して強制力を行使する権力的公務ではないのであるから、その職務が威力業務妨害罪にいう「業務」にあたる。

インターネット上の掲示板に警察官を殺害する旨の書き込みをしたことにより、警察官の業務を妨害した事案。

東京高判平21. 3 .12

妨害された警察官の業務の中に、強制力を付与された権力的公務が含まれていたとしても、その強制力は、本件のような虚偽通報による妨害行為に対して行使しうる段階にはなく、これを排除する働きを有しないから、妨害された業務の全体が偽計業務妨害罪による保護の対象になる。

立候補者の届出の際に、故意に進行に時間をかけるなど様々な妨害活動をすることで、選挙管理委員会の選挙長の立候補届出の受理業務を遅らせた事案。

最決平12. 2 .17

本件において妨害の対象となった職務は、公職選挙法上の選挙長の立候補届出事務であり、右事務は、強制力を行使する権力的公務ではないから、右事務が刑法233条、234条にいう「業務」にあたるとした原判決は、正当である。

動く歩道を設置するために段ボール小屋の撤去を予定している都の職員に対して、路上生活者たちがバリケードを作って座り込むなどして妨害をした事案。

最決平14. 9 .30

本件において妨害の対象となった職務は、動く歩道を設置のため、本件通路上に起居する路上生活者に対して自主的に退去するように説得し、これらの物が自主的に退去した後、本件通路上に残された段ボール小屋等を撤去することなどを内容とする環境整備工事であって、強制力を行使する権力的公務ではないから、刑法234条にいう「業務」にあたると解するのが相当である。

交番の前で覚醒剤に偽装した白色結晶粉末が入ったポリ袋を故意に落として、違法薬物を所持していると警察官に思わせ、追跡させた事案。

最決平31. 2 .26

被告人の行為は、当該警察官に覚醒剤所持の犯人が逃走したと誤信させるのに十分な行為であり、巧妙かつ計画的な犯行であること、当該警察官が被告人を追跡し、職務質問や所持品検査等をすることになり、通常の覚醒剤所持事案と同様の対応を余儀なくさせることが十分に予見でき、被告人も予見していたこと、実際に多数の警察官が徒労の業務を余儀なくされたこと等に照らすと、被告人の本件行為は違法性が高く、「悪戯など」ではなく、偽計による本罪が成立する。本罪で妨害されたのは、なんら強制力を行使する権力的公務ではない。

判例

Q 234条の「威力」はどのような行為か？

Ⓐ 人の意思を制圧するに足りる勢力を使用する行為をいう。

最判昭32. 2 .21

貨車に積載された石炭を落下させて送炭業務を妨害する行為は威力業務妨害罪にいう「威力」にあたる。

大判大 9 . 2 .26

営業中の店の表を板で囲って営業不能にした行為は威力業務妨害罪にいう「威力」にあたる。

大判昭 7 .10.10

食堂にシマヘビ約20匹をまき散らす行為は威力業務妨害罪にいう「威力」にあたる。

最決平 4 .11.27

事務机の引出しに猫の死骸を入れて被害者に発見させる行為は威力業務妨害罪にいう「威力」にあたる。

最決昭59. 3 .23

弁護士から訴訟記録等が入った鞄を奪う行為は威力業務妨害罪にいう「威力」にあたる。

○×問題で復習

Q

〔1〕 威力業務妨害罪が成立するには、現実に執行中の業務の執行を妨害した結果が発生したことを要し、被害者に業務を中止させ、あるいは不能にさせたことが必要である。

〔2〕 県議会の審議中、傍聴席において、大声を上げながら椅子を叩くなどして審議を中断させた場合、妨害の対象となったのは公務であるから、威力業務妨害罪ではなく公務執行妨害罪が成立する。

〔3〕 弁当屋に電話をし、弁当を受け取る意思もなく、代金を支払う意思もないのに、偽名を名乗って弁当100個を注文し、これを架空の住所まで配達することを依頼して、同弁当屋の店員に弁当100個を作らせ、配達させた場合、偽計業務妨害罪が成立する。

〔4〕 会社の上司に恨みを持ち、同人の事務机の引き出し内に犬の死がいを入れておいて同人にこれを発見させ、畏怖させた行為は、これにより同人の当日の各種決裁事務等の執行が不可能になったとしても、「威力を用いた」とはいえないから、威力業務妨害罪にはあたらない。

解答解説

×〔1〕　威力業務妨害罪が成立するには、現実に執行中の業務の執行を妨害した結果が
業務が
発生したことを要し、被害者に業務を中止させ、あるいは不能にさせたことが必
妨害されるおそれがあれば足りる
要である。

×〔2〕　県議会の審議中、傍聴席において、大声を上げながら椅子を叩くなどして審議
非権力的公務＝業務　威力による妨害
を中断させた場合、妨害の対象となったのは公務であるから、威力業務妨害罪で
非権力的公務は業務に含まれるから威
はなく公務執行妨害罪が成立する。
力業務妨害罪が成立する

○〔3〕　弁当屋に電話をし、弁当を受け取る意思もなく、代金を支払う意思もないのに、
人の錯誤・不知を利用して相手を欺いている＝偽計
偽名を名乗って弁当100個を注文し、これを架空の住所まで配達することを依頼
して、同弁当屋の店員に弁当100個を作らせ、配達させた場合、偽計業務妨害罪
この嘘の注文がなければできていた通常の業務ができなかった＝業務妨害
が成立する。

×〔4〕　会社の上司に恨みを持ち、同人の事務机の引き出し内に犬の死がいを入れてお
人の意思を制圧するに足りる勢力を使用すること＝威力
いて同人にこれを発見させ、畏怖させた行為は、これにより同人の当日の各種決
業務妨害
裁事務等の執行が不可能になったとしても、「威力を用いた」とはいえないから、
威力業務妨害罪にはあたらない。

住居侵入等罪

関係条文

刑　法

（住居侵入等）

130条　正当な理由がないのに、人の住居若しくは人の看守する邸宅、建造物若しくは艦船に侵入し、又は要求を受けたにもかかわらずこれらの場所から退去しなかった者は、3年以下の懲役又は10万円以下の罰金に処する。

こんな問題が出る!

次は、住居侵入等罪に関する記述であるが、誤りはどれか。

〔1〕「住居」とは、人の**起臥寝食**（きがしんしょく）のため日常使用される場所をいう。その使用が**一時的であってもよい**と解されていることから、人の使用しているホテルや旅館の一室も住居に当たる。

〔2〕「邸宅」とは、住居用に建造されたが、現在は人の起臥寝食の用として**使用されていない建造物**をいう。現在人は居ないが人の看守下にある空き家は、邸宅である。

〔3〕住居侵入罪にいう「侵入し」とは、他人の看守する建造物等に**管理権者の意思に反して立ち入る**ことをいう。よって、隣家が出火しており、消火活動をする場合など、住居権者の**承諾又は推定的承諾**があれば、本罪は成立しない。

〔4〕「建造物」とは、住居・邸宅以外をいう。建造物自体だけでなく、外壁のように、構造上、重要な一部分を占めるものも含まれるが、囲繞地（いにょうち）は土地であるため、建造物に含まれることはない。

〔5〕住居権者の同意を得て住居等に入った者でも、**退去の要求**を受けたにもかかわらず退去しない場合は不退去罪が成立する。なお、不退去罪は、退去の要求後、退去に必要な時間の経過した時点で既遂となるから、**未遂の成立する余地はない**とされる。

〔解答〕〔4〕

STEP 1

住居侵入罪（130条前段）

正当な理由がないのに、人の住居若しくは人の看守する邸宅、建造物若しくは艦船に侵入した者は罰せられる。

不退去罪（130条後段）

家などから退去するように要求を受けたにもかかわらずこれらの場所から退去しなかった者は罰せられる。

130条の罪の未遂は罰せられる（132条）。

STEP 2

住居とは

住居とは、**人の起臥寝食**（きがしんしょく）**に使用される場所**である。一時的な使用（ホテルの客室）なども私生活の場であり、住居に含まれる。住居に付属している囲繞地（いにょうち）も含まれる。

看守とは

看守とは、**人が事実上管理・支配すること**をいう。他人の侵入を防止する人的・物的設備を施すことである。

邸宅とは

邸宅とは、**住居用に造られた建造物のうち**、日常の生活には使用されていないものをいう。看守下にある空き家や閉鎖中の別荘は、邸宅である。邸宅に付属している囲繞地も含まれる。

放棄された廃屋に入る行為は、軽犯罪法1条1号に該当する。

建造物とは

建造物とは、屋根があり壁や柱で支えられて土地に定着し、人の起臥寝食に適した構造になっているものであり、住居と邸宅以外のものを指す。たとえば、官公庁の庁舎、事務所、工場、神社など。建造物には、柵などで周囲を囲われた**囲繞地**も含まれる。

保護法益は

保護法益は、**住居等に対する事実上の支配・管理権**（**＝住居に誰を立ち入らせるかを決める自由**）である。つまり、住居侵入等罪にいう「**侵入**」とは、**住居権者の意思に反する立入りのこと**である。居住者・看守者・管理権者の意思に反することが構成要件となっており、たとえ住居等に立ち入っても、**同意がある限り、構成要件に該当しない**。

住居侵入罪が**成立**すれば、その者の退去までずっと本罪が成立し続ける（**＝継続犯**）ことになるので、その侵入者に対して別に**不退去罪**が**成立すること**はない。

放棄された廃屋に入る行為は、軽犯罪法1条1号の潜伏の罪の対象となる。

罪　数

罪数については、他の犯罪と住居侵入罪が、客観的に目的・手段の関係にあると認められるときは、**牽連犯**（54条1項後段）となる。

殺人／傷害／暴行／強盗／窃盗／強姦／放火等と住居侵入等罪は牽連関係にある。

殺人予備・強盗予備と住居侵入は**観念的競合**となる（大判明44.12.25、東京高判昭25.4.17）。

牽連犯
犯罪の手段や結果が他の犯罪にも触れること。牽連犯はそのうち一番重い刑によって処断される。
（例）他人の家に窃盗目的で侵入すると、住居侵入罪と窃盗罪が成立するが、科刑上は、窃盗罪一罪で処断される。

ここにFocus

❶「侵入」とは、住居権者の意思に反する立入りのことである。【判例A】【判例B】【判例C】【判例F】

❷　住居とは、人の起臥寝食に使用される場所である。

❸　看守とは、人が事実上管理・支配することをいう。

❹　邸宅とは、住居用に造られた建造物と囲繞地で、住居以外のものをいう。

❺　建造物とは、屋根があり壁や柱で支えられて土地に定着し、人の起臥寝食に適した構造になっているものであり、住居と邸宅以外のものを指す。【判例E】

❻　建造物の囲繞地は「建造物」に含まれる。【判例D】

❼　住居侵入罪が成立すれば、不退去罪は成立しない。

判例
A

Q 管理者が立入りの禁止を明確に示していない建物に侵入した場合、住居侵入罪は成立するか？

A 成立する。

郵便局員であるXらが春闘における1,000枚のビラ貼りのため、営業時間外の午後9時30分頃、宿直員に声をかけて郵便局舎内に立ち入った事案。

最判昭58. 4 . 8 【大槌郵便局事件】

刑法130条前段にいう「侵入し」とは、他人の看守する建造物等に管理権者の意思に反して立ち入ることをいうと解すべきであるから、管理権者があらかじめ立入り拒否の意思を積極的に明示していない場合であっても、建造物の性質、使用目的、管理状況、管理権者の態度、立入りの目的などからみて、現に行われた立入り行為を管理権者が容認していないと合理的に判断されるときは、他に犯罪の成立を阻却すべき事情が認められない以上、同条の罪が成立する。

判例
B

Q その場所において禁止された行為を行うために建造物に侵入した場合、侵入罪は成立するか？

A 成立する。

最判平21.11.30【葛飾マンション事件】

分譲マンションの各住戸のドアポストにビラ等を投かんする目的で、同マンションの集合ポストと掲示板が設置された玄関ホールの奥にあるドアを開けて廊下等の共用部分に立ち入った行為について、同マンションの構造及び管理状況、そのような目的での立入りを禁じたはり紙が掲示板に貼られていた状況などの事実関係のもとでは、同マンションの管理組合の意思に反するものである。

判例

Q 犯罪目的で一般客と同じ入り口から店舗（建造物）に入った場合、建造物等侵入罪は成立するか？

A 成立する。

現金自動預払機（ATM）を利用する客のキャッシュカードの暗証番号等を盗撮する目的でATMが設置されている銀行支店出張所に立ち入った事案。

最決平19.7.2

犯罪目的での立入りは、同所の管理権者である銀行支店長の意思に反するものであることは明らかである。よって、立入りの外観が一般の現金自動預払機利用客と異なるものでなくても、管理権者の意思に反する以上、建造物侵入罪が成立する。

判例

Q 建造物に付随する柵で囲われた囲繞地は、「建造物」に含まれるか。

A 含まれる。

活動家の学生らが一時的に設置された金網柵を引き倒して研究所の敷地に立ち入った事案。

最判昭51.3.4【東大地震研事件】

その囲いが通常の門塀に準じ外部との交通を阻止しうる程度の構造を有する金網柵であれば、囲繞地にあたる。そして、建造物の囲繞地は「建造物」に含まれる。

判例 E

Q 警察車両のナンバーを見ようと警察署の塀に登ったが、署内に立ち入らなかった場合は？

A 塀も「建造物」の一部となり、住居等侵入罪が成立する。

最決平21.7.13

本件塀は、本件庁舎建物とその敷地を他から明確に画するとともに、外部からの干渉を排除する作用を果たしており、正に本件庁舎建物の利用のために供されている工作部であって、刑法130条にいう「建造物」の一部を構成するものとして、建造物侵入罪の客体にあたると解するのが相当であり、外部から見ることのできない敷地に駐車された捜査車両を確認する目的で本件塀の上部へ登った行為には建造物侵入罪が成立する。

判例
F

Q 住居権者が錯誤に基づく承諾をした場合は？

Ⓐ 住居侵入罪が成立する。

強盗の意思を持った犯人の「こんばんは」という挨拶に対し、強盗とは知らない住民が「おはいり」と承諾したため、犯人が住居に入った事案。

最大判昭24.7.22【おはいり事件】

強盗とは思わずに立ち入ることを承諾したのであって、この点の錯誤は意思決定に重大な影響を及ぼすので、承諾は無効である。

○×問題で復習

Q

〔1〕 甲は、強盗の目的で乙方に行き、その意図を隠した上、玄関前で「こんばんは。」と挨拶したところ、乙が「おはいりなさい。」と答えたので乙方内に入った。甲には住居侵入罪は成立しない。

〔2〕 甲は、交通違反の取締りにあたる捜査車両の車種やナンバーをのぞき見るため、外部からの立入りが制限され、内部をのぞき見ることができない構造になっている警察署の高さ約３m、幅30cmのコンクリート塀の上に登り、その上部に立って中庭を見たが、塀から降りて中庭に立ち入る意思はなかった。この場合、甲には建造物侵入罪が成立する。

〔3〕 建造物への立入りが平穏な態様で行われた場合には、管理権者があらかじめ立入り拒否の意思を積極的に明示していない限り、建造物侵入罪が成立することはない。

〔4〕 現金自動預払機が設置されている銀行支店出張所は、一般の利用客の立入りが許容されている場所であるので、同機を利用する客のキャッシュカードの暗証番号等を盗撮する目的で立ち入っても、平穏な態様での立入りであれば、建造物侵入罪が成立することはない。

〔5〕 甲は住居権者乙の意思に反して住居に立ち入った上、その後、乙から退去を求められたにもかかわらず数日間にわたってその住居に滞留した。この場合、甲には住居侵入罪だけでなく、不退去罪も成立する。

解答解説

×〔1〕 甲は、強盗の目的で乙方に行き、その意図を隠した上、玄関前で「こんばんは。」と挨拶したところ、乙が「おはいりなさい。」と答えたので乙方内に入った。
強盗とは思わずに立ち入ることを承諾している＝管理権者の意思に反する
甲には住居侵入罪は成立しない。
住居侵入罪が成立する

○〔2〕 甲は、交通違反の取締りにあたる捜査車両の車種やナンバーをのぞき見るため、
看守者、管理権者等の意思に反する目的
外部からの立入りが制限され、内部をのぞき見ることができない構造になってい
外部からの干渉を排除する作用
る警察署の高さ約３m、幅30cmのコンクリート塀の上に登り、その上部に立っ
看守者、管理権者の意思に反する行動
て中庭を見たが、塀から降りて中庭に立ち入る意思はなかった。この場合、甲には建造物侵入罪が成立する。
塀も建造物の一部＝建造物侵入罪が成立する

×〔3〕 建造物への立入りが平穏な態様で行われた場合には、管理権者があらかじめ立入り拒否の意思を積極的に明示していない限り、建造物侵入罪が成立することはない。
管理権者の意思に反する立入りであれば、建造物侵入罪は成立しうる

×〔4〕 現金自動預払機が設置されている銀行支店出張所は、一般の利用客の立入りが許容されている場所であるので、同機を利用する客のキャッシュカードの暗証番号等を盗撮する目的で立ち入っても、平穏な態様での立入りであれば、建造物侵入罪が成立することはない。
管理権者等の意思に反する目的
建造物侵入罪は成立しうる

×〔5〕 甲は住居権者乙の意思に反して住居に立ち入った上、その後、乙から退去を求められたにもかかわらず数日間にわたってその住居に滞留した。この場合、甲には住居侵入罪だけでなく、不退去罪も成立する。
住居侵入罪はその者が退去するまでずっと成立し続ける（継続犯）→住居侵入罪が成立すれば、不退去罪は成立しない

窃盗罪

36分

関係条文

刑　法

（窃盗）

第235条　他人の財物を窃取した者は、窃盗の罪とし、10年以下の懲役又は50万円以下の罰金に処する。

（他人の占有等に係る自己の財物）

第242条　自己の財物であっても、他人が占有し、又は公務所の命令により他人が看守するものであるときは、この章の罪については、他人の財物とみなす。

こんな問題が出る!

次は、窃盗罪に関する記述であるが、誤りはどれか。

〔1〕 駐車中の車内から金員を窃取する目的で、助手席ドアの窓ガラスの**隙間や鍵穴にドライバー等を差し込んで開けようとした**場合には、窃盗の着手が認められる。

〔2〕 住居に侵入し、タンスから**衣類を取り出し、風呂敷でこれを包み終わった**ところ、帰宅した家人に発見されたため、その風呂敷包みを放置して逃走した場合には、窃盗の既遂が認められる。

〔3〕 ホテルの廊下に落ちていた落とし物を自分のものにする行為は、窃盗罪ではなく占有離脱物横領罪が成立すると考えられる。

〔4〕 電車賃がなかったため、路上に駐車されていた他人の自動車を無断で運転し、目的地に到着後はそのまま路上に**乗り捨てた**場合には、窃盗が認められる。

〔5〕 鍵のかかったスーツケースを他人から頼まれて預かっている場合に、その中身については委託者の占有が認められることから、受託者がその**中身を抜き取った**場合には、占有の侵害が認められる。

〔解答〕〔3〕

STEP 1

窃盗罪（235条）、（242条）

他人の物を盗ったら罰せられる。自分のもの（所有権があっても）であっても、他人が管理しているものであれば、他人の物として扱われる。

STEP 2

保護法益

窃盗罪では、財物の単なる占有それ自体を保護法益とする。窃盗罪にいう財物は有体物に限られ、情報それ自体は窃盗罪の客体とならない。ただし、情報が化体された物（コピー・印刷した用紙）を盗めば窃盗になる。

欺罔手段が用いられても錯誤に基づく財物交付がなく(あった場合は詐欺罪)、**単に相手の意思によらず占有を自己へ移したものであれば窃盗**である。

欺罔行為
詐欺的行為のこと。相手をだますこと。

実行の着手

実行の着手時期は、構成要件的結果発生の現実的危険性を含む行為が開始されたときである。つまり、財物自体に触れず、窃盗が果たせなかったとしても、窃盗の危険があれば窃盗の未遂罪が成立する(**窃盗罪には予備罪が存在しないので**、実行の着手時期の判断が重要となる。)。

財物に対する他人の占有を排除して自己又は第三者の占有へ移したとき(事実的支配下に移したとき)既遂となる。

不法領得の意思

窃盗罪の成立には、故意のほかに、不法領得の意思が必要であり、

①権利者を排除して他人の物を自分の所有物として振る舞う意思【**権利者排除意思**】

②物の経済的用法に従い、利用処分する意思【**利用処分意思**】

があった場合に不法領得の意思があると判断される(大判大4.5.21)。

使用後に元の場所に戻すつもりで、自転車などの一時使用のために持ち去る、いわゆる**使用窃盗は権利者排除意思がないことにより、窃盗罪が成立しない**。ただし、エンジンキーがかかったままの他人の車に乗り、使用後元の場所に戻した……という事例の場合、その利用によりガソリンが減ったり、事故による損傷の危険性があったりすることから、**権利者を排除する意思が認められ、窃盗罪が認められる(最決昭55.10.30)**。

壊したり隠したりすることが目的で持ち去る場合は、不法領得の意思がないと認められ、窃盗罪は成立せず、**隠匿罪・毀棄罪**となる。

刑法上の占有について

刑法上の占有は、人が物を実力的に支配する関係であって、必ずしも物の現実の所持又は監視を必要とせず、**物が占有者の支配力の及ぶ場所に存在すれば足りる**。

ある物を領得する際に、その物の**占有が認められれば、窃盗罪**になり、**認められなければ、占有離脱物横領罪**になる。たとえば、旅館やホテルの忘れ物、落とし物は、旅館主やホテルの支配人の占有の物と判断され、**これを盗むと窃盗罪になる（遺失物・占有離脱物横領罪にはならない。）**。

封緘物（ふうかんぶつ）

封緘物を領得する場合には**郵便物自体**を領得した場合、**配達人（受託者）に占有があるので、横領罪**となる。これに対して、**郵便物の中身**を領得した場合、**差出人（委託者）に占有があるので、窃盗罪**となる。

他人のキャッシュカードを使って、ATM機からお金を引き出す行為は、窃盗である（最決平14.2.8）。

死者の占有

自然人は死亡と同時に占有の主体ではなくなる（財物の支配・管理ができない。）。

しかし、被害者が生前有していた占有は、行為者との関係により、死亡と時間的・場所的に近接した範囲内にある限り、場合によっては**刑法的に保護される**。よって、**生前の占有が死後も保護される場合がある**。つまり、死者の物を領得すると窃盗罪になる場合がある。

殺害前から財物を領得する意思がある場合……強盗殺人罪（大判大2.10.21）

（例）　被害者の居宅にて殺害、その居宅内の財物を領得

殺害後に領得の意思が生じた場合……窃盗罪（被害者の占有が保護される。最判昭41.4.8）

無関係の第三者が領得をした……占有離脱物横領罪

（例）　たまたま死体を見つけ、死体が身に着けていた腕時計を奪った。

ここに Focus

❶ 自己の財物であっても、他人が占有し、又は公務所の命令により他人が看守するものであるときは、他人の財物とみなされる。

❷ 情報の化体した物（コピー・印刷した用紙）を盗めば窃盗になる。**【判例A】**

❸ 実行の着手時期は、構成要件的結果発生の現実的危険性を含む行為が開始されたときである。**【判例B】**

❹ 財物に対する他人の占有を排除して自己又は第三者の占有へ移したとき、窃盗罪は既遂となる。**【判例C】**

❺ 窃盗罪の成立には、不法領得の意思が必要である。**【判例D】**

❻ 死者の物については、被害者を殺害した犯人との関係では占有が認められ、その犯人が死者から財物を領得すると窃盗罪になる。**【判例E】**

❼ 自分の所有物でも、相手が占有していた場合、それを領得すると窃盗罪が成立しうる。**【判例F】**

❽ 刑法上の占有は、人が物を実力的に支配する関係であって、物が占有者の支配力の及ぶ場所に存在すれば足りる。**【判例G】**

❾ 封緘された郵便物自体を領得した場合、郵便局員（受託者）に占有があるので、業務上横領罪となる。

❿ 封緘された郵便物の中身を領得した場合、差出人（委託者）に占有があるので、窃盗罪となる。

8分

判例 A

Q 情報をコピーした紙を持ち出した場合、窃盗罪は成立するか？

A 成立する。

東京地判昭59. 6 .28

情報それ自体は財物ではないが、情報の化体した物は財物にあたるので、これを盗めば窃盗となる。

判例 B

Q 実際に財物を物色しなくとも窃盗の実行の着手は認められるか？

A 認められる。

最決昭40. 3 . 9

窃盗の目的で小型懐中電灯を使用して現金が置いてあると思われる同店舗内東側隅の煙草売場に近づいたときに実行の着手がある。

判例

Q 窃盗罪の既遂時期は？

A 財物に対する他人の占有を排除して自己又は第三者の占有へ移したとき。

東京高判平 4 .10.28

スーパーの店内で商品をかごに入れて、レジを通過することなく、その脇から外側に持ち出しカウンターに置いたときに窃盗罪が既遂となる。

大判大12. 7 . 3

浴場で発見した指輪を後日持ち帰るつもりで隙間に隠したときに窃盗罪が既遂となる。

判例
D

Q 返却するつもりで勝手に他人の高級な資産価値のある車に乗ったら、不法領得の意思のうちの「権利者排除意思」があると認められるか？

A 認められる（程度にもよるが）。

最決昭55.10.30

他人の自動車を完全に自己の支配下に置く意図の下に、所有者に無断で4時間余り乗り回した場合には、たとえ使用後に元の場所に戻しておくつもりであったとしても、不法領得の意思が認められる。

判例
E

Q 死者に（生前の）占有は認められるか？

A 認められる場合がある。

初めはそのつもりがなかったが、殺害直後に時計を奪おうと考え、被害者が身に着けていた時計を奪った事例。

最判昭41.4.8

被告人は、当初から財物を領得する意思は有していなかったが、野外において、人を殺害した後、領得の意思を生じ、犯行直後、その現場において、被害者が身に着けていた時計を奪取したのであって、このような場合には、被害者が生前有していた財物の所持はその死亡直後においてもなお継続して保護するのが法の目的にかなうものというべきである。そうすると、被害者からその財物の占有を離脱させた自己の行為を利用して右財物を奪取した一連の被告人の行為は、これを全体的に考察して、他人の財物に対する所持を侵害したものというべきであるから、奪取行為は、占有離脱物横領ではなく、窃盗罪を構成するものと解するのが相当である。

判例
F

Ⓠ 自分の所有物に対する窃盗罪はありうるか？
Ⓐ 下記の事例の場合ありうる。

最決平元.7.7

「借主が、自動車を融資金額で被告人に売り渡して所有権を移転し、期限までに融資金額に利息を付した金額を支払って買い戻さないかぎり、被告人が自動車を処分できる」旨の買戻約款付自動車売買契約により自動車金融をしていた貸主（被告人）が、買戻期限が到来したとたん、直ちに、密かに作成しておいた合鍵を利用して借主の承諾なしに自動車を引き揚げた場合、窃盗罪が成立する。

判例
G

Ⓠ 占有はどのような場合に認められるか？
Ⓐ 人が物を実力的に支配する関係にある場合に認められる。

最判昭32.11.8

刑法上の占有は、物が占有者の支配力の及ぶ場所に存在すれば足りる。バスの改札口で行列をしているうちにカメラを置き忘れたが、すぐに気付いて引き返したところすでに持ち去られており、その距離は約20メートル、時間にして5分である場合には、占有が認められる。

最決平16.8.25

被告人が公園のベンチに置き忘れられたポシェットを領得したのが、被害者がこれを置き忘れてベンチから約27メートルしか離れていない場所まで歩いていった時点であったことなど本件の事実関係の下では、その時点において被害者が本件ポシェットのことを一時的に失念したまま現場から立ち去りつつあったことを考慮しても、被害者の本件ポシェットに対する占有はなお失われておらず、被告人の本件領得行為は窃盗罪にあたるというべきである。

最決昭32.1.24

海中に落とした物についても、落とし主が、落下場所の大体の位置を指示して、その引揚げを依頼した結果、それが発見されたときは、落とし主は、その物に対し支配の事実と支配の意思を有するから、現場にいなくても占有が認められる。したがって、潜水夫がその物を領得したときは窃盗罪が成立する。

最決昭62. 4 .10

　ゴルフ場の池から1,300個のロストボールを領得した場合、ゴルフ場側がロストボールの回収・再利用を予定しているときは、同ボールはゴルフ場の所有と占有下であったといえる。

○×問題で復習

Q

〔1〕 甲は、旅館に宿泊した際、旅館内にある共同浴場の脱衣場で、他の宿泊客が置き忘れた時計を見つけたので、脱衣場から持ち出し、これを自分のものにした。甲には占有離脱物横領罪が成立する。

〔2〕 甲は、乙から封かんされた現金５万円入りの封筒を渡されて丙に届けるように依頼され、丙方に向かって歩き始めたが、途中で封筒内の現金が欲しくなり、封を開いて封筒に入っていた現金のうち４万円を取り出してこれを自分のものにした後、残りの現金が入った封筒を丙に交付した。甲には窃盗罪が成立する。

〔3〕 甲は、深夜、路上を歩いていたところ、見知らぬ乙と丙が殴り合いのけんかをしていたので、これを見ていると、乙がナイフを取り出して丙を刺し殺した。甲は、乙が走り去った直後、死亡した丙の上着のポケット内に入っていた現金入りの財布を持ち去り、これを自分のものにした。甲には窃盗罪が成立する。

〔4〕 他人に賃貸していた自己所有の自動車を、売却するためにその他人のもとから無断で持ち出した場合、窃盗罪が成立する。

〔5〕 路上に駐車してあった自動車を無断借用してドライブするつもりで約３時間乗り回した後乗り捨てた場合、窃盗罪が成立する。

〔6〕 土蔵内の品物を窃取しようと思って土蔵に侵入しようと南京錠を壊したときは、窃盗罪の着手が認められうる。

解答解説

×〔1〕 甲は、旅館に宿泊した際、旅館内にある共同浴場の脱衣場で、他の宿泊客が置き忘れた時計を見つけたので、脱衣場から持ち出し、これを自分のものにした。甲には占有離脱物横領罪が成立する。

旅館での忘れ物は、旅館主の占有の物と判断される

窃盗罪

○〔2〕 甲は、乙から封かんされた現金5万円入りの封筒を渡されて丙に届けるように依頼され、丙方に向かって歩き始めたが、途中で封筒内の現金が欲しくなり、封を開いて封筒に入っていた現金のうち4万円を取り出してこれを自分のものにした後、残りの現金が入った封筒を丙に交付した。甲には窃盗罪が成立する。

封筒の中身は、差出人の占有がある

×〔3〕 甲は、深夜、路上を歩いていたところ、見知らぬ乙と丙が殴り合いのけんかをしていたので、これを見ていると、乙がナイフを取り出して丙を刺し殺した。甲は、乙が走り去った直後、死亡した丙の上着のポケット内に入っていた現金入りの財布を持ち去り、これを自分のものにした。甲には窃盗罪が成立する。

乙にとっては死者の占有があるが、殺人をしていない甲にとっては、占有がない

占有離脱物横領罪

○〔4〕 他人に賃貸していた自己所有の自動車を、売却するためにその他人のもとから無断で持ち出した場合、窃盗罪が成立する。

占有権は他人にある＝他人の物として扱われる

○〔5〕 路上に駐車してあった自動車を無断借用してドライブするつもりで約3時間乗り回した後乗り捨てた場合、窃盗罪が成立する。

利用により価値の減少や損耗が生じ、権利者排除意思があるとみなされる

○〔6〕 土蔵内の品物を窃取しようと思って土蔵に侵入しようと南京錠を壊したときは、窃盗罪の着手が認められうる。

窃盗の危険性を含む行為＝実行の着手と認められうる

コラム ～封筒の中身か、封筒そのものか、どちらを選ぶべきか？～

封をした物、たとえば、手紙や金庫などのことを封緘物（ふうかんぶつ）といいます。封緘物を他人に預けた場合、その占有が委託者・受託者のいずれに属するのでしょうか？

判例を見てみましょう。

大判大7.11.19「郵便集配人が、配達中、郵便物自体を領得する行為につき、同人が占有を有するとして、業務上横領罪にあたる。」

大判明45.4.26「信書を開封して小為替証書を抜き出す行為につき、封入物は他人の占有に属するから、窃盗罪にあたる。」

郵便物自体を領得⇒配達人に占有アリ→業務上横領罪

郵便物の中身を領得⇒差出人に占有アリ→窃盗罪

ということが分かります。

つまり、封緘物全体の占有については、委託者（差出人）が事実上の支配を移転している以上、受託者（配達人）にあるというべきです。それゆえ、受託者（配達人）が封緘物全体を領得したときは「自己（＝配達人）の占有する他人の物を横領した」にあたり、横領罪（252条）が成立します。

そして、委託者（差出人）が内容物を他者に支配させないために封をしている以上、内容物に対する事実上の支配は、受託者（配達人）を手段として委託者（差出人）に留保されています。したがって、受託者（配達人）が内容物を抜き取る行為は、他人（＝差出人）の占有を侵害しており、窃盗罪が成立します。

ややこしいです。しかも、よく考えてみてください。封筒全体を領得すると横領罪（懲役MAX 5年）であり、中身だけを抜き取ると窃盗罪（懲役MAX10年）になるとすると、中身だけ領得した場合の方が刑が重いことになります。変ですね（たいていの場合は、配達人は「業務上」ですから、業務上横領罪になれば懲役MAX10年でバランスがとれるんですけどね。）。

強盗罪

24分

関係条文

刑　法

（強盗）

第236条　暴行又は脅迫を用いて他人の財物を強取した者は、強盗の罪とし、５年以上の有期懲役に処する。

２　前項の方法により、財産上不法の利益を得、又は他人にこれを得させた者も、同項と同様とする。

（強盗予備）

第237条　強盗の罪を犯す目的で、その予備をした者は、２年以下の懲役に処する。

こんな問題が出る！

次は、強盗罪に関する記述であるが、誤りはどれか。

〔１〕 強盗罪の客体は、財物に限られず、**財産上の利益**も含む。

〔２〕 強盗罪における暴行・脅迫は、**相手の反抗を抑圧するに足りる程度**のものでなければならない。

〔３〕 暴行・脅迫は、財物の**所持者に対して**加えられたものでなければならない。

〔４〕 財物の強取には、被害者から直接財物を奪取する場合のほか、**反抗を抑圧された被害者から交付**を受ける場合も含まれる。

〔５〕 実行の着手は、**暴行・脅迫の開始**時点である。

〔解答〕〔３〕

STEP 1

1項強盗罪（236条1項）

暴行又は脅迫を用いて他人の財物を強取した者は、強盗の罪で罰せられる。

2項強盗罪（強盗利得罪、236条2項）

暴行又は脅迫を用いて財産上不法の利益を得、又は他人にこれを得させた者も、罰せられる。

強盗予備罪（237条）

強盗の罪を犯す目的で、その予備をした者は、強盗予備罪で罰せられる。

STEP 2

保護法益

強盗罪（1項強盗罪・236条1項）の保護法益は、窃盗罪（235条）の場合と同様、**占有（財産的法益）**であり、これに加え、暴行・脅迫を手段とするので、**人の身体・自由（人格的法益）**も保護法益となる。

暴行・脅迫とは

強盗とは、暴行又は脅迫を用いて、それにより相手方の反抗を抑圧し、その意思に反して財物の占有を移すことをいう。本罪の「暴行・脅迫」は、**相手方の反抗を抑圧するに足りる程度のものか、客観的基準によって決定される**（＝最狭義の暴行・脅迫　最判昭24.2.8）。**相手方の反抗を抑圧するに足りる程度**に至らない暴行・脅迫を加えた場合は、恐喝罪（249条）となる。

暴行・脅迫の相手方は、必ずしも財物の所持者や直接の占有者であることは要せず、「財物の奪取について障害となる者」であれば足りる。

着手時期

強盗罪の実行の着手は、強取の目的で**暴行・脅迫が開始されたとき**に認められる。

1項強盗罪と2項強盗罪の違い

強盗利得罪（236条2項　通称：2項強盗罪）における財産上の利益とは、たとえば、**財産上の処分**（債務を免除させるとか、債務の履行期を延期させる）や**役務の提供**（タクシーや列車に乗って運行させる）等をいう。不動産は1項強盗罪の客体とはならず、2項強盗罪の客体になる。

被告人がキャッシュカードの占有を容易に取得できる状態に置き、カードの占有者に脅迫を加えて暗証番号を聞き出した行為は「ATMを通して当該口座から預貯金の払戻を受けうる地位」という財産上の利益を得たものといえるので、2項強盗罪となる（東京高判平21.11.16）。

1項強盗罪では直接的な財物の移転があるが、これと同視しうる程度の**財産的利益の具体性・取得の確実性**が2項強盗罪では必要となる。たとえば、借金取りの人を殺害しても、その借金取りの事務所や仲間がまだいる場合には、借金が確実になくなるわけではないので、ただの殺人罪になる（2項強盗殺人罪にならない。）。

客体が禁制品（覚醒剤など）であっても、返還・代金支払を免れるために相手を殺害するような場合、2項強盗（殺人）罪となる。

ここに Focus

❶　強盗罪の「暴行・脅迫」は、相手方の反抗を抑圧するに足りる程度のものである。

❷　暴行・脅迫の相手方は、「財物の奪取について障害となる者」も含まれる。

❸　強盗罪の実行の着手は、強取の目的で暴行・脅迫が開始されたときに認められる。

❹　2項強盗罪では、財産的利益の具体性・取得の確実性が必要である。

判例
A

Q 乗車したタクシーの運転手を殺害し、料金の支払を免れた場合、２項強盗罪は成立するか？

A 成立する。

大判昭６．５．８

料金を免れるためにタクシー運転手を殺害した場合には、その時点以降の債権行使は不可能となるから、財産上の利益を得たといえる。

判例
B

Q 暴行・脅迫から逃走した被害者が落とした財物を拾った場合は？

A 強盗未遂罪が成立する。

名古屋高判昭30．５．４

強取しようと暴行・脅迫を加えたところ、被害者が逃走し、その際に落とした物を領得する場合は、反抗抑圧と落としたこととは直接結びつかず、「強取した」とはいえず､強盗未遂罪が成立するにすぎない（窃盗罪との観念的競合となる。）。

判例
C

Q 暴行・脅迫された被害者が財物を放置した場合、「強取」となるか？

A なる（強盗罪が成立する。）。

名古屋高判昭32．３．４

反抗を抑圧されて逃走した被害者が放置した物を取る場合も強取となる。

○×問題で復習

Q

〔1〕　強盗罪にいう暴行・脅迫の相手方は、財物を所持する者であることを要する。

〔2〕　甲は、乙の運転するタクシーに乗車するや、同人の首に包丁を突き付けて行き先を告げ、同所まで乙の意に反してタクシーを走行させた後、タクシー料金を支払わずに逃走した。この場合、甲には2項強盗罪が成立する。

〔3〕　甲は、覚醒剤の密売人乙から覚醒剤を受け取った後、その代金を請求された瞬間、代金支払債務を免れるため、乙を殺害した。この場合、甲には強盗殺人罪が成立する。

〔4〕　強盗の罪を犯す目的で、相手方の反抗を抑圧するに足りる程度に至らない暴行・脅迫を加えた場合は、強盗罪の未遂となる。

解答解説

×〔1〕 強盗罪にいう暴行・脅迫の相手方は、財物を所持する者であることを要する。
「財物の奪取について障害となる者」であれば足りる

○〔2〕 甲は、乙の運転するタクシーに乗車するや、同人の首に包丁を突き付けて行き
相手を騙して無賃乗車する意思なし(詐欺にはあたらない)　相手方の反抗を抑圧
先を告げ、同所まで乙の意に反してタクシーを走行させた後、タクシー料金を支
財産上不法の利益
払わずに逃走した。この場合、甲には２項強盗罪が成立する。
を得た

○〔3〕 甲は、覚醒剤の密売人乙から覚醒剤を受け取った後、その代金を請求された瞬
財産的利益の具体性・取得
間、代金支払債務を免れるため、乙を殺害した。この場合、甲には強盗殺人罪が
の確実性がある
成立する。

×〔4〕 強盗の罪を犯す目的で、相手方の反抗を抑圧するに足りる程度に至らない暴
相手方の犯行を抑圧するには至っていない＝恐喝罪となる
行・脅迫を加えた場合は、強盗罪の未遂となる。

コラム　～反抗抑圧の程度～

強盗罪の「反抗を抑圧するに足りる暴行･脅迫」といえるかは、被害者の年齢･性別・犯行の状況・凶器の有無など、行為時の具体的状況を考慮して客観的に判断すべきです。

したがって、一般人を基準として、被害者が反抗すれば直ちにそれを抑圧して財物を奪取すると感じられる程度の強度の暴行・脅迫であることを要します。

では、相手が非常に豪胆な人物であった場合はどうでしょうか？

客観的に反抗を抑圧する程度の暴行・脅迫をすれば、たとえ被害者が剛胆な人物であったとしても、本罪の「実行行為」性は否定されず、強盗罪が成立します。

逆に、相手が非常に臆病な人物であった場合はどうでしょうか？

客観的に相手方の反抗を抑圧するに足りる程度に至らない暴行・脅迫を加える場合は、恐喝罪となります。

最後に、通常人の反抗を抑圧するには足りない程度の暴行･脅迫を加えたが、被害者が特に臆病であったために反抗を抑圧されたという場合や、行為者が相手が臆病なことを知っていたときはどうでしょうか？

強盗罪の手段としての暴行・脅迫にあたるとする見解が有力です。この説によれば、「『反抗を抑圧するに足りる程度』か否かを『客観的基準』により判断するというのは、たまたま被害者の反抗が抑圧されなくても、強盗未遂は成立しうるという意味において妥当性を有するもの」であり、「被害者の特殊な事情から、通常は反抗の抑圧に足りないような暴行でも、反抗抑圧効果を持つ場合には、そうした被害者の特殊性を考慮して判断を行うことがむしろ『客観的判断』にかなうものといえる。」とします。

事後強盗罪・昏酔強盗罪・強盗致死傷罪

32分

関係条文

刑　法

（事後強盗）

第238条　窃盗が、財物を得てこれを取り返されることを防ぎ、逮捕を免れ、又は罪跡を隠滅するために、暴行又は脅迫をしたときは、強盗として論ずる。

（昏酔強盗）

第239条　人を昏酔させてその財物を盗取した者は、強盗として論ずる。

（強盗致死傷）

第240条　強盗が、人を負傷させたときは無期又は６年以上の懲役に処し、死亡させたときは死刑又は無期懲役に処する。

こんな問題が出る!

次は、事後強盗罪に関する記述であるが、誤りはどれか。

〔１〕　本罪の主体は、**窃盗犯人**に限られる。

〔２〕　本罪の暴行・脅迫は、**財物が取り返される**ことを防ぐ目的、あるいは**逮捕を免れ**、罪跡を隠滅する目的のいずれかによりなされることを要する。

〔３〕　本罪の暴行・脅迫は、**窃盗の機会**になされることを要する。

〔４〕　本罪の既遂・未遂は、暴行・脅迫以前の**財物奪取の有無**により決せられる。

〔５〕　窃盗の実行後、家人等に発見されて暴行・脅迫に及び財物を奪取する、いわゆる**居直り強盗**の場合も、事後強盗罪が成立する。

〔解答〕〔５〕

STEP 1

事後強盗罪（238条）

窃盗犯が盗んだ物を取り返されることを防ぐために、逮捕されないようにするために、又は証拠を隠滅するために暴行や脅迫をしたときは、強盗犯として罰せられる。

昏酔強盗罪（239条）

他人を昏酔させて物を盗んだ場合には、強盗犯として罰せられる。

強盗致死傷罪（240条）

強盗が、人を負傷させたり、死亡させたときは、更に重い刑が科される。

STEP 2

保護法益

窃盗罪（235条）の場合と同様、**財物の占有**である。これに加え、暴行・脅迫を手段とするので、人の身体・自由も保護法益となる。

事後強盗罪の主体は、**窃盗犯人**である。窃盗犯人は既遂犯だけでなく、**未遂犯も含む**。事後強盗罪の既遂・未遂は、**窃盗が既遂か未遂か**（財物を取得したか否か）によって決まる。

暴行・脅迫

暴行・脅迫の相手方は、窃盗の被害者に限られない。よって、犯行を目撃して追跡してきた**第三者に対してでもかまわない**。強盗罪と同様に、**相手方の反抗を抑圧する程度のものであることを要する**。

事後強盗罪

事後強盗罪の暴行・脅迫は、窃盗行為と**暴行・脅迫が同一機会（＝窃盗の機会）**に行われている必要がある。窃盗の機会の継続中か否かについては、**時間的・場所的近接性や追跡の有無**などを考慮して、**被害者等から容易に発見され、財物を取り返され、逮捕されうる状況が継続していたか否か**を基準に判断すべきである。

事後強盗が成立するには、**取返し拒否目的・逮捕免脱目的・罪跡隠滅目的**のいずれかを持っている必要がある。現実に取返しを防げたか、逮捕を免れたか、罪跡を隠滅したかは本罪の成立に関係ない。被害者等が実際に取返し行為や逮捕行為をしたか、そのような意図を有していたか否かも本罪の成立には関係ない。

事後強盗罪は、窃盗犯人という身分があって初めて成立する犯罪（**真正身分犯**）である。65条１項が適用されて、身分のない者も**事後強盗罪の共犯**となる。

窃盗の実行後、家人等に発見されて暴行・脅迫に及び財物を奪取する、いわゆる**居直り強盗は、通常の強盗罪（236条）**である。

65条１項
犯人の身分によって構成すべき犯罪行為に加功したときは、身分のない者であっても、共犯とする。

罪　名	行　為	具体例
強盗罪	暴行や脅迫によって財物を盗る。	家に忍び込み、住人にナイフを近づけて脅しながら現金を奪い取った。
事後強盗罪 （＝窃盗の機会に暴行脅迫をすることで強盗にレベルアップする罪）	盗んだものを取り返されない、逮捕されない、証拠隠滅のためという主観面をもって、暴行や脅迫をする。	追いかけてきた住人に盗んだお金を奪い返されそうになったので、その住人を殴った。
居直り強盗 ⇒ただの強盗罪	もともとは窃盗のつもりだったが、物色中に見つかってしまったため、暴行や脅迫をして物を盗る。	物を盗んだ後に家主に見つかったが、なお物をとるために、家主に暴行や脅迫を加えた。

昏酔強盗罪（239条）

実行行為は、薬などで眠らせるような昏酔である。「暴行」を用いて昏倒させた場合は、本罪ではなく、強盗罪（236条）となる。

財物盗取の目的で相手方を**昏酔させる行為に着手**したときに、本罪の実行の着手が認められる。財物窃取の目的で、**犯人が自ら「昏酔させ」ることを**要する。共犯でない第三者が生じさせた昏酔状態を利用する、あるいは、被害者自身が熟睡している間に財物を奪取する行為は、**窃盗罪**となる。

強盗致死傷罪（240条）

強盗が人を負傷させ又は死亡させた場合は、より重く処罰される(強盗罪の加重類型)。本犯である強盗の故意があれば足りるが、**死傷結果に故意がある場合も含む**。

主体は強盗犯人であり（身分犯)、**「強盗の実行に着手した者」**であればよいので、**強盗未遂犯人**も含まれる。これには、1項強盗罪・2項強盗罪（236条）のほか、事後強盗罪（238条)・昏酔強盗罪（239条）の犯人（未遂犯）も含まれる。

240条の趣旨は、強盗の際に人の死傷結果を伴うことが多いことから、これを重く処罰して防止しようとするところにある。「強盗の手段である暴行・脅迫」から生じた場合だけでなく、**「強盗の機会」**に行われた行為から死傷結果が生じた場合も含まれると解される。

死傷結果発生の原因行為が「強盗の機会」に行われたといえるかは、①**強取行為と原因行為の時間的・場所的近接性と**、②**犯意（犯行意図）の継続性**を中心に、その他の事情（原因行為が客観的に強盗の実現に役立つか、強取行為と密接に関連する行為かなど）を考慮しつつ総合的に判断される。原因行為が「新たな決意に基づく別の機会」である場合には、「強盗の機会」が否定される。

ここに Focus

❶　事後強盗罪の主体は、窃盗犯（未遂・既遂）である。

❷　暴行の相手方は、窃盗の被害者に限られず、犯行を目撃して追跡してきた第三者も認められる。

❸　事後強盗罪の暴行・脅迫は、強盗と同じく、相手方の反抗を抑圧する程度を要する。

❹　事後強盗罪の既遂・未遂は、窃盗の既遂・未遂により決せられる。

❺　事後強盗罪の暴行・脅迫は、窃盗の機会に行われなければならない。

❻　窃盗の機会は、時間的・場所的近接性や追跡の有無などを考慮して、被害者等から容易に発見され、財物を取り返され、逮捕されうる状況が継続していたか否かを基準に判断する。**【判例A】**

❼　事後強盗が成立するには取返し拒否目的・逮捕免脱目的・罪跡隠滅目的のいずれかを持っている必要がある。

❽　薬などで昏酔させ、財物を奪った場合、昏酔強盗となる。

❾　暴行を用いて昏酔させた場合は、強盗罪となる。

❿　強盗致死傷罪の主体は、強盗犯（未遂・既遂）である。

⓫　強盗致死傷罪の死傷結果は、強盗の機会に発生する必要がある。**【判例B】**

判例

A

Q どのような場合に事後強盗罪における「窃盗の機会」が認められるか？

A 時間的・場所的近接性や追跡の有無などを考慮して、被害者等から容易に発見され、財物を取り返され、逮捕されうる状況が継続していたか否かを基準に判断する。

天井裏に潜み、３時間後に被告人を発見した警察官に対して暴行をした事案。

最決平14.２.14

窃盗の機会の継続中か否かについては、時間的・場所的近接性や追跡の有無などを考慮して、被害者等から容易に発見され、財物を取り返され、逮捕されうる状況が継続していたか否かを基準に判断すべきである。本件では、窃盗の機会が認められる。

最判平16.12.10

甲は、被害者宅で財布などを窃取し、誰にも発見・追跡されることなく、１km離れた場所まで移動した後、予想より現金が少なかったことから、再び窃盗目的で被害者宅に戻り、玄関を開けた際に、帰宅した家人に発見され、逮捕を免れるために、同人をナイフで脅したという事案において、窃取後、発見・追跡されることなく犯行現場を離れ、ある程度の時間を過ごしており、この間に、被害者等から容易に発見・取返し・逮捕されうる状況はなくなった。……その後、再度窃盗目的で犯行現場に戻った際に行われた脅迫は、窃盗の機会の継続中に行われたものということはできない。

判例
B

Ⓠ 強盗致死傷罪における強盗の機会はどのように判断されるか？

Ⓐ ①強取行為と原因行為の時間的・場所的近接性と、②犯意（犯行意図）の継続性を中心に、その他の事情も含めて判断される。

強盗目的で刃物等を持って脅した際に、相手方（被害者）も刃物を持って抵抗してきたことから格闘になり、相手方を傷つけた事案。

大判昭6.10.29

強盗致傷罪は、強盗犯人が強盗の機会に人に傷害を加えることによって成立し、それが財物強取の手段として行われることを要しない。強盗の機会には致死傷のような残虐な行為を伴うことが少なくないので、これを重い情状となし、この行為がいかなる目的でなされたとしても重く処罰する趣旨だからである。

強盗に入ったが家人が騒ぎ立てたために逃走し、家の入口付近で被告人を追跡してきた被害者両名の下腹部に日本刀を突き刺して殺害した事案。

最判昭24.5.28

殺害の場所は同家表入口付近といって屋内か屋外か判文上明らかではないが、強盗行為が終了して別の機会に被害者両名を殺害したものではなく、本件強盗の機会に殺害したことは明らかである。そうであるならば、原判決が刑法第240条に問擬した（立件された）のは正当である。

タクシーの車内で運転手に拳銃を突きつけ、料金の支払いを免れ、さらに金を要求したが運転手が応じないため、一旦下車したのち再び乗車したところ、タクシーが交番の前で停まったために、逃走しようとして、運転手に傷害を負わせた事案。

最決昭34.5.22

被告人は第1現場において被害者の運転するタクシーの車内において同人に拳銃を突きつけて金を要求した後、再び右タクシーに乗車し、第2現場の交番前に着くとその車内において拳銃で被害者の頭部を殴打して傷害を負わせたものであって、第1現場より第2現場までは約6キロの距離で時速約50キロで所要時間8分位であり、タクシーの当時のスピードは時速80キロ位でその所要時間約5、6分だったのであり、被告人は被害者が交番前で停車したため「ポリスハウスノーノー」と言って逃走しようとしたために格闘の末、被害者の頭部を殴打して傷害を与えたものであることが優に窺われるのであって、本件被害者に対する傷害行為は正しく強盗の機会においてなされたものであると認めるを相当とし、強盗と傷害とを別個無関係の行為とは到底認め難い所である。

強盗殺人をしたのち、その発覚を防止するために新たに殺人を決意して実行した事案。

最判昭23.3.9

刑法第240条後段の強盗殺人罪は強盗たる者が強盗をなす機会において他人を殺害することにより成立する犯罪であって、一旦強盗殺人の行為を終了した後新な決意に基づいて別の機会に他人を殺害したときは右殺人の行為は、たとえ時間的に先の強盗殺人の行為に接近しその犯跡を隠ぺいする意図の下に行われた場合であっても、別箇独立の殺人罪を構成し、之を先の強盗殺人の行為と共に包括的に観察して1箇の強盗殺人罪とみることは許されないものと解すべきである。

○×問題で復習

Q

〔1〕 甲は、金品窃取の目的で乙方内を物色中、金品を手にする前に乙に見つかり、逮捕を免れるため、乙に暴行を加えてその反抗を抑圧し、逃走した。甲には事後強盗罪の既遂が成立する。

〔2〕 強盗致死傷罪は、強盗犯人が人に傷害を加えることによって成立し、それが財物強取の手段として行われることが必要である。

〔3〕 強盗致死傷罪の主体には強盗罪の未遂犯も含む。

〔4〕 甲は、財物奪取の意思でAの頭部を強打して意識を喪失させたうえで、Aの財物を奪った。甲には昏酔強盗罪が成立する。

〔5〕 窃盗犯人甲は、自己を逮捕しようと追いかけてきた乙（被害者丙の大声の「甲を捕まえてくれ」との頼みに応じた者）に対し、逮捕を免れる目的で、乙の反抗を抑圧する程度の暴行を加えた。この場合、乙は窃盗の被害者ではなく、甲には事後強盗罪が成立しない。

解答解説

×〔1〕 甲は、金品窃取の目的で乙方内を物色中、金品を手にする前に乙に見つかり、
窃盗の未遂
逮捕を免れるため、乙に暴行を加えてその反抗を抑圧し、逃走した。甲には事後
目的
強盗罪の既遂が成立する。
財物を得ていないので、未遂

×〔2〕 強盗致死傷罪は、強盗犯人が人に傷害を加えることによって成立し、それが財
「財物強取
物強取の手段として行われることが必要である。
の手段」だけでなく、「強盗の機会」に行われた行為から死傷結果が生じた場合も含まれる

○〔3〕 強盗致死傷罪の主体には強盗罪の未遂犯も含む。
強盗の実行に着手した者であればよい

×〔4〕 甲は、財物奪取の意思でAの頭部を強打して意識を喪失させたうえで、Aの財
財物奪取の意思を持って暴行を用いている（薬などを使っていない）
物を奪った。甲には昏酔強盗罪が成立する。
強盗罪が成立する

×〔5〕 窃盗犯人甲は、自己を逮捕しようと追いかけてきた乙（被害者丙の大声の「甲
を捕まえてくれ」との頼みに応じた者）に対し、逮捕を免れる目的で、乙の反抗
逮捕免脱目的
を抑圧する程度の暴行を加えた。この場合、乙は窃盗の被害者ではなく、甲には
暴行・脅迫の相手は、第三者でもよい
事後強盗罪が成立しない。
事後強盗罪が成立する

詐欺罪

33分

関係条文

刑　法

(詐欺)

第246条　人を欺いて財物を交付させた者は、10年以下の懲役に処する。

2　前項の方法により、財産上不法の利益を得、又は他人にこれを得させた者も、同項と同様とする。

(電子計算機使用詐欺)

第246条の2　前条に規定するもののほか、人の事務処理に使用する電子計算機に虚偽の情報若しくは不正な指令を与えて財産権の得喪若しくは変更に係る不実の電磁的記録を作り、又は財産権の得喪若しくは変更に係る虚偽の電磁的記録を人の事務処理の用に供して、財産上不法の利益を得、又は他人にこれを得させた者は、10年以下の懲役に処する。

こんな問題が出る！

次は、詐欺罪に関する記述であるが、誤りはどれか。

〔1〕 **当初から**飲食物をただ食いするつもりで、代金支払いの意思、能力がないのに、あたかも飲食後は飲食代金を支払う客のように装って飲食物を注文し、その提供を受けた場合には、1項詐欺罪が成立する。

〔2〕 当初は、飲食支払いの意思、能力があり、飲食物の注文をしたが、飲食後、代金が惜しくなり、食い逃げの**意思を生じて**、トイレに行くふりをして逃走して飲食代金の支払いを免れた場合は、2項詐欺罪が成立する。

〔3〕 宿泊料の支払いに必要な所持金がなく、かつ、宿泊料を支払える見込みもないのに、**その事情を告げずに**宿泊した場合、**2項詐欺罪**が成立する。

〔4〕 **当初から**、ただ乗りをする意思で、料金支払いの意思、能力がないのに、あたかも降車時に支払いをするように装ってタクシーに乗り込み、行き先を指示して目的地まで輸送させた場合、2項詐欺罪が成立する。

〔5〕 店員がつり銭を交付する際、1,000円のつり銭を渡すべきところ、計算を誤って、2,000円のつり銭を客に手渡し、客が**その事実を知りながら、黙ってこれを受け取った**場合、1項詐欺罪が成立する。

〔解答〕〔2〕

STEP 1　3分

詐欺罪（246条）

人を欺いて財物を交付させた者は、罪に問われる（1項詐欺罪）。

人を欺いて財産上不法の利益を得、又は他人にこれを得させた者も、同様に詐欺罪に問われる（2項詐欺罪）。

電子計算機使用詐欺罪（246条の2）

人の事務処理に使用する電子計算機（コンピュータ）に虚偽の情報若しくは不正な指令を与えて財産権の得喪若しくは変更に係る不実の電磁的記録を作ると罰せられる。

財産権の得喪若しくは変更に係る虚偽の電磁的記録を人の事務処理に供して財産上不法の利益を得、又は他人にこれを得させた者は罰せられる。

STEP 2

保護法益

　詐欺罪の保護法益は、**財物の占有**（1項）や**利益の保有**（2項）それ自体であり、**国や地方公共団体の占有**も保護されるうえ、拳銃や覚醒剤などの**禁制品も保護される**。

成立要件

　①行為者が**「人を欺く行為」**をし、②その行為によって相手方が現実に**「錯誤」**に陥り、③相手方が、その錯誤に基づいて財物を**「交付（処分）」**し（交付（処分）する認識が必要）、④その交付行為によって行為者側の手元に**「財物が移転」**する。それにより、⑤財産上の**「損害」**が生じる。①〜⑤それぞれの間に因果関係が必要である。これを欠くときは未遂にとどまる。

人を欺く行為

　詐欺罪における**「人を欺く行為」は、人の処分行為に向けられたもの**でなければならず、コンピュータに不正な情報を入力して、自分の口座に不正な入金する行為は、欺く行為が人に向けられていないため、詐欺罪ではなく、**電子計算機使用詐欺罪**（246条の2）により処罰される。

　事実を告知しないことにより人を欺き、相手が錯誤している状態を利用し、財物を得る場合も詐欺罪が成立する。たとえば、**つり銭が多かったときに、それに気づきながらも指摘せずにもらった場合**、信義則上の告知義務があるから、義務を怠った**不作為の「人を欺く行為」**にあたる。不作為が処罰されるためには**作為義務**が必要で、詐欺罪の場合は、**告知義務**となる。

　挙動により人を欺いた場合も詐欺罪が成立する。たとえば、レストランで注文する行為は代金支払を前提とするものなので、**注文という挙動には、代金を支払う意思がある**という意味が含まれている。したがって、金を支払う意思がないのに、そのことを告げることなく商品を注文し、料理を受け取った時点で1項**詐欺罪**が成立する（料理という財物を人を欺いて受け取ったとみなされる。)。

人を欺く行為は、(財物等の）**交付の判断の基礎となる重要な事項を偽る行為**である。たとえば、通帳やキャッシュカードの申請者の身分は、銀行側がそれらを交付する際の判断の基礎となる重要な事項である。これに対し、身分を偽るような行為をすると、詐欺罪が成立する。

財物・財産上の利益の交付それ自体が法益侵害になる（個別財産に対する罪となる）から、騙されつつも、その財物に対して相当対価が支払われた場合等にも詐欺罪が成立する。たとえば、**被欺罔者（騙された人）と財産上の被害者とが同一人でない場合**に詐欺罪が成立するためには、被欺罔者が**その財産を処分しうる権能又は地位のあること**を要する（最決平16.7.7)。

電子計算機使用詐欺罪（246条の2）

コンピュータに**虚偽の情報**を送るなど、**電磁記録情報を変えること**で財産上の利益を得ることを罰している。「人」を欺く行為がない場合、詐欺罪としては不可罰になっていたところ、補完できるよう新設された。「人を欺く行為」や騙されたことによる「処分行為」などの観念が入れられない場合、本罪が適用される。

「虚偽の情報を与える」とは、当該システムが予定している事務処理の目的に照らして、その内容が真実に反する情報を入力することである。

たとえば、他人のキャッシュカードを使ってATMを操作し、自分の口座に金を振り込む行為やインターネット上で盗んだクレジットカードの名義人や番号等を利用して、カードの名義人本人が電子マネーを申し込んだように虚偽の情報を与え、電子マネーの利用権を得る行為（最決平18.2.14）などがこれにあたる。

詐欺罪が成立すると認められる場合、本罪は成立しない。

ここにFocus

❶　詐欺罪の成立要件は、①欺罔行為（人を欺く行為）、②錯誤、③処分行為、④財物・利益の移転、⑤財産上の損害である。

❷　人を欺く行為は、作為だけでなく、告知義務に基づく不作為も含まれる。**【判例A】**

❸　人を欺く行為には、注文・申込みなど一定の意味のある挙動自体も含まれる。**【判例B】**

❹　人を欺く行為の対象は、(財物等の）交付の判断の基礎となる重要な事項である。**【判例C】**

❺　相当対価が支払われた場合等にも詐欺罪が成立する。**【判例D】**

❻　支払うつもりがないのに自己名義のクレジットカードで買い物をしたり、他人名義のクレジットカードで買い物をしたりした場合には、１項詐欺罪が成立する。**【判例E】**

判例
A

Q 不作為により人を欺く行為は詐欺罪として認められるか？

A 認められる。

大判昭 4 . 3 . 7

登記済の抵当権のついた不動産は、抵当権の行使により買主が所有権を失うおそれがある以上、抵当権のあることを知ればこれを買い受けないこともありうるから、信義誠実を旨とする取引の必要にかんがみ、売買契約に際して売主には抵当権がついているという事実を買主に告知する法律上の義務がある。売主が抵当権のあることを黙秘するのはこの義務に違反するもので、買主が抵当権の負担のない不動産であると誤信して買い受けた以上、詐欺罪が成立する。

病気を隠して、生命保険に加入した事案。

大判昭 7 . 2 .19

生命保険の契約にあたり疾患を告知する義務があるから、疾患を秘して契約する行為は詐欺罪にあたる。

自分の口座に誤振込みがあったことに気が付いたが黙っていた事例。

最決平15. 3 .12

銀行と預金取引を行っている者には、自己の口座に誤振込みがあったことを知った場合、これを銀行に告知すべき信義則上の義務がある。誤振込みがあったことを秘して預金の払戻しを請求することは、人を欺く行為にあたる。

判例
B

Q 第三者に譲渡するためにキャッシュカードの交付を申し込むことは詐欺罪にあたるか？

A 詐欺罪にあたる。

最決平19. 7 .17

　預金に関する権利や通帳等の譲渡を禁止する預金約款の下では、口座の開設、通帳・キャッシュカードの交付を銀行員に申し込むことは、これを自分自身で利用する意思を表しているといえるから、通帳等を第三者に譲渡する意図を秘して上記申込みをする行為は人を欺く行為にあたり、これにより通帳等の交付を受ける行為は詐欺罪を構成する。

判例

Q「人を欺く行為」に身分を偽る行為は含まれるか？

A 含まれる（相手方にとって重要事項である場合）。

最決平26. 4 . 7

　暴力団を含む反社会的勢力に該当しないことを条件に口座開設等を認め、これに反したときは、貯金の取扱いを停止するなどと定めている銀行においては、口座の開設、通帳・キャッシュカードの交付を申し込む者が反社会的勢力であるかどうかは、係員において交付の判断の基礎となる重要な事項であるから、暴力団員が、自己が反社会的勢力でないことを確約する文言を含む申込書に氏名を記入するなどして口座開設を申し込む行為は欺く行為にあたる。

最決平22. 7 .29

　搭乗券の交付を請求する者自身が航空機に搭乗するかどうかは、運航の安全・不法入国の防止等の点で航空会社の運送事業の経営上重要性を有しており、係員において交付の判断の基礎となる重要な事項であるから、他者を搭乗させる意図を秘して搭乗券の交付を請求する行為は、人を欺く行為にあたる。

判例
D

Q 相当対価が支払われた場合等にも詐欺罪が成立するか？

A 成立する。

2,100円の電気あんまを特殊な医療器具と偽って2,200円で購入させたという事案。

最決昭34. 9 .28

効能を偽った医療器具をほぼ定価で販売し、被害者が相当対価を払っていて、損をしていないように見えても、事実を知っていれば（効能がないと知っていれば）、相手方が金員を交付しないような場合には、詐欺罪が成立する。

判例
E

Q クレジットカードを利用した詐欺にはどんなものがあるか？

A 下記の事例のようなものがある。

クレジットカードの代金や利息を支払う意思がないのに、自己名義のカードを使って買い物をした事案。

東京高判昭59.11.19

クレジットカードの貸与を受けて会員となった被告人が信販会社に対して代金及び利息を支払う意思も能力もないのに、これがあるかのように装い、加盟店の従業員をその旨誤信させ物品を販売させた事案につき、246条1項の詐欺罪が成立する。

使用の承諾を受けた上で他人のクレジットカードを利用して買い物をした事案。

最決平16. 2 . 9

クレジットカードの規約上、会員である名義人のみがクレジットカードを利用できるものとされ、加盟店に対しクレジットカードの利用者が会員本人であることの確認義務が課されているなどの事実関係の下では、クレジットカードの名義人に成り済まし同カードを利用して商品を購入する行為は、仮に、名義人から同カードの使用を許されており、かつ、自らの使用に係る同カードの利用代金が規約に従い名義人において決済されるものと誤信していたとしても、詐欺罪にあたる。

○×問題で復習

Q

〔1〕 甲は、パチンコ店において、通常の方法によってパチンコ台で遊技しているように装って同店従業員乙の目を欺き、特殊な器具を使ってパチンコ台を誤作動させてパチンコ玉を排出させ、その占有を取得した。甲には詐欺罪が成立する。

〔2〕 国や地方公共団体が所有する財物は、刑法第246条第１項の詐欺罪における「財物」にはあたらない。

〔3〕 商品買受けの注文の際、代金支払の意思も能力もないのに、そのことを告げることなく、単純に商品買受けの注文をした場合、その注文行為が刑法第246条第１項の詐欺罪における作為による「人を欺く行為」となる。

〔4〕 甲は、乙に対し、乙の孫を装って電話をかけ、「おじいちゃん。金がなくて困っているので、今から言う俺の口座に100万円を送金して。」と言って現金を騙し取ろうとしたが、その声が孫の声と違うことに気付いた乙は、甲から指定された口座に送金しなかった。甲には詐欺未遂罪が成立する。

〔5〕 支払う意思がない状態で、店員に自己名義のクレジットカードを提示して財物を購入した者には、１項詐欺罪は成立しない。

〔6〕 他人名義のクレジットカードでも、その者の承諾があれば、同カードを店員に出して使用して財物を購入しても、詐欺罪は成立しない。

〔7〕 他人から預かったキャッシュカードを利用して、勝手に自分の口座に振込みを行う行為は、２項詐欺罪となる。

解答解説

×〔１〕 甲は、パチンコ店において、通常の方法によってパチンコ台で遊技しているよ

うに装って同店従業員乙の目を欺き、特殊な器具を使ってパチンコ台を誤作動

詐欺罪における「人を欺く行為」とは、

させてパチンコ玉を排出させ、その占有を取得した。甲には詐欺罪が成立する。

人の処分行為に向けられていなければならない　電子計算機使用詐欺罪

×〔２〕 国や地方公共団体が所有する財物は、刑法第246条第１項の詐欺罪における「財

国や地方公共団体の占有する財物も保護さ

物」にはあたらない。

れる

○〔３〕 商品買受けの注文の際、代金支払の意思も能力もないのに、そのことを告げる

注文という挙動には、代金を支払う意思があるという意味が含まれる

ことなく、単純に商品買受けの注文をした場合、その注文行為が刑法第246条第

商品を受け取った時点で１項詐

１項の詐欺罪における作為による「人を欺く行為」となる。

欺が成立する

○〔４〕 甲は、乙に対し、乙の孫を装って電話をかけ、「おじいちゃん。金がなくて困っ

人を欺く行為があり、現実的危険性が発生（＝未遂）している

ているので、今から言う俺の口座に100万円を送金して。」と言って現金を騙し取

ろうとしたが、その声が孫の声と違うことに気付いた乙は、甲から指定された口

錯誤はなかった→未遂

座に送金しなかった。甲には詐欺未遂罪が成立する。

×〔５〕 支払う意思がない状態で、店員に自己名義のクレジットカードを提示して財物

信販会社に対して代金等を支払う意思があるように装う行為により１項詐欺罪が成立する

を購入した者には、１項詐欺罪は成立しない。

×〔6〕 他人名義のクレジットカードでも、その者の承諾があれば、同カードを店員に出して使用して財物を購入しても、詐欺罪は成立しない。

会員である名義人のみがクレジットカードを利用できる　名義人になりすまして同カードを使用、財物を購入している　詐欺罪が成立する

×〔7〕 他人から預かったキャッシュカードを利用して、勝手に自分の口座に振込みを行う行為は、２項詐欺罪となる。

財産的処分行為をなしうる人が介在していない　電子計算機使用詐欺罪が成立する

恐喝罪

関係条文

刑法

（恐喝）
第249条　人を恐喝して財物を交付させた者は、10年以下の懲役に処する。
2　前項の方法により、財産上不法の利益を得、又は他人にこれを得させた者も、同項と同様とする。
（未遂罪）
第250条　この章の罪の未遂は、罰する。

こんな問題が出る！

次は、恐喝罪に関する記述であるが、誤りはどれか。

〔1〕恐喝罪は、相手方の意思に反して財物の**占有を強制的に取得し**、又は財産上不法の利益を得る罪である。

〔2〕恐喝罪の実行行為は、相手方の反抗を抑圧するに**至らない**程度の暴行又は脅迫である。

〔3〕恐喝罪は、相手方が財産的処分行為を行うことが不可欠の要件であり、財産的処分行為を**欠く**場合には、未遂罪が成立するにすぎない。

〔4〕恐喝罪が成立するためには、恐喝の行為と財産的処分行為に**因果関係**が存することを要する。

〔5〕債権者が債務者に対し、債権の取立てとして脅迫を行った場合、社会通念上、一般に相当として**受忍すべき程度を超える**ときは、恐喝罪が成立しうる。

〔解答〕〔1〕

STEP 1

恐喝罪（249条）

人を脅して財物（金品）を要求すると罰せられる。また、脅すことで自分の借金等を免除させるなど、財産上不法の利益を得た場合も罰せられる。

STEP 2

恐喝罪の要件は、①恐喝行為、②相手方の畏怖、③交付（処分）行為、④財産の移転、そして**各要件の間に因果関係**があること、である。

恐喝罪の実行行為は、**相手方の反抗を抑圧するに至らない程度の暴行又は脅迫**である。したがって、相手方の意思は、なくなりこそしないものの、少なくとも完全な自由意思ではない（**瑕疵ある意思**）。

強盗罪との区別
強盗罪の実行行為は、相手方の反抗を抑圧するに至る程度の暴行又は脅迫である。

自己の正当な権利を実現するために恐喝手段を用いた場合にも、その権利の範囲内であり、かつ、その方法が社会通念上一般に認容すべきものと認められる程度を超えない限りで許されるが、その範囲程度を**逸脱するときは恐喝罪が成立**する。

また、本罪は、**財産上の利益**も対象としているため、相手を脅して借金を免除させた場合や、購入した商品の代金を支払わせた場合にも、恐喝罪が成立する。

恐喝罪には、脅迫罪とは異なり、**未遂規定**がある。恐喝行為が開始された時点で実行の着手が認められる。実際に相手が畏怖しなくても着手は認められ、未遂となる。

ここにFocus

❶ 恐喝の実行行為は、相手方の反抗を抑圧するに至らない程度の暴行又は脅迫である。

❷ 正当な権利を実現するために恐喝手段を用いた場合にも恐喝罪が成立しうる。【判例A】

❸ 恐喝における財産的処分行為は、被害者の瑕疵ある意思に基づくものである。

❹ 脅して借金を免除させる・商品の代金を支払わせる行為には恐喝罪が成立する。

❺ 恐喝罪には未遂規定がある。

判例
A

Ⓠ 自己の正当な権利を実現するために恐喝手段を用いた場合に、恐喝罪は成立するか？

Ⓐ 成立する。

3万円の債権を取り立てるときに、恐喝手段を用いて6万円を交付させた事案。

最判昭30.10.14

権利実行はその権利の範囲内であり且つその方法が社会通念上一般に認容すべきものと認められる程度を超えない限りで許されるが、その範囲程度を逸脱するときは恐喝罪となる。

○×問題で復習

Q

〔1〕 恐喝罪と強盗罪はともに暴行・脅迫を加えて財物を得るものであるが、両罪の違いは、暴行・脅迫の「手段」である。

〔2〕 恐喝罪は、相手方の瑕疵ある意思に基づき、相手方の占有に属する財物を自己又は第三者の占有に移転する犯罪である。

〔3〕 甲は、乙に対し「1,000万円支払わなかったら、お前と家族を殺すぞ」と脅したものの、乙は支払わなかった。この場合、甲には恐喝未遂罪が成立する。

〔4〕 債権者が債務者に対し、債権の取立てとして脅迫を行った場合、社会通念上、一般に相当として受忍すべき程度を超えていないときは、恐喝罪は成立しない。

解答解説

×〔1〕 恐喝罪と強盗罪はともに暴行･脅迫を加えて財物を得るものであるが、両罪の違いは、暴行・脅迫の「手段」である。

「程度」である（恐喝罪は相手方の犯行を抑圧するに至らない程度）

○〔2〕 恐喝罪は、相手方の瑕疵ある意思に基づき、相手方の占有に属する財物を自己又は第三者の占有に移転する犯罪である。

○〔3〕 甲は、乙に対し「1,000万円支払わなかったら、お前と家族を殺すぞ」と脅したものの、乙は支払わなかった。この場合、甲には恐喝未遂罪が成立する。

財物を脅し取ることを目的

財物の移転なし→未遂

○〔4〕 債権者が債務者に対し、債権の取立てとして脅迫を行った場合、社会通念上、一般に相当として受忍すべき程度を超えていないときは、恐喝罪は成立しない。

自己の正当な権利を実現するために恐喝手段を用いた場合 その権利の範囲内であり、かつ、その方法が社会通念上一般に認容すべきものと認められる程度であれば、恐喝罪は成立しない

横領罪

27分

関係条文

刑　法

（横領）
第252条　自己の占有する他人の物を横領した者は、５年以下の懲役に処する。
２　自己の物であっても、公務所から保管を命ぜられた場合において、これを横領した者も、前項と同様とする。

（業務上横領）
第253条　業務上自己の占有する他人の物を横領した者は、10年以下の懲役に処する。

（遺失物等横領）
第254条　遺失物、漂流物その他占有を離れた他人の物を横領した者は、１年以下の懲役又は10万円以下の罰金若しくは科料に処する。

こんな問題が出る！

次は、横領罪に関する記述であるが、誤りはどれか。

〔１〕　横領罪の主体は、委託に基づき他人の物を占有する者に限られるが、ここにいう「占有」とは、事実上の占有のほか、**法律上の占有**も含まれる。

〔２〕　横領罪の実行行為は、自己が占有する他人の物を「横領」することであるが、「横領」とは、**不法領得の意思の発現たる一切の行為**を指し、法的処分・事実的処分のいずれでもよい。

〔３〕　横領罪は**目的犯ではない**ため、実行行為の時点において何らかの目的を有していることは、構成要件とされていない。

〔４〕　**店のアルバイト店員**が店の商品を奪う行為は、横領罪にはならない。

〔５〕　ある行為が横領罪と背任罪の構成要件を共に満たしている場合には、背任罪のみが成立し、横領罪は成立しない。

〔解答〕〔５〕

STEP 1

横領罪（252条）

自分が占有する他人の物を不法に自分の物にすると罰せられる。遺失物や漂流物などであっても罰せられる。

業務上横領罪（253条）

業務上自己の占有する他人の物を横領した者は罰せられる。

遺失物等横領罪（254条）

遺失物、漂流物その他占有を離れた他人の物を横領した者は罰せられる。

STEP 2

横領とは

横領とは、自己の占有する他人の物を不法に領得することで、罪の成立には**不法領得の意思**が必要である。**他人の物の占有者が委託の任務に背いて、権限がないのに所有者でなければできないような処分をする意思**をいう。そして、横領罪における領得行為は**不法領得の意思を実現する一切の行為**である。

保護法益

横領罪の保護法益は、**所有権及び委託関係**である。

252条と253条では、他人に委託されて物を占有しているため、委託している人と委託されている人の間には信頼関係がある(委託信任関係)。委託に基づき占有する他人の物又は公務所から保管を命じられた自己の物を横領した場合に、横領罪が成立する。

横領罪の成立には、①**物であること**、②**自己が占有すること**、③**その占有が委託に基づくこと**、④**他人の物であること**(→他人の物の占有者が主体となる身分犯）が必要である。

窃盗罪とは異なり、不動産も客体に含まれる。

使用貸借（民法593条)、賃貸借（民法601条)、委任（民法643条)、寄託（民法657条)、雇用（民法623条）などの**具体的**

な委任でなくとも、**契約の効果として一方が他方のために法的義務を負う関係があれば、委託があったとされる**。

横領罪の占有

窃盗罪にいう占有は事実的支配であるのに対し、横領罪にいう占有には、事実的支配に加え、法律的支配も含む。預金債権者や登記名義人は法律上の占有者である（未登記不動産は事実的支配のみ）。

横領罪は、占有移転が必要ではない非移転罪（占有自体は犯人自身がしているため財物の占有が変わらない。）であり、領得罪なのに占有侵害（窃盗罪のように財物が移動して人の占有を奪う。）を伴わない犯罪類型である。

所有権は売買契約の成立により成立する（民法176条）。**二重売買**（AがBに動産・不動産を売却した後に、さらにCにもそれを売却、Cが登記をした）では、**Bに対する委託物横領罪が成立**する。

着手時期

横領罪には未遂規定がなく、**不法領得の意思が外部に発現したときに既遂となる**。実質的な財産上の利益侵害の危険が必要となり、動産の場合は、契約の成立時点（売却の意思表示をした）で、実質的な財産上の利益侵害が発生して既遂に達する。不動産の場合は、所有権移転登記手続を完了した時点で、既遂に達する。

動産
動かすことのできる財産のこと。不動産以外のものは、すべて動産となる（民法86条）。

遺失物等横領罪

自己の占有する他人の物を横領すると委託物横領罪、対して**「占有を離れた他人の物」**を横領すると遺失物等横領罪となる。

業務上横領罪

業務上横領罪の業務とは、**社会生活上の地位に基づいて反復・継続して行われる事務**をいう。業務上横領罪においては、**委託を受けて物を管理することを内容とする事務**である必要がある。

ここにFocus

❶　横領罪の保護法益は、所有権及び委託関係である。

❷　横領罪では不動産も客体に含まれる。

❸　横領罪には不法領得の意思が必要になる。

❹　横領罪にいう占有には、事実的支配と法律的支配がある。

❺　不動産の二重売買には横領罪が成立する。

❻　横領罪における領得行為は不法領得の意思を実現する一切の行為である。

❼　横領罪の不法領得の意思とは、他人の物の占有者が委託の任務に背いて、権限がないのに所有者でなければできないような処分をする意思をいう。**【判例A】**

❽　横領罪には未遂規定がない。

❾　動産の場合は、契約の成立時点で既遂となる。**【判例B】**

❿　不動産の場合は、所有権移転登記手続を完了した時点で既遂となる。**【判例B】**

⓫　業務上横領罪の業務とは、社会生活上の地位に基づいて反復・継続して行われる事務をいう。事務は、委託を受けて物を管理することを内容とする。

⓬　「占有を離れた他人の物」を横領すると遺失物等横領罪となる。

判例
A

Q 横領罪の不法領得の意思とは？

A 他人の物の占有者が委託の任務に背いて、権限がないのに所有者でなければできないような処分をする意思のことである。

農業会長が各農家から預かり、保管していた政府供出米を、その後に補塡する意思のもとに、魚粕に交換した事案。

最判昭24.3.8

横領罪の成立に必要な不法領得の意思とは、他人の物の占有者が委託の任務に背いて、権限がないのに所有者でなければできないような処分をする意思をいうのであって、必ずしも占有者が自己の利益取得を意図することを必要とするものではなく、占有者において不法に処分した物を後日補塡する意思が行為当時あっても、横領罪が成立する。

判例
B

Q 横領罪の既遂時期は？

A 不法領得の意思が外部に発現したときに既遂となる。

大判大2.6.1

動産の場合は、契約の成立時点（売却の意思表示をした時点）で、実質的な財産上の利益侵害が発生して横領罪は既遂に達する。

被告人が山林を売却した後、その登記手続が済んでいないことから、別の人に同じ山林を売却した事案。

最判昭30.12.26

不動産の場合は、所有権移転登記手続を完了した時点で、横領罪の既遂に達する。

○×問題で復習

Q

〔1〕 横領罪の「占有」とは、物に対して事実上の支配力を有する状態をいい、物に対して法律上の支配力を有する状態を含まない。

〔2〕 横領罪の「物」は、窃盗罪における「財物」と同義であり、不動産は横領罪の客体とはならない。

〔3〕 業務上横領罪の「業務」には、社会生活上の地位に基づいて反復継続して行われる事務であれば、いかなる事務も含まれる。

〔4〕 甲は、自己が所有する不動産を乙に売却したが、乙への所有権移転登記が完了する前に、同不動産を丙に売却し、丙への所有権移転登記を完了した。この場合、甲には横領罪が成立する。

〔5〕 修学旅行の代金をクラス全員分預かっていた会計係の甲は、そのお金をゲームセンターで費消したが、翌日の誕生日にもらえる小遣いで補填するつもりであった。この場合、甲には不法領得の意思がないから、横領罪（業務上横領罪）が成立しない。

解答解説

×〔1〕 横領罪の「占有」とは、物に対して事実上の支配力を有する状態をいい、物に対して法律上の支配力を有する状態を含まない。
法律的支配も含む

×〔2〕 横領罪の「物」は、窃盗罪における「財物」と同義であり、不動産は横領罪の客体とはならない。
不動産も客体に含まれる

×〔3〕 業務上横領罪の「業務」には、社会生活上の地位に基づいて反復継続して行われる事務であれば、いかなる事務も含まれる。
委託を受けて物を管理することを内容とする事務

○〔4〕 甲は、自己が所有する不動産を乙に売却したが、乙への所有権移転登記が完了する前に、同不動産を丙に売却し、丙への所有権移転登記を完了した。この場合、甲には横領罪が成立する。
二重売買
委託物横領罪

×〔5〕 修学旅行の代金をクラス全員分預かっていた会計係の甲は、そのお金をゲームセンターで費消したが、翌日の誕生日にもらえる小遣いで補填するつもりであった。この場合、甲には不法領得の意思がないから、横領罪（業務上横領罪）が成立しない。
他人の物の占有者
権限がないのに所有者でなければ出来ない処分をしている
後日補填するつもりであっても不法領得の意思ありとみなされる
横領罪（業務上横領罪）が成立する

盗品に関する罪

関係条文

刑　法

（盗品譲受け等）

第256条　盗品その他財産に対する罪に当たる行為によって領得された物を無償で譲り受けた者は、３年以下の懲役に処する。

2　前項に規定する物を運搬し、保管し、若しくは有償で譲り受け、又はその有償の処分のあっせんをした者は、10年以下の懲役及び50万円以下の罰金に処する。

こんな問題が出る！

次は、盗品に関する罪に関する記述であるが、誤りはどれか。

〔１〕「盗品等」とは、詐欺罪、強盗罪、横領罪等の**財産犯**により領得された物をいい、収賄罪、賭博罪で領得されたものは含まれない。

〔２〕 盗品等を無償で譲り受けた者は、それが盗品等であることを**認識していなくても**、盗品等無償譲受け罪が成立する。

〔３〕 盗品等を**自ら**運搬せず、宅配便を利用して運搬させた場合、盗品等運搬罪が成立する。

〔４〕 **有償、無償を問わず**、委託を受けて盗品等を保管すれば、盗品等保管罪が成立する。

〔５〕 盗品等を有償で**譲り受けた**場合、いまだ**代金の支払いがなくても**、盗品等有償譲受け罪が成立する。

〔解答〕〔２〕

STEP 1

盗品譲受け等罪（256条）

盗品を譲り受けた者は罰せられる。また、盗品の運搬、保管、処分（有償）のあっせんをした者も罰せられる。

運搬とは、**盗品などの被害物の所在場所を別の場所に移転すること**である。必ずしも**犯人自らが運搬する必要はない**（最判昭33.10.24）。盗品を被害者の自宅に運搬した行為について、被害者のためではなく、窃盗犯人のためであった場合には、盗品運搬罪が成立する。また、運搬について有償・無償は関係ない。

保管とは、**本犯行為者から委託を受けて、盗品を管理する行為**である。

有償の譲受けとは、盗品を有償で受け取り、その使用・処分権を取得することである。約束では足りず、盗品の**占有の移転**が必要である。

有償処分のあっせんとは、盗品の有償処分の仲介である。

STEP 2

本罪は被害者による盗品等の正常な回復を困難にしないこと、窃盗等の犯罪を助長し誘発しないために設けられている。

本罪の客体は、「**盗品その他財産に対する罪に当たる行為によって領得された物**」である。

主体は、財産に対する罪を行った行為者（＝本犯）以外の者である。

⇒窃盗犯が、自分で盗んできた盗品を保管しても、盗品保管罪に該当しない。

窃盗を**教唆**し、窃盗に成功した者から**盗品を有償で譲り受けた場合**、窃盗罪の教唆（61条1項、235条）とは別に、**盗品有償譲受罪**（256条2項）が成立し、両罪は、**併合罪**（45条）となる。

本犯（財物を窃取した者）が**14歳未満**の場合、刑事未成年として窃盗罪は不処罰となるが（41条）、盗品等を譲り受けた者が成人であれば、盗品譲受け等罪は成立する。正犯が構成要件該当性・違法性まで具備すれば、**盗品に関する罪は処罰可能**となる（制限従属性説）。

盗品と知らずに保管を開始し、途中で盗品と知ったのに、そのままにした場合、**盗品と知った時点から盗品保管罪が成立**する。盗品保管罪は「**継続犯**」であり、保管を始めれば、それによって犯罪は成立し、保管が終わるまで犯罪は終了しない。盗品であることを知った後、あらためて「保管」を開始する行為は必要ではない。

また、盗品関与罪の故意として、**客体が盗品であることの認識**が必要である。もっとも、当然その物が盗品だと知って行動することは罪に問われるが、その物が盗品であるとはっきり認識している必要はない。**盗品であるかもしれないと思いながら、あえてこれを買い受ける意思（未必の故意）**があれば足りる。

盗品等有償譲受け罪は、譲り受ける者に、**その物が財産罪によって領得されたものであることの認識**があれば足り、それが誰のどんな犯行によって得られたかというような**本犯の具体的事実までも知っている必要はない**。

無償の譲受けとは、窃盗の行為者などから、被害物を無償で取得することである。**贈与、無利息の消費貸借なども無償の譲受けにあたる**。一時的に使用するために借りただけだと、無償の譲受けには該当しない。

相手方との間に、盗品の有償処分の約束が成立していなくても、「あっせん」した事実がある以上、本罪が成立する。窃盗等の被害者を処分の相手方とした「有償処分あっせん」であっても、被害者による盗品等の正常な回復を困難にするばかりでなく、窃盗等の犯罪を助長し誘発するおそれのある行為であるといえるので、盗品等の有償の処分のあっせん罪にあたる。

ここに Focus

❶　窃盗犯が、自分で盗んできた盗品を保管しても、盗品保管罪には該当しない。

❷　財産犯を教唆し、財産犯に成功した者から盗品を有償で譲り受けた場合、両罪は併合罪となる。【判例A】

❸　盗品等有償譲受け罪の故意は、盗品であることの未必の故意があれば足りる。【判例B】

❹　贈与、無利息の消費貸借なども無償の譲受けにあたる。

❺　被害者宅に運搬しても「盗品等運搬罪」が成立する。

❻　盗品であることを知らずに保管を始め、その継続中に知った場合には、それを知った時点から保管罪が成立する。

❼　盗品の有償処分の約束が成立していなくても、「あっせん」した事実がある以上、盗品有償処分あっせん罪が成立する。【判例E】

❽　被害者を処分の相手方とする場合であっても、盗品有償処分あっせん罪が成立する。【判例D】

判例
A

Ⓠ 強盗を教唆し、強盗に成功した者から盗品を有償で譲り受けた場合の刑責は？

Ⓐ 財産犯の罪の教唆とは別に、盗品有償譲受け罪が成立し、両罪は、併合罪となる。

最判昭24.10.1

強盗の教唆をした者が正犯の盗取した財物を、それが盗品であることを知りながら買い受けた場合においては、教唆はもちろん、盗品有償譲受け罪も成立する。

判例
B

Ⓠ 盗品であるかもしれないと思いつつ、その物を譲り受けた場合は？

Ⓐ 盗品等譲受け罪が成立する。

衣服を売りに来た人間が「早く処置しなければいけない」と発言したほか、周囲での「近年衣類の盗難が相次いでいる」などの事実により、盗品であることが推察できたとされた事案。

最判昭23.3.16

しかし、盗品有償譲受け罪は盗品であることを知りながらこれを買い受けることによって成立するものであるが、その故意が成立するためには必ずしも買い受けるべき物が盗品であることを確定的に知っていることを必要としない。盗品であるかもしれないと思いながら、あえてこれを買い受ける意思（いわゆる未必の故意）があれば足りるものと解すべきである。

盗品の入手方法など具体的な事実は知らなかったものの、盗品であることを知りながら水銀を買い受けた事案。

最判昭30.9.16

盗品等有償譲受け罪は、譲り受ける者に、その物が財産罪によって領得されたものであることの認識があれば足り、それが誰のどんな犯行によって得られたかというような本犯の具体的事実までも知っている必要はない。

Ⓠ 一時的に盗品を借りた場合、盗品等譲受けの罪に問われるか？

Ⓐ 問われない（ただし、盗品保管の罪に問われる可能性がある。）。

盗品であることを知りながら、空気銃を使用の目的で借り受けた事案。

福岡高判昭28.9.8

盗品無償譲受けの罪は、盗品であることの情を知りながらこれを無償で取得すること、たとえばその情を知りながら盗品の贈与を受け又は無利息消費貸借によって借り受ける場合のように、無償でその所有権を取得することによって成立し、単に一時使用の目的で借り受けるのは、盗品保管の罪となることはあっても、盗品無償譲受けの罪とならない。

判例
D

Ⓠ 窃盗の被害者から盗品の取戻しを依頼された者が、盗品を買い戻し、被害者宅へ運搬した場合、盗品等運搬罪は成立するか？

Ⓐ 盗品等運搬罪が成立する。

最判昭33.10.24　最決昭27.7.10

本件盗品の運搬は被害者のためになしたものではなく、窃盗犯人の利益のためにその領得を継受して盗品の所在を移転したものであって、これによって被害者による盗品の正常な回復を全く困難にしたものであるから、盗品等運搬罪が成立する。

判例
E

Ⓠ 盗品の有償処分の約束が成立しておらず、「あっせん」しただけの場合は？

Ⓐ 盗品有償処分あっせん罪が成立する。

最判昭23.11.9

しかし、盗品関与罪の本質は、盗品を転々して被害者の返還請求権の行使を困難もしくは不能ならしめるところにあるのであるから、いやしくも盗品たるの情を知りながら盗品の売買を仲介あっせんした事実があれば、既に被害者の返還請求権の行使を困難ならしめる行為をしたといわなければならないから、そのあっせんにかかる盗品の売買が成立しなくとも、盗品有償処分あっせん罪が成立する。

判例
F

Ⓠ 被害者を相手にあっせんした場合、盗品有償処分あっせん罪は成立するか？
Ⓐ 成立する。

会社Aから盗難された約束手形であると知りながら、会社Aへの前述約束手形の売却をあっせんした事案。

最決平14.7.1

盗品等の有償の処分のあっせんをする行為は、窃盗等の被害者を処分の相手方とする場合であっても、被害者による盗品等の正常な回復を困難にするばかりでなく、窃盗等の犯罪を助長し誘発するおそれのある行為であるから、刑法256条2項にいう盗品等の「有償の処分のあっせん」にあたる。

○×問題で復習

Q

〔1〕 盗品等無償譲受け罪が成立するためには、無償譲受けについて契約を締結しただけでは足りず、盗品等が現実に移転されることが必要であるが、盗品等有償譲受け罪は、有償譲受けについて契約を締結しただけで成立する。

〔2〕 盗品等有償譲受け罪の客体に対する故意は、財産罪にあたる行為によって領得された物であることの認識があれば足り、いかなる財産罪にあたるかの認識までは不要である。

〔3〕 盗品等の売買をあっせんすれば、盗品等が現実に移転されなくても、盗品等有償処分あっせん罪が成立する。

〔4〕 盗品等の売買をあっせんすれば、あっせん行為自体が無償であっても、盗品等有償処分あっせん罪が成立する。

〔5〕 甲は乙から、何者かがA社事務所から窃取した約束手形をA社に買い取らせる交渉を依頼され、A社と買取りの条件を交渉したところ、同手形はA社に売却された。この場合、甲には盗品等処分あっせん罪が成立する。

〔6〕 甲は、乙を教唆して丙所有の自動車を窃取させた後、乙に代金を支払って同自動車を買い受け、その引渡しを受けた。この場合、甲には、窃盗教唆罪が成立し、盗品等有償譲受け罪は成立しない。

〔7〕 甲は、12歳の乙が電器店で窃取した携帯電話機を乙から買い、代金を支払ってその交付を受けた。この場合、この携帯電話機は刑事未成年者である乙により窃取されたものであるため甲には盗品等有償譲受け罪は成立しない。

解答解説

×〔1〕 盗品等無償譲受け罪が成立するためには、無償譲受けについて契約を締結しただけでは足りず、盗品等が現実に移転されることが必要であるが、盗品等有償譲受け罪は、有償譲受けについて契約を締結しただけで成立する。
盗品等が現実に移転されることが必要

○〔2〕 盗品等有償譲受け罪の客体に対する故意は、財産罪にあたる行為によって領得された物であることの認識があれば足り、いかなる財産罪にあたるかの認識までは不要である。
具体的事実の認識は不要

○〔3〕 盗品等の売買をあっせんすれば、盗品等が現実に移転されなくても、盗品等有償処分あっせん罪が成立する。
あっせんした事実があればよい

○〔4〕 盗品等の売買をあっせんすれば、あっせん行為自体が無償であっても、盗品等有償処分あっせん罪が成立する。
あっせん行為自体は、有償か無償かを問わない

○〔5〕 甲は乙から、何者かがＡ社事務所から窃取した約束手形をＡ社に買い取らせる交渉を依頼され、Ａ社と買取りの条件を交渉したところ、同手形はＡ社に売却された。この場合、甲には盗品等処分あっせん罪が成立する。
あっせん行為
被害者が処分の相手方でもかまわない

×〔6〕 甲は、乙を教唆して丙所有の自動車を窃取させた後、乙に代金を支払って同自
引渡し前に盗品である認識あり　有償
動車を買い受け、その引渡しを受けた。この場合、甲には、窃盗教唆罪が成立し、
盗品の引渡しを受けている
盗品等有償譲受け罪は成立しない。
盗品等有償譲受け罪が成立し、窃盗教唆と併合罪になる

×〔7〕 甲は、12歳の乙が電器店で窃取した携帯電話機を乙から買い、代金を支払って
刑事未成年者であっても　有償
その交付を受けた。この場合、この携帯電話機は刑事未成年者である乙により
盗品の引渡しを受けている
窃取されたものであるため甲には盗品等有償譲受け罪は成立しない。
譲り受けた者が成人であれば盗品等有償譲受け罪が成立する

刑法研究会代表

樋笠 尭士

上智大学法学部法律学科卒業。中央大学大学院法学研究科博士後期課程修了、博士（法学）。専門は、刑法。中央大学、嘉悦大学、大東文化大学等の非常勤講師、法務省法務総合研究所委託研究員を経て、多摩大学経営情報学部専任講師に着任。名古屋大学未来社会創造機構客員准教授。また、国土交通省・経済産業省の自動運転レベル４プロジェクト委員、自動運転HMI委員会委員、ヴュルツブルク大学法学部ロボット法研究所外国研究員なども務める。自動運転倫理ガイドライン研究会代表。

1回30分のSAトレーニング

FOCUS－刑　法－

令和４年10月１日　初　版　発　行

著　　者　刑法研究会
発行者　星 沢 卓 也
発行所　東京法令出版株式会社

112－0002　東京都文京区小石川５丁目17番３号　03(5803)3304
534－0024　大阪市都島区東野田町１丁目17番12号　06(6355)5226
062－0902　札幌市豊平区豊平２条５丁目１番27号　011(822)8811
980－0012　仙台市青葉区錦町１丁目１番10号　022(216)5871
460－0003　名古屋市中区錦１丁目６番34号　052(218)5552
730－0005　広島市中区西白島町11番９号　082(212)0888
810－0011　福岡市中央区高砂２丁目13番22号　092(533)1588
380－8688　長野市南千歳町1005番地
〔営業〕TEL 026(224)5411　FAX 026(224)5419
〔編集〕TEL 026(224)5412　FAX 026(224)5439
https://www.tokyo-horei.co.jp/

ISBN978-4-8090-1450-5